RECUEIL SYNOPTIQUE

POUR

LE COMMERCE

ET LA NAVIGATION

CONTENANT

LES TRAITÉS ANGLO-FRANÇAIS ET FRANCO-BELGE

AVEC TEXTES ORIGINAUX

ET EN OUTRE

UN INDICATEUR UNIVERSEL DES MONNAIES, POIDS ET MESURES

DE TOUS LES PAYS

AVEC TABLEAUX COMPARATIFS AUX VALEURS FRANÇAISES ET ANGLAISES

Par Ed. BLACHE

AGENT VICE-CONSUL DE FRANCE A BELFAST

PARIS

GUILLAUMIN ET Cie, LIBRAIRES

Éditeurs du Journal des Économistes, de la Collection des principaux Économistes, des Économistes et Publicistes contemporains, de la Bibliothèque des Sciences morales et politiques, du Dictionnaire de l'Économie politique, du Dictionnaire universel du Commerce et de la Navigation, etc.

RUE RICHELIEU, 14.

1862

RECUEIL SYNOPTIQUE

POUR LE COMMERCE

ET LA NAVIGATION.

RECUEIL SYNOPTIQUE

POUR LE COMMERCE

ET LA NAVIGATION

CONTENANT

LES TRAITÉS ANGLO-FRANÇAIS ET FRANCO-BELGE

AVEC TEXTES ORIGINAUX

ET EN OUTRE

UN INDICATEUR UNIVERSEL DES MONNAIES, POIDS ET MESURES

DE TOUS LES PAYS

AVEC TABLEAUX COMPARATIFS AUX VALEURS FRANÇAISES ET ANGLAISES

Par Ed. BLACHE

AGENT VICE-CONSUL DE FRANCE A BELFAST.

PARIS

IMPRIMERIE CENTRALE DES CHEMINS DE FER

DE NAPOLÉON CHAIX ET Cie,

Rue Bergère, 20, près du boulevard Montmartre.

1862

SOMMAIRE.

Pages.

DÉCRET IMPÉRIAL

QUI PRESCRIT LA PROMULGATION

DE LA

CONVENTION COMPLÉMENTAIRE

DE COMMERCE

CONCLUE

Entre la France et la Grande-Bretagne,

Le 12 octobre 1860.

NAPOLÉON, par la grâce de Dieu et la volonté nationale, Empereur des Français,

A tous présents et à venir, salut;

Sur le rapport de notre ministre secrétaire d'État au département des affaires étrangères,

AVONS DÉCRÉTÉ ET DÉCRÉTONS ce qui suit :

ARTICLE PREMIER.

Une convention, suivie d'un tarif, ayant été conclue, le 12 octobre 1860, entre la France et le royaume-uni de la Grande-Bretagne et d'Irlande, pour assurer l'exécution du traité de commerce du 23 janvier 1860, dont elle est l'un des compléments, et les ratifications de cet acte ayant été échangées à Paris le 25 octobre 1860, ladite convention, dont la teneur suit, recevra sa pleine et entière exécution.

CONVENTION.

Sa Majesté l'Empereur des Français et Sa Majesté la Reine du royaume-uni de la Grande-Bretagne et d'Irlande, désirant assurer l'exécution du traité de commerce conclu entre elles le 23 janvier 1860, dans les limites et de la manière prévues par le deuxième article additionnel à ce même traité, ont résolu de négocier un premier arrangement complémentaire pour déterminer les droits spécifiques ou à la valeur qui devront grever, à leur importation en France, les marchandises d'origine ou de manufacture britannique énumérées dans ledit traité, et ont, à cet effet, nommé pour leurs plénipotentiaires, savoir :

Sa Majesté l'Empereur des Français, M. Thouvenel, sénateur de l'Empire, grand-croix de son ordre impérial de la Légion d'honneur, etc., etc., etc., son ministre secrétaire d'État au département des affaires étrangères, et M. Rouher, sénateur de l'Empire, grand-croix de son ordre impérial de la Légion d'honneur, etc., etc., etc., son ministre secrétaire d'État au département de l'agriculture, du commerce et des travaux publics;

Et Sa Majesté la Reine du royaume-uni de la Grande-Bretagne et d'Irlande,

Le très-honorable Henry-Richard-Charles, comte Cowley, vicomte Dangan, baron Cowley, pair du Royaume-Uni, membre du très-honorable conseil privé de Sa Majesté Britannique, chevalier grand-croix du très-honorable ordre du Bain, ambassadeur extraordinaire et plénipotentiaire de Sadite Majesté près Sa Majesté l'Empereur des Français, et M. Richard Cobden, écuyer, membre du Parlement britannique:

Lesquels, après s'être communiqué leurs pleins pouvoirs respectifs, trouvés en bonne et due forme, sont convenus des articles suivants

Art. 1er. — Les objets d'origine ou de manufacture britannique énumérés dans le tarif joint à la présente convention et importés directement du Royaume-Uni, sous pavillon français ou britannique, seront admis en France aux droits fixés par ledit tarif.

Art. 2. — Pour établir que les produits sont d'origine ou de manufacture britannique, l'importateur devra présenter à la douane française, soit une déclaration officielle faite devant un magistrat britannique siégeant au lieu d'expédition, soit un certificat délivré par le chef du service des douanes du port d'embarquement, soit un certificat délivré par les consuls ou agents consulaires de France dans les lieux d'expédition ou dans les ports d'embarquement. Les consuls ou agents consulaires de France sus-désignés légaliseront les signatures des autorités britanniques.

Art. 3. — L'importateur de machines et mécaniques entières ou en pièces détachées d'origine ou de manufacture britannique sera dispensé de l'obligation de produire à la douane française tout modèle ou dessin de l'objet importé.

Art. 4. — L'importateur d'une marchandise d'origine ou de manufacture britannique taxée à la valeur devra joindre à la déclaration constatant la valeur de cette marchandise et au certificat d'origine, une facture indiquant le prix réel et émanant du fabricant ou du vendeur, qui sera visée par un consul ou agent consulaire de France dans le Royaume-Uni.

Art. 5. — Si les articles taxés à la valeur ont été préalablement mis en entrepôt, les droits seront perçus d'après la valeur de ces articles au moment de leur admission effective en France.

Art. 6. — L'importateur contre lequel la douane française voudra exercer le droit de préemption stipulé par le traité du 23 janvier 1860 pourra, s'il le préfère, demander l'estimation de sa marchandise par des experts.

La même faculté appartiendra à la douane française, lorsqu'elle ne jugera pas convenable de recourir immédiatement à la préemption.

Art. 7. — Si l'expertise constate que la marchandise n'a pas une valeur de 5 0/0 supérieure à celle déclarée par l'importateur, le droit sera perçu sur le montant de la déclaration.

Si la valeur constatée est de 5 0/0 supérieure à celle déclarée, la douane française pourra, à son choix, exercer la préemption ou percevoir le droit sur la valeur déterminée par les experts.

Ce droit sera augmenté de 50 0/0, à titre d'amende, si l'évaluation des experts est de 10 0/0 supérieure à la valeur déclarée.

Si la valeur déterminée par la décision arbitrale excède la valeur déclarée de 5 0/0, les frais d'expertise seront supportés par le déclarant; dans le cas contraire, ils seront supportés par la douane française.

Art. 8. — Dans les cas prévus par l'art. 6, les deux arbitres experts seront nommés, l'un par le déclarant, l'autre par le chef local du service des douanes françaises; en cas de partage, ou même au moment de la constitution de l'arbitrage, si le déclarant le requiert, les experts choisiront un tiers arbitre; s'il y a désaccord, celui-ci sera nommé par le président du tribunal de commerce du port d'introduction, à défaut, par le président du tribunal de commerce du lieu le plus voisin.

La décision arbitrale devra être rendue dans les quinze jours qui suivront la constitution de l'arbitrage.

Art. 9. — Indépendamment des taxes de douane, les articles d'orfévrerie et de bijouterie en or, argent, platine ou autres métaux, de manufacture britannique, importés en France, seront soumis au régime du contrôle établi dans ce pays pour les articles similaires de fabrication nationale, et paieront, s'il y a lieu, sur la même base que ceux-ci, les droits de marque et de garantie.

Art. 10. — Le tarif annexé à la présente convention sera immédiatement applicable, indépendamment des articles déjà admissibles en vertu du traité du 23 janvier dernier, au sucre raffiné, aux ouvrages en métaux, machines, pièces détachées de machines, outils et mécaniques de toute espèce.

ART. 11. — La présente convention aura la même durée que le traité conclu entre les Hautes Parties contractantes, le 23 janvier dernier, dont elle est l'un des compléments.

ART. 12. — La présente convention sera ratifiée et les ratifications en seront échangées à Paris dans le délai de quinze jours, ou plus tôt, si faire se peut.

En foi de quoi, les plénipotentiaires respectifs l'ont signée et y ont apposé le cachet de leurs armes.

Fait en double à Paris, le douzième jour du mois d'octobre de l'an mil huit cent soixante.

Signé : THOUVENEL.
ROUHER.
COWLEY.
RICH. COBDEN.

ART. 2.

Notre ministre secrétaire d'État au département des affaires étrangères est chargé de l'exécution du présent décret.

Fait à Saint-Cloud, le 26 octobre 1860.

NAPOLÉON.

Par l'Empereur :
Le ministre des affaires étrangères,
THOUVENEL.

Vu et scellé du sceau de l'État,
Le garde des sceaux, ministre de la justice,
DELANGLE.

Tarif annexé à la convention conclue le **12** *octobre* **1860** *entre la France et la Grande-Bretagne.*

DÉNOMINATION DES ARTICLES.	TAUX DES DROITS D'ENTRÉE EN 1860.	TAUX DES DROITS D'ENTRÉE EN 1864.
MÉTAUX.	Fr. c.	Fr. c.
Fer. Minerai de fer	Exempt.	Exempt.
Mâchefer, limailles et scories de forge	Exempt.	Exempt.
Fonte brute en masse	2 50 (Les 100 kilogrammes.)	2 » (Les 100 kilogrammes.)
Débris de vieux ouvrages en fonte / Fonte épurée dite *mazée* / Ferrailles et débris de vieux ouvrages en fer	3 25	2 75
Fer brut en massiaux ou prismes retenant encore des scories	5 »	4 50
Fers en barres, carrées, rondes ou plates, rails de toute forme et dimension, fers d'angle et à T et fils de fer, sauf les exceptions ci-après	7 »	6 »
Fers feuillards en bandes d'un millimètre d'épaisseur ou moins / Tôles laminées ou martelées de plus d'un millimètre d'épaisseur, en feuillets pesant 200 kilog. ou moins, et dont la largeur n'excède pas $1^m,20$, ni la longueur $4^m,50$	8 50	7 50
Idem en feuilles pesant plus de 200 kil. ou bien ayant plus de $1^m,20$ de largeur, ou plus de $4^m,50$ de longueur	9 50	7 50
Tôles minces et fers noirs en feuilles de 1 millimètre d'épaisseur ou moins	13 »	10 »
(Les feuilles de tôle ou fers noirs, planes, découpées d'une façon quelconque, paieront un dixième en sus des feuilles rectangulaires.)		
Fer étamé (fer-blanc), cuivré, zingué ou plombé	16 »	13 »
Fil de fer de 5/10 de millimètre de diamètre et au-dessous, qu'il soit ou non étamé, cuivré ou zingué	14 »	10 »
Aciers en barres de toute espèce	15 »	13 »
Aciers en tôle de plus de 2 millim. d'épaisseur	22 »	18 »
Aciers en tôle de 2 millim. d'épaisseur ou moins / Fil d'acier, même blanchi, pour cordes d'instruments	30 »	25 »
Cuivre... Minerai	Exempt.	Exempt
Cuivre... Limailles et débris de vieux ouvrages en cuivre	Exempt.	Exempt.
Cuivre... Cuivre pur ou allié de zinc ou d'étain de première fusion en masse, barres, saumons ou plaques	Exempt.	Exempt.
Cuivre... Cuivre pur ou allié de zinc ou d'étain laminé ou battu, en barres ou planches	15 fr. les 100 kil.	10 fr. les 100 kil.
Cuivre... Cuivre pur ou allié en fils de toute dimension, polis ou non	15 fr. *idem.*	10 fr. *idem.*
Cuivre... Cuivre doré ou argenté, battu, tiré ou laminé, filé sur fil ou sur soie	100 fr. *idem.*	100 fr. *idem.*

Table annexed to the convention signed the 12th october 1860 between France and Great Britain.

DENOMINATION OF ARTICLES.	NEW TARIF IN FRENCH OR BRITISH VESSELS EN 1860.	EN 1864.
METALS.	Per Cwt. s. d.	Per Cwt. s. d.
Iron. Ore of	Free.	Free.
Fillings, slag and dross from the forge	Free.	Free.
(1) Pig and fragments of old cast iron	1 0 1/4	0 9 3/4
(2) Purified cast, called "mazée," and old broken wrought iron	1 4	1 1 1/2
(3) Crude, in lumps or prisms, not freed from the dross	2 0 1/2	1 10
(4) Bars, square, round, or flat; rails of all shapes and dimensions; angle and T iron; and wire, with the exceptions hereinafter mentioned	2 10	2 5 1/4
(5) Hoops, of the thickness of 1 millimètre (1-25 inch) or less. (6) Sheet, rolled or hammered, exceeding 1 millimètre in thickness. In plates weighing 200 kilos (441 lbs.), or less, and of which the breadth does not exceed 1m,20 (47 1/4 inches), nor the length 4m,50 (14 ft. 9 in)	3 5 1/2	3 0 1/2
In plates exceeding 200 kilogrammes in weight or 1m,20 in breadth, or 4m,50 in length	3 10 1/4	3 0 1/2
Sheet, thin, and black iron, in plates of 1 millimètre (1-25 th inch), or less in thickness	5 3 1/2	4 0 3/4
(*N. B.* — Thin sheet and black iron in flat plates, cut out or trimmed in any way, to pay one-tenth more than rectangular plates.)		
(7) Sheets, tinned, coppered, covered with zinc or lead	6 6	5 3 1/2
(8) Wire, not exceeding 5-10 th millimètres (1-50 inch) in diameter, whether tinned, coppered, or covered with zinc	5 8 1/4	4 0 3/4
Steel. (9) In bars of all kinds	6 1	5 3 1/2
(10) Sheet, exceeding 2 millimètres (1-12 inch) in thickness	8 11 1/4	7 3 3/4
Sheet, not exceeding 2 millimètres in thickness, and (11) wire, including bright wire for instruments	12 2 1/4	10 2
Copper. (12) Ore, fillings, and old broken articles	Free.	Free.
Copper. (13) Pure, and brass smelted, in pigs, bars, or plates	Free.	Free.
Copper. (14) Rolled or beaten into bars or sheets	6 1	4 0 3/4
Copper. (15) Wire of all sizes, whether polished or not	6 1	4 0 3/4
Copper. (16) Gilt or silver, beaten, drawn, or rolled, and wire laid on thread or silk	40 7 3/4	40 7 3/4

DÉNOMINATION DES ARTICLES.		TAUX DES DROITS D'ENTRÉE. EN 1860.	EN 1864.
		Fr. c.	Fr. c.
Zinc	Minerai cru ou grillé, pulvérisé ou non.	Exempt.	Exempt.
	Limailles et débris de vieux ouvrages..	Exempt.	Exempt.
	En masses brutes, saumons, barres ou plaques	10 c. les 100 kil.	10 c. les 100 kil.
	Laminé	6 fr. *idem.*	4 fr. *idem.*
Plomb	Minerai et scories de toute sorte....	Exempt.	Exempt.
	Limailles et débris de vieux ouvrages..	Exempt.	Exempt.
	En masses brutes, saumons, barres ou plaques	3 » (Les 100 kilogr.)	Exempt.
	Laminé	5 » (Les 100 kilogr.)	3 » (Les 100 kil.)
	Allié d'antimoine en masse	5 » (Les 100 kilogr.)	3 » (Les 100 kil.)
	Vieux caractères d'imprimerie	5 » (Les 100 kilogr.)	3 » (Les 100 kil.)
Étain	Minerai	Exempt.	Exempt.
	En masses brutes, saumons, barres ou plaques	Exempt.	Exempt.
	Limailles et débris	Exempt.	Exempt.
	Allié d'antimoine (métal britannique) en lingots	5 fr. les 100 kil.	5 fr. les 100 kil.
	Pur ou allié, battu ou laminé	6 fr. *idem.*	6 fr. *idem.*
Bismuth brut		Exempt.	Exempt.
Antimoine	Minerai	Exempt.	Exempt.
	Sulfuré fondu	Exempt.	Exempt.
	Métallique ou régule	8 fr. les 100 kil.	6 fr. les 100 kil.
Nickel	Minerai de nickel et speiss	Exempt.	Exempt.
	Pur ou allié d'autres métaux, notamment de cuivre ou de zinc (Argentan), en lingots ou masses brutes..	Exempt.	Exempt.
	Pur ou allié d'autres métaux, laminé ou étiré	15 fr. les 100 kil.	10 fr. les 100 kil.
Manganèse. — Minerai		Exempts.	Exempts.
Arsenic	Minerai	Exempts.	Exempts.
	Arsenic métallique	Exempts.	Exempts.
Minerais non dénommés		Exempts.	Exempts.
OUVRAGES EN MÉTAUX.			
Fonte	Ouvrages en fonte moulée, non tournés ni polis :		
	1re classe. Coussinets de chemins de fer, plaques ou autres pièces coulées à découvert	3 50 (Les 100 kilogrammes.)	3 » (Les 100 kilogrammes.)
	2e classe. Tuyaux cylindriques, droits, poutrelles et colonnes pleines, cornues pour la fabrication du gaz...	4 25 (Les 100 kilogrammes.)	3 75 (Les 100 kilogrammes.)
	3e classe. Poteries et tous autres ouvrages non désignés dans les deux classes précédentes	5 » (Les 100 kilogrammes.)	4 50 (Les 100 kilogrammes.)
	Ouvrages en fonte polis ou tournés..	9 » (Les 100 kilogrammes.)	6 » (Les 100 kilogrammes.)
	Ouvrages en fonte étamés, émaillés ou vernissés	12 » (Les 100 kilogrammes.)	10 » (Les 100 kilogrammes.)

DENOMINATION OF ARTICLES.		NEW TARIF IN FRENCH OR BRITISH VESSELS	
		EN 1860.	EN 1864.
		Per Cwt. s. d.	Per Cwt. s. d.
Zinc.....	Ore, crude, calcined, or pounded, filings, and old broken articles....	Free	Free
	In pigs, bars, or plates............	0 0 1/2	0 0 1/2
	Rolled..........................	2 5 1/4	1 7 1/2
Lead....	Ore and dross of all sorts, filings, and old broken articles...........	Free	Free
	In pigs, bars, or plates.............	1 2 3/4	Free
	Rolled or sheet, alloyed with antimony, in pig, and type, old.....	2 0 1/2	1 2 3/4
Tin.....	Ore and metal in pigs., bars, or plates, filings, and old broken articles..........................	Free	Free
	Alloyed with antimony (Britannia metal) in ingots................	2 0 1/2	2 0 1/2
	Pure metal or alloyed, beaten or rolled..........................	2 5 1/4	2 5 1/4
Bismuth crude	....	Free	Free
Antimony...	Ore and sulphuretted..............	Free	Free
	Metal or regulus..................	3 3	2 5 1/4
Nickel...	Ore and speiss....................	Free	Free
	Pure, and alloyed with other metals, especially copper or zinc (argentine or German silver), in ingots, or pigs...........................	Free	Free
	Ditto, ditto, rolled or drawn	6 1	4 0 3/4
Manganese.	Ore...........................	Free	Free
Arsenic..	Ore...........................	Free	Free
	Metalic........................	Free	Free
Ores.	Not enumerated......................	Free	Free
METAL MANUFACTURES.			
Of Cast Iron	Not turned nor polished :		
	Ist Class. Chairs for railways, plates and other castings from the open mould.........................	1 5 1/4	1 /4
	2nd Class. Gylindrical pipes (straight), rafters, solid columns, and gas retorts..........................	1 11	1 6 1/4
	3rd Class. Pots and all other manufactures not included in the preceding classes....................	2 0 1/2	1 10
	Polished or turned................	3 8	2 5 1/4
	Tinned, enamelled, or varnished..,.	4 10 1/2	4 0 3/4

DÉNOMINATION DES ARTICLES.		TAUX DES DROITS D'ENTRÉE EN 1860.			EN 1864.		
		Fr.	c.		Fr.	c.	
Fer	Ferronnerie comprenant : Pièces de charpente. Courbes et solives pour navires. Ferrures de charrettes et wagons. Gonds, pentures, gros verrous, équerres et autres gros ferrements de portes ou croisées, non tournés ni polis. Grilles en fer plein, lits, siéges et meubles de jardin ou autres, avec ou sans ornements accessoires en fonte, cuivre ou acier.	9	»	Les 100 kilogrammes.	8	»	Les 100 kilogrammes.
	N.B.—Les essieux, ressorts et bandages de roues ne sont pas compris dans cette nomenclature, et figurent parmi les pièces détachées de machines.						
	Serrurerie comprenant : Serrures et cadenas en fer de toute sorte, fiches et charnières en tôle, loquets, targettes et tous autres objets en fer ou tôle tournés, polis ou limés pour ferrures de meubles, portes et croisées	15	»		12	»	
	Clous forgés à la mécanique	10	»		8	»	
	Clous forgés à la main	15	»		12	»	
	Vis à bois, boulons et écrous	10	»		8	»	
	Ancres. Câbles et chaînes en fer	10	»		8	»	
	Outils en fer pur, emmanchés ou non.	12	»		10	»	
	Tubes en fer étirés, soudés par simples rapprochements :						
	De 9 millimètres de diamètre intérieur ou plus	13	»		11	»	
	De moins de 9 millimètres, raccords de toute espèce	25	»		20	»	
	Tubes en fer étirés, soudés sur mandrin et à recouvrement	25	»		20	»	
	Hameçons de mer en fer, étamés ou non	50	»		50	»	
	Articles de ménage et autres ouvrages non dénommés :						
	En fer ou en tôle, polis ou peints	17	»		14	»	
	En fer ou en tôle émaillés, étamés ou vernissés	20	»		16	»	
Acier	Outils en acier pur (limes, scies circulaires ou droites, faux, faucilles et autres non dénommés)	40	»		32	»	
	Aiguilles à coudre de moins de 5 centimètres	200	»		200	»	

DENOMINATION OF ARTICLES.		NEW TARIF IN FRENCH OR BRITISH VESSELS EN 1860.	EN 1864.
		Per Cwt. s. d.	Per Cwt. s. d.
Of Wrought Iron.	Ironwares (heavy) including frame-work; pieces of frames.......... Kneess and girders for ships........ Ironwork for carts and wagons...... Hinges; clamps; large bolts; braces, and other fastenings of doors and windows, not polished nor turned. Gratings (solid); beds; seats and furniture for gardens and other kinds, with or without ornaments or adjuncts in cast iron, steel, or copper.	3 8	3 3
	N. B. — Axles, springs, and tires for wheels, are not included in the above category, but are classed among detached pieces of machinery.		
	Small ironwares ("serrurerie"), including: locks and padlocks of all sorts, bolts and hinges, in sheet iron, latches, and flat bolts, and all other articles in wrought or sheet iron for fastenings of doors or windows, and furniture, polished, filed, or turned......................	6 1	4 10 1/2
	Nails, forged by machinery.........	4 0 3/4	3 3
	Ditto, ditto, by hand..............	6 1	4 10 1/2
	Wood screws, screw-bolts, and nuts. Anchors.......................... Chains, and chain-cables...........	4 0 3/4	3 3
	Tools, in pure iron, with or without handles........................	4 10 1/2	4 0 3/4
	Tubes of wrought iron, simply welded, of 9 millimètres (1/3 inch) interior diameter or more...............	5 3 1/2	4 5 1/2
	Ditto, ditto, less than 9 millimètres (1/3 inch), and fittings of tubes...	10 2	8 1 1/2
	Tubes in wrought iron, welded on a mandril, or lap-welded...........	10 2	8 1 1/2
	Fish-hooks (for sea fishing), tinned or not..........................	20 4	20 4
	Household articles and other wares unenumerated:—		
	In wrought or sheet-iron, polished or painted....................	6 11	5 8 1/4
	Ditto, ditto, enamelled, varnished, or tinned....................	8 1 1/2	6 6
Steel wares.	Tools in pure steel; files; saws, circular or straight; scythes, sickles, and other unenumerated.........	16 3	13 0
	Needles for sewing, less than 5 centimètres (1/5 inch) in length......	81 3 1/2	81 3 1/2

DÉNOMINATION DES ARTICLES.	TAUX DES DROITS D'ENTRÉE EN 1860.		TAUX DES DROITS D'ENTRÉE EN 1864.	
	Fr.	c.	Fr.	c.
Acier... Aiguilles à coudre de 5 centimètres ou plus	100	» (Les 100 kilogrammes.)	100	» (Les 100 kilogrammes.)
Acier... Hameçons de rivière en acier bleui ou non	100	»	100	»
Acier... Plumes métalliques en métal autre que l'or et l'argent	100	»	100	»
Acier... Petits objets en acier, tels que perles, coulants, broches et dés à coudre	25	»	20	»
Acier... Articles de ménage et autres ouvrages en acier pur non dénommés	40	»	32	»
Coutellerie de toute espèce	20 0/0 de la valeur, abaissé à 15 0/0 à partir du 1er janvier 1866.			
Instruments de chirurgie, d'optique et de précision	10 0/0 de la val.		10 0/0 de la val.	
Armes de commerce. Armes blanches	40 fr. les 100 kil.		40 fr. les 100 kil.	
Armes de commerce. Armes à feu	240 fr. *idem.*		240 fr. *idem.*	
MÉTAUX DIVERS.				
Outils en fer rechargés d'acier, emmanchés ou non	18	» (Les 100 kilogrammes.)	15	» (Les 100 kilogrammes.)
Objets en fonte et fer non polis, le poids du fer étant inférieur à la moitié du poids total	5	»	4	50
Objets en fonte et fer non polis, le poids du fer étant égal ou supérieur à la moitié du poids total	10	»	8	»
Objets en fonte et fer polis, émaillés ou vernissés, même avec ornements accessoires en fer, cuivre, laiton ou acier	15	»	12	»
Toiles métalliques en fer ou en acier	15	»	10	»
Cylindres en cuivre ou laiton pour impression, gravés ou non	15	»	15	»
Chaudronnerie Toiles en fils de cuivre ou laiton Objets d'art et d'ornement et tous autres ouvrages en cuivre pur ou allié de zinc ou d'étain	25	»	20	»
Ouvrages en zinc de toute espèce	10	»	8	»
Tuyaux et autres ouvrages de plomb de toute sorte	5	»	3	»
Caractères d'imprimerie neufs	10	»	8	»
Poteries et autres ouvrages en étain pur ou allié d'antimoine	30	»	30	»
Ouvrages en nickel allié au cuivre ou au zinc (Argentan)	100	»	100	»
Ouvrages en plaqué sans distinction de titre	100	»	100	»
Ouvrages en métaux dorés ou argentés, soit au mercure, soit par les procédés électro-chimiques	100	»	100	»
Orfévrerie et bijouterie en or, argent, platine ou autres métaux	500	»	500	»

DENOMINATION OF ARTICLES.	NEW TARIF IN FRENCH OR BRITISH VESSELS EN 1860.	EN 1864.
	Per Cwt. s. d.	Per Cwt. s. d.
Steel Wares. Ditto, of 5 and more centimetres in length........	40 7 3/4	40 7 3/4
Steel Wares. Fish-hooks (for river fishing), blued or not..........................	40 7 3/4	40 7 3/4
Steel Wares. Metallic pens (other than gold or silver)........................	40 7 3/4	40 7 3/4
Steel Wares. Small articles of ornament, such as beads, purse garniture, brooches, and thimbles....................	10 2	8 1 1/2
Steel Wares. Household articles and other wares unenumerated..................	16 3	13 0
Cutlery of every description..................	20 per cent. *ad valorem*, reduced to 15 per cent. *ad valorem* on the 1st January 1866.	
Instruments, surgical, optical, and philosophical	10 per cent. *ad valorem*	10 per cent. *ad valorem*.
Arms, not being implements of war :		
Side arms..................................	16 3	16 3
Fire arms..................................	97 6 1/2	97 6 1/2
SUNDRY METAL WARES.		
Tools of iron tipped with steel, with or without handles	7 3 3/4	6 1
Articles made partly of cast and partly of wrought iron, not polished, if the weight of wrought iron is less than half the total weight	2 0 1/2	2 0 1/2
Ditto, if half or more than half the total weight.	4 0 3/4	3 3
Ditto, polished, enamelled or japanned, and with ornamental adjuncts in iron, copper, brass, or steel.	6 1	4 10 1/2
Wire gauze of iron or steel..................	6 1	4 0 3/4
Cylinders of copper or brass for printing, whether engraved or not	6 1	6 1
Copper wares, metal gauze of copper or brass, works of art and ornament, and all other manufactured articles of copper, pure or alloyed with zinc or tin..........................	10 2	8 1 1/2
Manufactures of zinc of all kinds..............	4 0 3/4	3 3
Lead pipes, and all other manufactures of lead.	2 0 1/2	1 2 3/4
Printing type, new.........................	4 0 3/4	3 3
Tin pots and pans and other manufactures of tin, whether pure or alloyed with antimony ..	12 2 1/4	12 2 1/4
Manufactures of nickel allied with copper or zinc (argentine)	40 7 3/4	40 7 3/4
Plated manufactures of every description.......	40 7 3/4	40 7 3/4
Manufactures of metal gilt or silvered by the mercurial or electro-plate processes	40 7 3/4	40 7 3/4
Plate and jewellery of gold, of silver, platina, or other metals	1 1/2 d. per oz. troy.	1 1/2 d. per oz. troy.

DÉNOMINATION DES ARTICLES.	TAUX DES DROITS D'ENTRÉE EN 1860.	EN 1864.
	Fr. c.	Fr. c
Horlogerie	5 0/0 de la val.	5 0/0 de la val.
Fourniture d'horlogerie	100 fr. les 100 k.	100 fr. les 100 k
MACHINES ET MÉCANIQUES.		
Appareils complets.		
Machines à vapeur fixes, avec ou sans chaudières, avec ou sans volant	10 »	6 »
Idem pour la navigation, avec ou sans chaudières.	20 »	12 »
Machines locomotives ou locomobiles	15 »	10 »
Tenders complets de machines locomotives	10 »	8 »
Machines pour la filature	15 »	10 »
Idem pour le tissage *Idem* pour fabriquer le papier *Idem* à imprimer *Idem* pour l'agriculture *Idem* à bouter les plaques et rubans de cardes.	9 »	6 »
Métiers à tulle	15 »	10 »
Appareils en cuivre à distiller *Idem* à sucre *Idem* de chauffage	15 »	10 »
Cardes non garnies	15 »	10 »
Chaudières à vapeur en tôle de fer, cylindriques ou sphériques, avec ou sans bouilleurs ou réchauffeurs	10 »	8 »
Idem idem tubulaires en tôle de fer, à tubes en fer, cuivre ou laiton, étirés ou en tôle clouée, à foyers intérieurs, et toutes autres chaudières de forme non cylindrique ou sphérique simple	15 »	12 »
Idem idem en tôle d'acier de toute forme.	30 »	25 »
Gazomètres, chaudières découvertes, poêles et calorifères en tôle ou en fonte et tôle	10 »	8 »
Machines-outils et machines non dénommées contenant 75 0/0 de fonte et plus	9 »	6 »
Idem idem 50 à 75 0/0 exclusivement de leur poids en fonte	15 »	10 »
Idem idem moins de 50 0/0 de leur poids en fonte	20 »	15 »
Pièces détachées de machines.		
Plaques et rubans de cardes sur cuir, caoutchouc, ou sur tissus purs ou mélangés	60 »	50 »
Dents de rots en fer ou en cuivre	30 »	30 »
Rots, ferrures ou peignes à tisser, à dents de fer ou de cuivre	50 »	30 »
Pièces en fontes, polies, limées et ajustées	9 »	6 »

(Les droits de « Machines à vapeur fixes » à « Pièces en fontes » s'entendent pour les 100 kilogrammes, en 1860 et en 1864.)

DENOMINATION OF ARTICLES.	NEW TARIF IN FRENCH OR BRITISH VESSELS	
	EN 1860.	EN 1864.
	Per Cwt. s. d.	Per Cwt. s. d.
Clocks and watches	5 per cent. *ad valorem.*	5 per cent. *ad valorem.*
Clock and watch movements	40 7 3/4	40 7 3/4
MACHINES AND MACHINERY.		
With apparatus complete :—		
Steam-engines stationary, with or without boilers or fly-wheels	4 0 3/4	2 5 1/4
Ditto, marine, with or without boilers	8 1 1/2	4 10 1/2
Ditto, locomotives and portable engines	6 1	4 0 3/4
Tenders for locomotive engines, complete	4 0 3/4	3 3
Spinning machines	6 1	4 0 3/4
For weaving For paper-making For printing Agricultural machines, and machines for making sheets and fillets of cards	3 8	2 5 1/4
Lace-making machines	6 1	4 0 3/4
Distilling apparatus, sugar-pans and boilers made of copper	6 1	4 0 3/4
Carding machines, not furnished	6 1	4 0 3/4
Steam-boilers, of sheet iron, of cylindrical or spherical shape, with or without boiler-pipes or heating-pipes	4 0 3/4	3 3
Ditto, tubular, of sheet iron, with tubes of wrought iron, copper or brass, or of sheet iron riveted, with interior furnaces, and all other boilers not of cylindrical or spherical shape	6 1	4 10 1/2
Ditto, ditto, of sheet steel of every shape	12 2 1/4	10 2
Gasometers, open boilers, furnaces and stoves in sheet iron, or in cast and sheet iron	4 0 3/4	3 3
Machines for making machines ("machines-outils") and machines not enumerated:—		
Containing 75 per cent. or more of their weight in cast iron	3 8	2 5 1/4
Containing 50 per cent. and less than 75 per cent. of cast iron	6 1	4 0 3/4
Containing less than 50 per cent. of cast iron	8 1 1/2	6 1
DETACHED PARTS OF MACHINES.		
Sheets and fillets of cards on leather, india-rubber, or other materials	24 4 1/2	20 4
Dents of reeds in iron or in copper	12 2 1/4	12 2 1/4
Reeds complete, in iron or copper	20 4	
Pieces in cast iron, polished, filed, and adjusted	3 8	25 1/4

DÉNOMINATION DES ARTICLES.	TAUX DES DROITS D'ENTRÉE EN 1860.	TAUX DES DROITS D'ENTRÉE EN 1864.
	Fr. c.	Fr. c.
Pièces en fer forgé, polies, limées et ajustées ou non, quel que soit leur poids	15 » (Les 100 kilogrammes)	10 » (Les 100 kilogrammes)
Ressorts en acier pour carrosserie, wagons et locomotives	17 »	15 »
Pièces en acier, polies, limées, ajustées ou non, pesant plus d'un kilogramme	30 »	25 »
Idem *idem* pesant un kilogramme ou moins	40 »	35 »
Pièces en cuivre pur ou allié de tous autres métaux	25 »	20 »
Plaques et rubans de cuir, de caoutchouc et de tissus spécialement destinés pour cardes	20 »	20 »
Or battu en feuilles	100 fr. le kilogr.	100 fr. le kilogr.
Sucre raffiné	41 fr. les 100 kil.	41 fr. les 100 kil.
Carrosserie Tabletterie et ouvrages en ivoire	10 0/0 de la val.	10 0/0 de la val
Peaux vernies, teintes ou maroquinées	250 f. par 100 k.	250 f. par 100 k.
Peaux préparées de toute autre espèce	30 fr. *idem.*	30 fr. *idem.*
Ouvrages en peaux et en cuirs de toute espèce	10 0/0 de la val.	10 0/0 de la val.
Futailles vides, neuves ou vieilles, montées ou démontées — cerclées en bois	Exemptes.	Exemptes.
Futailles vides, neuves ou vieilles, montées ou démontées — cerclées en fer	10 0/0 de la val.	10 0/0 de la val.
Pelles, fourches, râteaux et manches d'outils en bois avec ou sans viroles	Exempts.	Exempts.
Avirons	Exempts.	Exempts.
Plats, cuillers, écuelles et autres articles de ménage en bois	Exempts.	Exempts.
Pièces de charpente, brutes ou façonnées	Exemptes.	Exemptes.
Pièces de charronnage, brutes ou façonnées	Exemptes.	Exemptes.
Autres ouvrages en bois non dénommés Meubles	10 0/0 de la val.	10 0/0 de la val.
Bâtiments de mer construits dans le Royaume-Uni non encore immatriculés ou naviguant sous pavillon britannique	Par tonneau de jauge française.	
— en bois	25 »	20 »
— en fer	70 »	60 »
Coques de bâtiments de mer — en bois	15 »	10 »
Coques de bâtiments de mer — en fer	50 »	40 »

N. B.— Les machines et moteurs installés à bord de ces bâtiments seront taxés séparément d'après le chiffre des droits spécifiés sous la rubrique : *Machines et mécaniques.*

Le présent tarif est approuvé pour être annexé à la convention conclue le 12 octobre 1860 entre la France et la Grande-Bretagne.

Paris, le 12 octobre 1860.

Signé : E. Thouvenel.
Rouher.
Cowley.
Richard Cobden.

DENOMINATION OF ARTICLES.	NEW TARIF IN FRENCH OR BRITISH VESSELS	
	EN 1860.	EN 1864.
	Per Cwt. s. d.	Per Cwt. s. d.
Pieces in wrought iron, polished, filed, and adjusted or not, without distinction of weight..	6 1	4 0 3/4
Steel springs for carriages, wagons, or locomotives....................................	6 11	6 1
Pieces in steel, polished, filed, adjusted or not; weighing more than 1 kilogramme (2 1/5 lbs.)	12 2 1/4	10 2
Ditto, 1 kilogramme and less................	16 3	14 2 3/4
Pieces in copper, pure or mixed with any other metals..................................	10 2	8 1 1/2
Sheets and fillets for cards of leather, caoutchouc, or other materials..................	8 1 1/2	8 1 1/2
Gold-leaf..................................	2 5 3/4 per oz troy.	2 5 3/4 per oz troy.
Refined Sugar..............................	16 8	16 8
Carriages..................................	10 per cent. *ad valorem.*	10 per cent. *ad valorem.*
Cabinet-makers' and Turners' Small Wares and wares in ivory or carved wood ("tabletterie")	»	»
Prepared Skins, varnished, dyed, and morocco leather..................................	101 7 1/4	101 7 1/4
Ditto, all other kinds......................	12 2 1/4	12 2 1/4
Leather manufactures of all kinds...........	10 per cent. *ad valorem.*	10 per cent. *ad valorem.*
Wooden wares:—Empty casks, new or old, not hooped, or hooped with wooden hoops.......	Free.	Free.
Ditto, ditto, iron hoops....................	10 per cent. *ad valorem.*	10 per cent. *ad valorem.*
Shovels, forks, rakes, handles of tools, of wood, with or without ferrules..................	Free.	Free.
Oars.......................................	»	»
Plates, spoons, porringers, and other household articles...................................	»	»
Pieces of carpenter's work, dressed or not.....	»	»
Parts of cartwright's work, dressed or not	»	»
Other articles of wood, not enumerated........	10 per cent. *ad valorem.*	10 per cent. *ad valorem.*
Household furniture.........................	»	»
Ships and boats built in the United Kingdom, not registered or sailing under British flag, in wood (*).................................	20 0	16 0
Ditto, ditto, in iron........................	56 0	48 0
Hulls of ships, in wood......................	12 0	8 0
Ditto, ditto, in iron........................	40 0	32 0

* N. B. — The machines and machinery on board such ships shall be charged separately, according to the rates fixed by the Tariff for "Machines and Machinery."

DÉCRET IMPÉRIAL

PORTANT PROMULGATION

DE LA

DEUXIÈME CONVENTION COMPLÉMENTAIRE

DE COMMERCE

CONCLUE

Entre la France et la Grande-Bretagne

Le 16 novembre 1860.

NAPOLÉON,

Par la grâce de Dieu et la volonté nationale, Empereur des Français,

A tous présents et à venir, salut;

Sur le rapport de notre ministre secrétaire d'État au département des affaires étrangères,

AVONS DÉCRÉTÉ ET DÉCRÉTONS ce qui suit :

ARTICLE PREMIER.

Une deuxième convention, suivie d'un tarif, ayant été conclue, le 16 novembre 1860, entre la France et le royaume-uni de la Grande-Bretagne et d'Irlande, pour assurer l'exécution du traité de commerce du 23 janvier 1860, dont elle est un des compléments, et les ratifications de cet acte ayant été échangées à Paris le 30 novembre 1860, ladite convention, dont la teneur suit, recevra sa pleine et entière exécution.

CONVENTION.

Sa Majesté l'Empereur des Français et Sa Majesté la Reine du royaume-uni de la Grande-Bretagne et d'Irlande, voulant assurer la complète exécution du traité du 23 janvier 1860, en fixant les droits à l'importation des marchandises d'origine ou de manufacture britannique énumérées dans ledit traité et non comprises dans l'arrangement du 12 octobre dernier, ont résolu de négocier, dans ce but, une deuxième convention additionnelle, et ont, à cet effet, nommé pour leurs plénipotentiaires, savoir :

Sa Majesté l'Empereur des Français, M. Thouvenel, sénateur de l'Empire, grand-croix de son ordre impérial de la Légion d'honneur, etc., etc., etc., son ministre secrétaire d'État au département des affaires étrangères;

Et M. Rouher, sénateur de l'Empire, grand-croix de son ordre impérial de la Légion d'honneur, etc., etc., etc., son ministre secrétaire d'État au département de l'agriculture, du commerce et des travaux publics;

Et Sa Majesté la Reine du royaume-uni de la Grande-Bretagne et d'Irlande, le très-honorable Henry-Richard-Charles, comte Cowley, vicomte Dangan, baron Cowley, pair du Royaume-Uni, membre du très-honorable conseil privé de Sa Majesté Britannique, chevalier grand-croix du très-honorable ordre du Bain, ambassadeur extraordinaire et plénipotentiaire de Sadite Majesté près Sa Majesté l'Empereur des Français;

Et M. Richard Cobden, écuyer, membre du Parlement britannique;

Lesquels, après s'être communiqué leurs pleins pouvoirs respectifs, trouvés en bonne et due forme, sont convenus des articles suivants :

Art. 1er. — Les objets d'origine ou de manufacture britannique énumérés dans le tarif joint à la présente convention, et importés directement du Royaume-Uni sous pavillon français ou britannique, seront admis en France aux droits fixés par ledit tarif.

Art. 2. — Les règles consacrées par les art. 2, 4, 5, 6, 7 et 8 de la Convention conclue le 12 octobre dernier entre les Hautes Puissances contractantes pour les justifications d'origine, les déclarations d'importation et l'expertise des produits taxés *ad valorem,* s'appliqueront également aux divers produits d'origine ou de manufacture britannique énumérés dans le tarif annexé à la présente convention.

L'article 3 de la Convention du 12 octobre dernier, qui dispense les importateurs de machines ou de pièces détachées de machines, d'origine ou de manufacture britannique, de l'obligation de produire des modèles ou dessins, est déclaré applicable à toutes les marchandises dont l'importation était assujettie à cette formalité, et qui sont comprises soit dans la présente Convention, soit dans celle du 12 octobre dernier.

Art. 3. — Indépendamment des droits de douane stipulés dans le Tarif annexé à la présente Convention, et par application des articles 1er et 9 du Traité conclu entre les Hautes Puissances contractantes le 23 janvier dernier, les produits d'origine ou de manufacture britannique ci-dessous énumérés seront, à leur importation en France et à titre de compensation des droits équivalents supportés par les fabricants français, assujettis aux taxes supplémentaires ci-après déterminées :

		fr.	c.	
Soude brute		4	35	les 100 kil.
Cristaux de soude		4	35	—
Sulfate de soude :				
Pure	anhydre	6	»	—
	cristallisé ou hydraté	2	40	—
Impure	anhydre	5	40	—
	cristallisé ou hydraté	2	10	—
Sulfite de soude		6	»	—
Sel de soude		11	»	—
Acide hydrochlorique		3	»	—

	fr.	c.	
Chlorure de chaux	10	»	les 100 kil.
Chlorate de potasse	66	»	—
Chlorure de magnésium	4	»	—
Glaces ou grands miroirs	1	»	le mètre de superficie.
Gobeleterie, verres à vitres et autres verres blancs.	3	20	les 100 kil.
Bouteilles	1	25	—
Outremer factice	11	»	—
Sel ammoniac	16	»	—
Soudes de varech	1	50	—
Salin ou résidu brut de la calcination des vinasses de betterave	1	25	—
Sel d'étain	3	»	—
Savons :			
Blancs ou marbrés, composés d'alcalis et d'huile d'olive ou de graines grasses, pures ou mélangées de graisses animales :			
L'huile entrant pour la moitié au moins dans le mélange des corps gras	8	20	les 100 kil.
L'huile entrant pour moins de moitié dans le mélange des corps gras	6	»	—
Des graisses animales :			
Pures	6	»	les 100 kil.
Mélange de résine	6	»	—
— d'huile de palme ou de coco mélangés de graisses animales	4	»	—
— de couleur, composés d'huile de graine ou de graisses animales	6	»	—
Alcool pur	90	»	l'hectolitre.
Bière	2	40	—
Vernis à l'esprit-de-vin, par hectolitre d'alcool pur contenu dans le vernis	90	»	—

Il est entendu que le sucre raffiné n'est pas compris dans cette nomenclature, parce que le droit de 41 francs par 100 kilogrammes, fixé à l'importation de ce produit, comprend l'impôt de consommation dont il est actuellement grevé en France.

Il est également convenu entre les Hautes Puissances contractantes qu'en cas de modification ou de suppression des droits d'accise actuellement imposés aux fabricants français, les produits d'origine ou de manufacture britannique seront, pour ces droits d'accise, soumis aux mêmes conditions que les produits similaires français. Toutefois, si, par suite de la suppression de l'un de ces droits, le Gouvernement établit une surveillance, un contrôle ou un exercice administratif sur certains produits fabriqués français, les charges directes ou indirectes dont seront grevés les fabricants français seront compensées par une surtaxe équivalente établie sur les produits similaires britanniques. Il demeure, en outre, entendu que si des drawbacks sont accordés à d'autres produits de fabrication française, les droits de douane qui grèvent les produits similaires, d'origine ou de fabrication britannique, seront augmentés d'une surtaxe égale au montant de ces drawbacks.

Art. 4.— A l'égard des tissus purs et mélangés, taxés à la valeur, dont l'estimation dans les ports lui paraîtrait présenter des difficultés, le Gouvernement français se réserve la faculté de désigner exclusivement la douane de Paris pour l'admission de ces marchandises.

Art. 5.— Chacune des Hautes Puissances contractantes s'engage à faire profiter l'autre de toute faveur, de tout privilége ou abaissement de tarif que l'une d'elles accorderait à une tierce puissance pour l'importation de marchandises mentionnées ou non dans le Traité du 23 janvier 1860.

Art. 6. —Le tarif annexé à la présente Convention entrera en vigueur dans un délai qui ne pourra dépasser le 1er juin 1861 pour les fils et tissus de lin, de chanvre et de jute, et le 1er octobre suivant, pour tous les autres articles.

Art. 7. —La présente Convention aura la même durée que le Traité conclu entre les Hautes Puissances contractantes le 23 janvier dernier, dont elle est l'un des compléments.

Art. 8.— Le présente Convention sera ratifiée, et les ratifications en seront échangées à Paris dans le délai de quinze jours, ou plus tôt, si faire se peut.

En foi de quoi, les plénipotentiaires respectifs l'ont signée et y ont apposé le cachet de leurs armes.

Fait en double à Paris, le seizième jour du mois de novembre de l'an mil huit cent soixante.

(L. S.) E. Thouvenel.
(L. S.) E. Rouher.
(L. S.) Cowley.
(L. S.) Rich. Cobden.

Tarif annexé à la Convention conclue, le 16 *novembre* 1860, *entre la France et la Grande-Bretagne.*

DÉNOMINATION DES ARTICLES.	TAUX DES DROITS D'ENTRÉE	
	EN 1860.	EN 1864.
	Fr. c.	Fr. c.
INDUSTRIES TEXTILES.		
LIN :		
Lin ou chanvre peigné..................	5 » les 100 kil.	5 » les 100 kil.
Fils de lin ou de chanvre mesurant au kilogramme :		
Simples :		
Ecrus :		
6,000 mètres ou moins..............	15 fr. les 100 kil.	
Plus de 6,000 mètres, pas plus de 12,000	20 » id.	
Plus de 12,000 » 24,000	30 » id.	
Plus de 24,000 » 36,000	36 » id.	
Plus de 36,000 » 72,000	60 » id.	
Plus de 72,000.....................	100 » id.	
Blanchis ou teints :		
6,000 mètres ou moins..............	20 » id.	
Plus de 6,000 mètres, pas plus de 12,000	27 » id.	
Plus de 12,000 » 24,000	40 » id.	
Plus de 24,000 » 36,000	48 » id.	
Plus de 36,000 » 72,000	80 » id.	
Plus de 72,000.....................	133 » id.	
Retors :		
Ecrus..........................	Mêmes droits que sur les fils simples écrus, augmentés de 40 0/0 suivant la classe.	
Blanchis ou teints................	Mêmes droits que sur les fils simples teints ou blanchis, augmentés de 40 0/0 suivant la classe.	
LIN :		
Tissus de lin ou de chanvre unis ou ouvrés présentant en chaîne dans l'espace de 5 millimètres carrés :		
Ecrus :		
8 fils ou moins..................	30 fr. les 100 kil.	
9, 10 et 11 fils..................	55 » id.	
12, 13 et 14 fils..................	60 » id.	
15, 16 et 17 fils..................	115 » id.	
18, 19 et 20 fils..................	170 » id.	
21, 22 et 23 fils..................	260 » id.	

Table annexed to the Convention signed the 16th november 1860 between France and Great Britain.

DENOMINATION OF ARTICLES.	NEW TARIF IN FRENCH OR BRITISH VESSELS	
	1860.	1864.
	Per Cwt. s. d.	Per Cwt. s. d.
TEXTILE FABRICS.		
FLAX AND HEMP : —		
Flax or hemp, combed..............	2 1 1/2	
Yarn of hemp or flax measuring, to the lb. Single :		
Unbleached—		
2,976 yards, or less.............	6 1	
More than 2,976 yards, and not more than 5,952.............	8 1 1/2	
More than 5,952 yards, and not more than 11,904............	12 2 1/4	
More than 11,904 yards, and not more than 17,856............	14 7 1/2	
More than 17,856 yards, and not more than 35,712............	24 4 3/4	
More than 35,712...............	40 7 3/4	
Bleached, or dyed —		
2,976 yards, or less.............	8 1 1/2	
More than 2,976 yards, and not more than 5,952..............	10 11 3/4	
More than 5,952 yards, and not more than 11,904.............	16 3	
More than 11,904 yards, and not more than 17,856.............	19 6	
More than 17,856 yards, and not more than 35,712.............	32 6	
More than 35,712...............	54 0 1/2	
Twisted :		
Unbleached.....................	Same duties as upon single unbleached yarns, augmented by 40 per cent., according to the class.	
Bleached, or Dyed...............	Same duties as upon single bleached or dyed yarns, augmented by 40 per cent., according to the class.	
LINENS :		
Tissues of flax or hemp plain linens and diapers having, in the warp, in the space of 5 square millimetres (1/5 of an inch) :—		
Unbleached :		
8 threads or less.................	12 2 1/4	
9, 10, and 11 threads............	22 4 1/4	
12, 13, and 14 »	26 5 4/5	
15, 16, and 17 »	46 8 3/4	
18, 19, and 20 »	69 1	
21, 22, and 23 »	105 8	

DÉNOMINATION DES ARTICLES.	TAUX DES DROITS D'ENTRÉE EN 1860.	EN 1864.
	Fr. c.	
24 fils et au-dessus	400 » les 100 kil.	
Blanchis, teints ou imprimés :		
8 fils ou moins	40 »	id.
9, 10 et 11 fils	70 »	id.
12, 13 et 14 fils	120 »	id.
15, 16 et 17 fils	155 »	id.
18, 19 et 20 fils	230 »	id.
21, 22 et 23 fils	350 »	id.
24 fils et au-dessus	535 »	id.
(1) Coutils unis ou façonnés présentant en chaîne dans l'espace de 5 millimètres carrés :		
Ecrus :		
8 fils en chaîne ou moins	35 »	id.
De 9, 10 et 11 fils	55 »	id.
De 12, 13 et 14 fils	90 »	id.
Plus de 14 fils	115 »	id.
Blanchis, teints ou imprimés :		
8 fils ou moins	47 »	id.
De 9, 10 et 11 fils	70 »	id.
De 12, 13 et 14 fils	120 »	id.
Plus de 14 fils	155 »	id.
Les fils et tissus de lin ou de chanvre mélangés suivront le même régime que les fils et tissus de lin ou de chanvre purs, pourvu que le lin ou le chanvre domine en poids.		
Linge damassé	16 0/0 de la valeur.	
Batiste Linons Mouchoirs encadrés	Le même régime que les toiles unies.	
Tulle de lin	Même régime que le tulle de coton.	
Dentelles, d°	5 0/0 de la valeur.	
Bonneterie, d° Passementerie, d° Rubannerie de fil écru, blanchie ou teinte Articles en lin ou en chanvre, confectionnés en tout ou en partie Articles non dénommés	15 0/0 de la valeur.	
JUTE :		
En brins, ou teillé, importé directement de l'Inde anglaise, ou des entrepôts du Royaume-Uni sous pavillon de l'un ou l'autre des deux pays	Exempt.	
Peigné	3 fr. les 100 kil.	
Fils de jute, mesurant au kilogramme :		
Ecrus :		
Moins de 1,400 mètres	7 fr. les 100 kil.	5 fr. les 100 kil.

(1) Maintenant taxés *ad valorem*.

DENOMINATION OF ARTICLES.	NEW TARIF IN FRENCH OR BRITISH VESSELS 1860.	1864.
	Per Cwt. s. d.	Per Cwt. s. d.
24 threads and above..............	162 6 3/4	
Bleached, dyed, or printed :		
8 threads or less..................	16 3	
9, 10, and 11 threads............	28 5 1/2	
12, 13, and 14	48 9 1/4	
15, 16, and 17	63 0	
18, 19, and 20	93 5 3/4	
21, 22, and 23	142 3	
24 threads and above..............	217 7 1/4	
(1) Drills, plain or figured, having, in the warp, in the space of 5 square millimètres (1/5 of an inch) :		
Unbleached :		
8 threads in warp, or less.........	14 2 3/4	
9, 10 and 11 threads.............	22 4 1/4	
12, 13, and 14	36 7	
More than 14 threads..............	46 8 3/4	
Bleached, dyed, or printed :		
8 threads or less..................	19 1 1/4	
9, 10, and 11 threads	28 5 1/2	
12, 13, and 14	48 9 1/4	
More than 14	63 0	
Yarns and tissues of flax or hemp, mixed with other materials, will pay the same duties as pure yarns and tissues of flax or hemp, provided that the flax or hemp predominates in weight.		
Damasks..............................	16 per cent *ad valorem.*	
Cambrics	Same duties as plain linens.	
Lawns................................	Same duties as plain linens.	
Handkerchiefs, bordered.............	Same duties as plain linens.	
Net of thread........................	Same duties as cotton net.	
Lace do	5 per cent *ad valorem.*	
Hosiery do	15 per cent *ad valorem.*	
Haberdashery do.	15 per cent *ad valorem.*	
Ribbon of thread, unbleached, bleached, or dyed......................	15 per cent *ad valorem.*	
Articles, made of flax or hemp, wholly or in part made up...............	15 per cent *ad valorem.*	
Articles not enumerated.............	15 per cent *ad valorem.*	
JUTE :		
In the fibre, or hackled, imported direct from British India, or from British entrepôts, in British or French vessels.	Free.	
Combed..............................	1 2 1/2	1 2 1/2
Jute yarn, measuring per lb. :		
Unbleached :		
Lees than 694 yards................	2 10 1/4	2 0 1/2

(1) Now *ad valorem.*

DÉNOMINATION DES ARTICLES.	TAUX DES DROITS D'ENTRÉE	
	EN 1860.	EN 1864.
	Fr. c.	Fr. c.
De 1,400 à 3,700 mètres exclusivement	9 20 les 100 kil.	6 » les 100 kil.
De 3,700 à 4,200 » »	10 20 id.	7 » id.
De 4,200 à 6,000 » »	15 » id.	10 » id.
Plus de 6,000 » »	Même régime que les fils de lin.	
Blanchis ou teints :		
Moins de 1,400 mètres..............	10 » les 100 kil.	7 » les 100 kil.
De 1,400 à 3,700 mètres exclusivement	13 » id.	9 » id.
De 3,700 à 4,200 » »	15 » id.	10 » id.
De 4,200 à 6,000 » »	22 » id.	14 » id.
Plus de 6,000 » »	Même régime que les fils de lin.	
Tissus de jute, présentant en chaîne dans l'espace de 5 millimètres :		
Ecrus :		
1, 2 et 3 fils, unis..................	13 » les 100 kil.	10 » les 100 kil.
1, 2 et 3 fils, croisés...............	15 » id.	12 » id.
4 et 5 fils........................	21 » id.	16 » id.
6, 7 et 8 fils.......................	30 » id.	24 » id.
Plus de 8 fils......................	Même régime que les tissus de lin suivant la classe.	
Blanchis ou teints :		
1, 2 et 3 fils, unis.................	19 » les 100 kil.	15 » les 100 kil.
1, 2 et 3 fils croisés................	22 » id.	17 » id.
4 et 5 fils........................	30 » id.	23 » id.
6, 7 et 8 fils.......................	44 » id.	35 » id.
Plus de 8 fils......................	Même régime que les tissus de lin suivant la classe.	
Tapis de jute, ras ou à poil.........	32 » les 100 kil.	24 » les 100 kil.
Les fils et tissus de jute mélangés avec d'autres matières suivront le même régime que les fils et tissus de jute purs, pourvu que le jute domine en poids.		
VÉGÉTAUX FILAMENTEUX :		
Phormium tenax, abaca et autres végétaux filamenteux, non dénommés.		
Filaments :		
Bruts ou teillés.....................	Exempts.	
Peignés ou tordus..................	1 fr. les 100 kil.	
Fils..............................	5 0/0 de la valeur.	
Tissus............................	10 0/0 de la valeur.	
CRIN :		
Crin brut de toute nature, même préparé ou frisé....................	Exempt.	
Tissus et ouvrages de crin pur ou mélangés.........................	10 0/0 de la valeur.	
COTONS :		
Coton de l'Inde en laine, importé, soit directement des lieux de production, soit des entrepôts du Royaume-Uni, sous pavillon français ou britannique.	Exempt.	

DENOMINATION OF ARTICLES.	NEW TARIF IN FRENCH OR BRITISH VESSELS	
	1860.	1864.
	Per Cwt. s. d.	Per Cwt. s. d.
From 694 to 1,835 yards, exclusively.	3 9	2 5 1/4
From 1,835 to 2,083 yards, exclusively.	4 1 3/4	2 10 1/4
From 2,083 to 2,976 yards, exclusively.	6 1	4 0 3/4
More than 2,976 yards, exclusively ...	Same as linen yarns.	
Bleached, or dyed :		
Less than 694 yards..................	4 0 3/4	2 10 1/4
From 694 to 1,835 yards, exclusively.	5 3 1/2	3 7 3/4
From 1,835 to 2,083 yards, exclusively.	6 1	4 0 3/4
From 2,083 to 2,976 yards, exclusively.	8 11 1/4	5 8 1/4
More than 2,976 yards, exclusively ...	Same as linen yarns.	
Tissues of jute, having, in the warp, in the space of 5 square millimètres (1/8 of an inch) :		
Unbleached :		
1, 2, and 3 threads, plain.........	5 3 1/2	4 0 3/4
1, 2, and 3 ,, twilled........	6 1	4 10 1/2
4, and 5 ,, ...	8 6 1/4	6 6
6, 7, and 8 ,, ...	12 2 1/4	9 9
More than 8 ,, ...	Same as tissues of linen according to the classe.	
Bleached, or dyed :		
1, 2, and 3 threads, plain.........	7 8 3/4	6 1
1, 2, and 3 ,, twilled	8 11 1/4	6 10 3/4
4 and 5 ,, ...	12 2 1/4	9 4 1/4
6, 7, and 8 ,, ...	17 10 1/2	14 2 1/4
More than 8 ,, ...	Same as tissues of linen, according to the class.	
Carpets, rugs, and matting..........	13 0	9 9
Yarns and tissues of jute mixed with other materials, in which jute predominates in weight, will pay the same duty as pure yarns and tissues of jute.		
VEGETABLE FIBRES :		
Phormium tenax, abaca, and other vegetable fibres, not specified :		
Filaments :		
Raw, of stripped.................. ..	Free.	
Combed or twisted..................	0 5	
Threads............................	5 per cent *ad valorem.*	
Tissues............................	10 per cent *ad valorem.*	
HORSE-HAIR :		
Raw, of all kinds, prepared or curled.	Free.	
Tissues and manufactures of horse-hair, pure or mixed..................	10 per cent *ad valorem.*	
COTTONS :		
Cotton, raw, imported direct from British India, or from British entrepôts, in British or French vessels..	Free.	

DÉNOMINATION DES ARTICLES.	TAUX DES DROITS D'ENTRÉE	
	EN 1860.	EN 1864.
	Fr. c.	
Coton, en feuilles cardées ou gommées (ouates)........................	» 10 le kil.	
Fils de coton simple, mesurant au demi-kilogramme..................		
Écrus :		
20,000 mètres ou moins.............	» 15 id.	
De 21,000 mètres à 30,000.........	» 20 id.	
De 31,000 » 40,000.........	» 30 id.	
De 41,000 » 50,000.........	» 40 id.	
De 51,000 » 60,000.........	» 50 id.	
De 61,000 » 70,000.........	» 60 id.	
De 71,000 » 80,000.........	» 70 id.	
De 81,000 » 90,000.........	» 90 id.	
De 91,000 » 100,000.........	1 00 id.	
De 101,000 » 110,000.........	1 20 id.	
De 111,000 » 120,000.........	1 40 id.	
De 121,000 » 130,000.........	1 60 id.	
De 131,000 » 140,000.........	2 00 id.	
De 141,000 » 170,000.........	2 50 id.	
De 171,000 et au-dessus............	3 00 id.	
Blanchis..........................	Le droit sur le fil simple écru, augmenté de 15 0/0.	
Teints............................	Le droit sur le fil simple écru, augmenté de 25 centimes par kilogr.	
Fils de coton retors en deux bouts:		
Ecrus	Le droit afférent au numéro du fil simple employé au retordage, augmenté de 50 0/0.	
Blanchis..........................	Le droit sur le fil écru retors en deux bouts, augmenté de 15 0/0.	
Teints............................	Le droit sur le fil écru retors en deux bouts, augmenté de 25 c. par kilog.	
Chaînes ourdies :		
Ecrues	Le droit sur le fil simple, augmenté de 50 0/0.	
Blanchies.........................	Le droit sur les chaînes ourdies écrues, augmenté de 15 0/0.	
Teintes...........................	Le droit sur les chaînes ourdies écrues, augmenté de 25 centimes par kilog.	
Fils écrus blanchis ou teints, en trois bouts au plus :		
A simple torsion..................	6 centimes par 1,000 mètres.	
A plusieurs torsions ou câbles........	12 —	
Tissus de coton écrus, unis, croisés, coutils :		
1re classe, pesant 11 kilogr. et plus les 100 mètres carrés :		
	Fr. c.	
De 35 fils et au-dessous aux 5 millimètres carrés.....................	» 50 le kil.	
De 36 fils et au-dessus	» 80 id.	

DENOMINATION OF ARTICLES.	NEW TARIF IN FRENCH OR BRITISH VESSELS	
	1860.	1864.
	Per Cwt. s. d.	Per Cwt. s. d.
Cotton, in sheets, carded or gummed, wadding	4 0 3/4	
Cotton yarns, single :		
Unbleached		
Of 19,840 yards or less to the lb	6 1	
Of 20,832 yards to 29,760	8 1 1/2	
Of 30,752 „ 39,680	12 2 1/4	
Of 40,672 „ 49,600	16 3	
Of 50,592 „ 59,520	20 4	
Of 60,512 „ 69,440	24 4 3/4	
Of 70,432 „ 79,360	28 5 1/2	
Of 80,352 „ 89,280	36 6 3/4	
Of 90,272 „ 99,200	40 7 3/4	
Of 100,192 „ 109,120	48 9 1/4	
Of 110,112 „ 119,040	56 10 3/4	
Of 120,032 „ 128,960	65 0 1/4	
Of 129,952 „ 138,880	81 3 1/2	
Of 139,872 „ 168,640	101 7 1/4	
Of 169,632 and above	121 11	
Bleached	15 per cent above the duties on unbleached.	
Dyed	10 s. 2 d. per cwt. above the duties on unbleached.	
Twisted in two strands :		
Unbleached	50 per cent above the duties on single yarns unbleached.	
Bleached	15 per cent above twisted unbleached.	
Dyed	10 s. 2 d. per cwt. above twisted unbleached.	
Warped Yarns :		
Unbleached	50 per cent above the duties on single unbleached yarns.	
Bleached	15 per cent above the duties on unbleached warped yarns.	
Dyed	10 s. 2 d. per cwt. above te duties on unbleached warped yarns.	
Yarns of three or more threads, grey, bleached, or dyed:		
Single twist	1/2 d. per 1,000 yards.	
Double or cable twist	Id. „ „	
Cotton, tissues, plain, twilled and ticks, unbleached :		
Ist Class, weighing 20 1/4 lb or more to the 100 square yards :		
Of 175 threads or less in 1 inch square, adding warp and weft together	0 2 1/4 d. per lb.	
Of 180 threads and above	0 3 1/2 „	

DÉNOMINATION DES ARTICLES.	TAUX DES DROITS D'ENTRÉE EN 1860.	EN 1864.
	Fr. c.	Fr. c.
2e classe, pesant de 7 à 11 kilogr. exclusivement, les 100 mètres carrés :		
De 35 fils et au-dessous............	» 60 le kil.	
De 36 à 43 fils....................	1 00 id.	
De 44 fils et au-dessus.............	2 00 id.	
3e classe, pesant de 3 à 7 kilog. exclusivement, les 100 mètres carrés:		
De 27 fils et au-dessous............	» 80 id.	
De 28 à 35 fils....................	1 20 id.	
De 36 à 43.........................	1 90 id.	
De 44 fils et au-dessus.............	3 00 id.	
Tissus de coton :		
Blanchis...........................	15 0/0 en sus du droit sur l'écru.	
Teints.............................	25 0/0 par kil. en sus du droit sur l'écru.	
Imprimés...........................	15 0/0 de la valeur.	
Velours de coton :		
Façon soie (dite velvets) :	Fr. c.	
Ecrus..............................	» 85 le kil.	
Teints ou imprimés.................	» 10 id.	
Autres (cords, moleskins, etc.) :		
Ecrus..............................	» 60 id.	
Teints ou imprimés.................	7 85 id.	
Tissus de coton écrus unis ou croisés, pesant moins de 3 kilogrammes par 100 mètres carrés..................		
Piqués, basins, façonnés, damassés et brillantés..........................		
Couvertures de coton............		
Tulles unis ou brodés............	15 0/0 de la valeur.	
Gazes et mousselines, brodées ou brochées, pour ameublements ou tentures.		
Articles confectionnés en tout ou en partie..........................		
Articles non dénommés...........		
Broderies à la main..............	10 0/0 de la valeur.	
Dentelles et blondes de coton.....	5 0/0 de la valeur.	
Les fils et tissus de coton mélangés paieront les mêmes droits que les fils ou tissus de coton pur, pourvu que le coton domine en poids dans le mélange		
LAINES :		
Laine, en masse, d'Australie, importée, soit directement des lieux de production, soit des entrepôts du Royaume-Uni, sous pavillon français ou britannique..........................	Exempte.	
Laine teinte en masse..............	25 fr. les 100 kil.	

DENOMINATION OF ARTICLES.	NEW TARIF IN FRENCH OR BRITISH VESSELS.	
	1860.	1864.
	Per Cwt. s. d.	Per Cwt. s. d.
2nd Class, weighing 12 9/10 to 20 1/4 lbs. exclusively; the 100 square yards :		
Of 175 threads or less in one inch square	0 2 3/4 per lb.	
Of 180 to 215 threads	0 4 1/2 ,,	
Of 220 threads and above	0 8 3/4 ,,	
3rd Class, weighing 5 1/2 to 12 9/10 lbs. exclusively; the 100 square yards :		
Of 135 threads or less to 1 inch square	0 3 1/2 ,,	
Of 140 to 175 threads	0 5 1/4 ,,	
Of 180 to 215 threads	0 8 1/4 ,,	
Of 220 threads and above	1 1 ,,	
Cotton tissues :		
Bleached	15 per cent above the duty on unbleached.	
Dyed	0/1 1/8 per lb. above the duty on unbleached.	
Printed	15 per cent *ad valorem.*	
Velvets and fustians:		
Made as silk velvet :		
Unbleached	0 3 3/4 per lb.	
Dyed or printed	0 4 3/4 ,,	
Otherkinds — cords moleskins, etc. :		
Unbleached	0 2 3/4 ,,	
Dyed or printed	0 3 3/4 ,,	
Tissues unbleached, grey cloths, plain or twilled, weighing less than 3 kilogrammes per 100 square metres..	15 per cent *ad valorem.*	
Quiltings, dimities, stripes and checks damasks and brilliants, counterpanes and blankets		
Net or tulle, or embroidered		
Gauzes and muslins, embroidered or figured in the loom, for furniture or hangings		
Articles wholly or in part made up...		
Articles not denominated		
Embroidery by hand	10 per cent *ad valorem.*	
Lace and blonde	5 per cent *ad valorem.*	
Cotton yarns and tissues mixed with other materials will pay the same duties as yarns and tissues of pure cotton, provided the cotton predominates in weight		
WOOLLENS :		
Wool, raw, Australian, imported direct, or from British entrepôts, in British or French vessels	Free.	
Ditto, dyed in masses	10 2	

DÉNOMINATION DES ARTICLES.	TAUX DES DROITS D'ENTRÉE EN 1860.	EN 1864.
	Fr. c.	
Laine peignée, teinte ou non.........	25 » les 100 kil.	
Fils de laine pure, blanchis ou non, mesurant au kilogramme :		
De 1,000 à 30,000 mètres.......	» 25 le kil.	
De 31,000 à 40,000 id..........	» 35 id.	
De 41,000 à 50,000 id..........	» 45 id.	
De 51,000 à 60,000 id..........	» 55 id.	
De 61,000 à 70,000 id..........	» 65 id.	
De 71,000 à 80,000 id..........	» 75 id.	
De 81,000 à 90,000 id..........	» 85 id.	
De 91.000 à 100,000 id..........	» 95 id.	
De 101,000 et au-dessus	1 » id.	
Fils de laine, blanchis ou non, retors pour tissage.....................	Le droit afférent aux fils de laine simples augmenté de 50 0/0.	
Fils de laine retors pour tapisseries...	Le droit du fil simple doublé.	
Fils de laine simples ou retors, teints...	Droit sur le fil non teint augmenté de 25 cent. par kilo.	
Tissus de laine pure...............	15 0/0 de la valeur.	10 0/0 de la valeur.
Feutres de toute sorte..............	Id.	Id.
Couvertures de laine pure...........	Id.	Id.
Tapis de toute espèce..............	Id.	15 0/0 de la valeur.
Bonneterie de laine.................	Id.	10 0/0 de la valeur.
Passementerie de laine pure........	Id.	Id.
Rubannerie de laine................	Id.	Id.
Dentelles de laine..................	Id.	Id.
Chaussons de lisière................	10 0/0 de la valeur.	Id.
Articles non dénommés.............	15 0/0 de la valeur.	Id.
Lisières de drap de toute espèce, entières ou coupées................	Exemptes.	
Vêtements confectionnés:		
Neufs.............................	15 0/0 de la valeur.	10 0/0 de la valeur.
Vieux.............................	20 » les 100 kil.	

Les fils et tissus d'alpaca, de lama, de vigogne, purs ou mélangés de laine, suivront le même régime que les fils et tissus de laine, quelle que soit la proportion du mélange.

Les fils et tissus de laine et des autres matières ci-dessus dénommées, mélangés de coton ou d'autres filaments quelconques, paieront les mêmes droits que les fils et tissus de laine pure, pourvu que la laine domine dans le mélange.

Les fils de poil de chèvre conserveront le régime qui leur est actuellement applicable.

DENOMINATION OF ARTICLES.	NEW TARIF IN FRENCH OR BRITISH VESSELS 1860.	1864.
	Per Cwt. s. d.	Per Cwt. s. d.
Ditto, combed, dyed or not..........	10 2	
Single yarns of pure wool, bleached or not, containing in the lb. :		
496 to 14,880 yards..............	10 2	
15,376 ,, 19,840 ,, ...	14 2 3/4	
20,336 ,, 24,800 ,, ...	18 3 1/2	
25,296 ,, 29,760 ,, ...	22 4 1/4	
30,256 ,, 34,720 ,, ...	26 5	
35,216 ,, 39,680 ,, ...	30 5 3/4	
40,176 ,, 44,640 ,, ...	34 6 1/2	
45,136 ,, 49,600 ,, ...	38 7 1/4	
50,096 and above..................	40 7 3/4	
Double yarn for weawing, bleached or not	50 per cent above the duty on single unbleached yarns.	
Ditto, for embroidery................	Double the duties on single yarns.	
Dyed yarns, single or double........	10/2 per cwt. above the duties on yarns undyed.	
Tissues of wool, pure..............	15 per cent *ad valorem.*	10 per cent *ad valorem.*
Felt of all kinds....................	,,	,,
Blankets of pure vool..............	,,	,,
Carpets of all kinds................	,,	15 per cent *ad valorem.*
Hosiery of pure wool................	,,	10 per cent *ad valorem.*
Haberdashery of pure wool..........	,,	,,
Ribbons of pure wool................	,,	,,
Lace, woollen......................	,,	,,
List shoes..........................	10 per cent *ad valorem.*	,,
Articles not enumerated............	15 per cent *ad valorem.*	,,
Cloth lits of all kinds, in pieces or not............................	Free.	Free.
Ready-made clothes :		
New..............................	15 per cent *ad valorem.*	10 per cent *ad valorem.*
Old..............................	8 1 1/2	8 1 1/2

Yarns and tissues of Alpaca, Llama, Vicuna, etc., pure or mixed with wool, wille, pay the same duties as yarns and tissues of wool in whatever proportions they may be mixed.

Yarns and tissues of wool, or of other materials above mentioned mixed with cotton, or with any other filaments whatever, will pay the same duties as yarns and tissues of pure wool, provided that the wool predominates in weight.

Yarns of goats' hair will continue to pay the duties at present in force.

DÉNOMINATION DES ARTICLES.	TAUX DES DROITS D'ENTRÉE EN 1860.	TAUX DES DROITS D'ENTRÉE EN 1864.
	Fr. c.	
Les tissus de poils de chèvre, autres que les châles et écharpes de cachemire des Indes, suivront le régime des tissus de laine.		
SOIES.		
En cocons	Exemptes.	
Gréges et moulinées	Id.	
Teintes:		
A coudre, à broder, et à dentelles	3 » le kil.	Exemptes.
Autres	Exemptes.	Id.
Bourre de soie:		
En masse	Exempte.	
Peignée	» 10 le kil.	
Filée, simple et retorse, écrue, blanche, azurée, teinte:		
De 80,000 mètres simples au kilog., et au-dessous	» 75 id.	
De 81,000 mètres simples au kilog., et au-dessus	1 20 id.	
Tissus, bonneterie, dentelles, de pure soie	Exempts.	
Crêpes, façon d'Angleterre, écrus, noirs ou de couleur	10 0/0 le kil.	A partir de 1866 exempts.
Tulles:		
Unis, écrus	20 » id.	Exempts.
Apprêtés	15 0/0 de la valeur.	Id.
Façonnés, écrus, ou apprêtés	10 0/0 de la valeur.	A partir du 1er octobre 1864, exempts.
Tissus de bourre de soie pure, de soie et bourre de soie, écrus, blancs, teints, imprimés	2 » le kil.	
Tissus, passementerie et dentelles de soie, ou de bourre de soie:		
Avec or ou argent fin	12 » id.	
Avec or ou argent mi-fin ou faux	3 50 id.	
Tissus de soie ou de bourre de soie mélangés, la soie ou la bourre de soie dominant en poids	3 » id.	
Rubans de soie ou de bourre de soie:		
De velours	5 » id.	
Autres	8 » id.	
Mélangés, la soie ou la bourre de soie dominant en poids	10 0/0 de la valeur.	
PRODUITS CHIMIQUES.		
Iode	Exempts.	
Brome		

DENOMINATION OF ARTICLES.	NEW TARIF IN FRENCH OR BRITISH VESSELS 1860.	1864.
	Per Cwt. s. d.	Per Cwt. s. d.
Tissues of goats' hair, other than shawls and scarfs of Indian cashmere, will pay the same duties as woollen tissues.		
SILKS :		
In cocoons........................	Free.	Free.
Raw or thrown....................	,,	,,
Dyed :		
For sewing, embroidery, or lace.....	121 11	,,
Others..........................	Free.	,,
Waste :		
In mass.........................	,,	,,
Combed..........................	4 0 3/4	4 0 3/4
In thread, single and twisted, unbleached, bleached, blued or dyed.		
Of 39,680 yards single, or less, to the lb..........................	30 5 3/4	30 5 3/4
Of 40,176 yards single or more......	48 9 1/4	48 9 1/4
Tissues, hosiery, and lace, of pure silk.	Free.	Free.
Crapes, called English, unbleached, black, or coloured................	3 7 1/2 lb.	Free from 1866.
Net :		
Plain, unbleached..................	7 3	Free.
Dressed..........................	15 per cent *ad valorem.*	,,
Figured, unbleached, or dressed......	10 per cent *ad valorem.*	Free from Oct. 1, 1864.
Tissues of pure waste silk, of silk and of waste silk, unbleached, bleached, dyed, or printed..................	0 8 3/4 per lb	
Tissues, haberdashery, and laces of silk or of waste silk..............	4 4 1/4 ,,	
With fine gold or silver.............	1 3 1/4 ,,	
With semi-fine or false gold or silver.	1 0 3/4 ,,	
Tissues of silk or of waste silk, mixed with other materials, in which the silk or waste silk predominates in weight..........................	1 1 ,,	
Ribbons of silk or of waste silk :		
Of velvet.........................	1 9 3/4 ,,	
Others...........................	2 11 ,,	
Mixed with other materials, the silk or waste silk predommating in weight..........................	10 per cent *ad valorem.*	
CHEMICAL PRODUCTS AND DYE STUFFS, ETC.		
Iodine............................	Free.	
Bromine..........................	Free.	

DÉNOMINATION DES ARTICLES.	TAUX DES DROITS D'ENTRÉE EN 1860.	TAUX DES DROITS D'ENTRÉE EN 1864.
	Fr. c.	Fr. c.
Acide:		
Sulfurique	Exempts.	Exempts.
Nitrique		
Tartrique		
Benzoïque		
Borique		
Citrique		
Arsénieux		
Jus de citron		
Oxyde:		
De fer		
De zinc, gris		
D'étain		
D'urane		
De cuivre		
Safre et autres composés du cobalt		
Sulfures d'arsenic		
Chlorure de potassium		
Iodure de potassium		
Salin de betteraves		
Carbonate de potasse		
Nitrate de potasse		
Sulfate de potasse		
Tartrate de potasse		
Cendres végétales vives et lessivées		
Lies de vin		
Borax brut		
Nitrate de soude		
Soude de varech		
Noir d'os		
Os calcinés, blancs		
Phosphates naturels		
Citrates de chaux		
Sulfate de magnésie		
Carbonate de magnésie		
Chlorure de magnésium		
Acétate de fer, liquide		
Garancine		
Sucre de lait		
Albumine		
Phosphore blanc	40 » les 100 kil.	40 » les 100 kil.
Oxyde de zinc (blanc de zinc)	7 » id.	7 » id.
Oxydes et carbonates de plomb	7 » id.	4 » id.
Acide oléique	5 » id.	5 » id.
— oxalique et oxalates de potasse.	15 » id.	10 » id.
Prussiate jaune de potasse	20 » id.	20 » id.
— rouge id.	30 » id.	30 » id.
Extraits de bois de teinture:		
Pour les noirs et violets	20 » id.	20 » id.

DENOMINATION OF ARTICLES.	NEW TARIF IN FRENCH OR BRITISH VESSELS	
	1860.	1864.
	Per Cwt. s. d.	Per Cwt. s. d.
Acid :		
Sulphuric	Free.	Free.
Nitric	Free.	Free.
Tartaric	Free.	Free.
Benzoic	Free.	Free.
Boracic	Free.	Free.
Citric	Free.	Free.
Arsenic	Free.	Free.
Lemon juice	Free.	Free.
Oxides :		
Of iron	Free.	Free.
Of zinc, grey	Free.	Free.
Of tin	Free.	Free.
Of uranium	Free.	Free.
Of copper	Free.	Free.
Zaffre and other combinations of cobalt	Free.	Free.
Sulphuret of arsenic	Free.	Free.
Chloride of potassium	Free.	Free.
Iodide of potassium	Free.	Free.
Salts of beetroot	Free.	Free.
Carbonates of potash	Free.	Free.
Nitrate of potash	Free.	Free.
Sulphate of potash	Free.	Free.
Tartrates of potash	Free.	Free.
Vegetable ashes, quick and lixiviated	Free.	Free.
Lees of wine	Free.	Free.
Borax, raw	Free.	Free.
Nitrate of soda	Free.	Free.
Kelp	Free.	Free.
Bone black	Free.	Free.
Bones, calcined, white	Free.	Free.
Phosphates, natural	Free.	Free.
Citrates of lime	Free.	Free.
Sulphate of magnesia	Free.	Free.
Carbonate of magnesia	Free.	Free.
Chloride of magnesium	Free.	Free.
Acetate of iron, liquid	Free.	Free.
Garancine	10 per cent.	10 per cent.
Sugar of milk	10 per cent.	10 per cent.
Albumen	10 per cent.	10 per cent.
Phosphorus, white	16 3	16 3
Oxide of zinc (white of zinc)	2 10 1/4	2 10 1/4
Oxides and carbonates of lead	2 10 1/4	1 7 1/2
Oleic acid	2 0 1/2	2 0 1/2
Oxalic acid and oxalates of potash	6 1	4 0 3/4
Yellow prussiate of potash	8 1 1/2	8 1 1/2
Red ditto	12 2 1/4	12 2 1/4
Extracts of dye woods :		
For blacks and violets	8 1 1/2	8 1 1/2

DÉNOMINATION DES ARTICLES.	TAUX DES DROITS D'ENTRÉE EN 1860.	TAUX DES DROITS D'ENTRÉE EN 1864.
	Fr. c.	Fr. c.
Pour les rouges et jaunes.........	30 » les 100 kil.	30 » les 100 kil.
Curcuma en poudre............	5 » id.	5 » id.
Acide hydrochlorique (acide muriatique)	» 60 id.	» 60 id.
Soude caustique....................	8 » id.	5 » id.
Carbonate de soude (sel de soude) à tous degrés.........................	4 50 id.	3 » id.
Soude artificielle brute..............	2 30 id.	1 50 id.
Carbonate de soude cristallisé (cristaux de soude).........................	2 30 id.	1 50 id.
Sulfate et sulfite de soude............	1 20 id.	1 20 id.
— — — cristallisé (sel de Glauber)......................	1 » id.	0 70 id.
Bicarbonate de soude, et autres sels de soude, non dénommés..........	5 25 id.	3 50 id.
Chlorure de chaux..................	4 25 id.	2 80 id.
Chlorate de potasse................	38 60 id.	25 75 id.
Savons ordinaires et de parfumerie...	6 » id.	6 » id.
Outremer..................	15 » id.	15 » id.
Phosphore rouge....................		
Aluminium.........................		
Aluminate de soude................		
Chlorure d'aluminium...............		
Chromates de potasse...............		
id. de plomb.		
Couleurs, non dénommées, sèches et en pâtes, et liquides...............	10 0/0 de la valeur.	
Acide stéarique....................		
Colle forte et gélatine..............		
Vernis :		
A l'huile.........................		
A l'essence.......................		
A l'esprit-de-vin..................		
Orseilles de toute sorte.............		
Produits chimiques non dénommés...	5 0/0 de la valeur.	
VERRERIE ET CRISTALLERIE.		
Miroirs ayant moins de 1 mètre carré.	10 0/0 de la valeur.	
Glaces :		
Brutes............................	1 50 par mètre carré de superficie.	
Étamées ou polies..................	4 » id.	
Bouteilles de toutes formes.........	1 30 les 100 kil.	
Verres :		
A vitres..........................	3 50 id.	
De couleur, polis ou gravés..........		
De montre et d'optique.............		
Gobeleterie et cristaux, blancs et colorés	10 0/0 de la valeur.	
Vitrifications......................		
Émaux............................		
Objets en verre non dénommés......		

DENOMINATION OF ARTICLES.	NEW TARIF IN FRENCH OR BRITISH VESSELS 1860.	1864.
	Per Cwt. s. d.	Per Cwt. s. d.
For reds and yellows	12 2 1/4	12 2 1/4
Turmeric, in powder	2 0 1/2	2 0 1/2
Hydrochloric acid (muriatic acid)	0 3	0 3
Caustic soda	3 3	2 0 1/2
Carbonate of soda (salt of soda) of all degreess	1 10	1 2 3/4
Artificial soda (raw)	0 11	0 7 1/4
Carbonate of soda crystallised (crystals of soda.)	0 11	0 7 1/4
Sulphate of soda, and sulphite of soda.	0 5 3/4	0 5
Ditto, crystallised (Glauber's salts)	0 5	0 3 1/2
Bicarbonate of soda, and other salts of soda, not specified	2 0 1/2	1 5
Chloride of lime	1 8 3/4	1 1 1/4
Chloride of potash	15 8 1/4	10 5 3/4
Soap, ordinary, and for perfumery	2 5 1/4	2 5 1/4
Artificial ultramarine	6 1	6
Red phosphorus	10 per cent *ad valorem*	
Aluminium		
Aluminate of soda		
Chloride of aluminium		
Chromates of potash		
Chromates of lead		
Colours (not specified) dry, in paste, and liquid		
Stearic acid		
Glue and gelatine		
Varnish :		
Oil		
Essential oil		
Spirit of wine		
Orchilla dyes of all kinds	5 per cent *ad valorem.*	
Chemicals, not specified		
GLASS AND CRYSTALWARE.		
Mirrors of less than 1 metre square	10 per cent *ad valorem.*	
Plate-glass and mirrors, unpolished	1 0 per sqre. yard.	
Ditto, silvered or polished	2 8 ,, ,, ,,	
Bottles of all shapes	0 6 1/4 per cwt.	
Window-glass, plain	1 5 per cwt.	
Glass, coloured, polished, or engraved, and for watches and optical purposes	10 per cent *ad valorem.*	
Glass-ware, and table-glass, white or coloured		
Vitrifications		
Enamelled glass		
Articles of glass not enumerated		

DÉNOMINATION DES ARTICLES.	TAUX DES DROITS D'ENTRÉE EN 1860.	EN 1864.
	Fr. c.	Fr. c.
Groisil et verre cassé................	Exempt.	
Cristal de roche, brut ou ouvré......	id.	
N. B. — Le cristal monté sera taxé comme la bijouterie et l'orfévrerie.		
POTERIES.		
POTERIE GROSSIÈRE :		
Carreaux, briques et tuiles...........		
Cornues à gaz, tuyaux de drainage et autres, creusets de toute sorte, y compris ceux en graphite et plombagine..........................	Exempts.	
Pipes en terre......................		
Vernissée ou non, de toutes formes..		
id. avec décorations à reliefs unicolores et multicolores, platerie et creux.........................	5 » les 100 kil.	
POTERIE DE GRÈS :		
Ustensiles et appareils pour la fabrication des produits chimiques........	Exempts.	
Commune de toute sorte, platerie et creux, comprenant la forme bouteille, les carafes, objets de ménage, ustensiles de cuisine, etc...........	4 » les 100 kil.	
FAIENCE :		
Stannifère, pâte colorée, glaçure blanche	Exempte.	
Stannifère, glaçure colorée, majoliques, vernissée, multicolore........		
Fine..............................	20 0/0 de la valeur	15 0/0 de la valeur
Grès fins...........		
Porcelaines de toute sorte, blanche ou décorée, parian et biscuit blanc....	10 0/0 de la valeur.	
ARTICLES DIVERS.		
Fleurs artificielles..................	Exemptes.	
Objets de mode......................	Exempts.	
Mercerie de toute sorte.............		
Boutons fins ou communs, autres que de passementerie..................		
Brosserie de toute espèce............	10 0/0 de la valeur.	
Instruments de musique et pièces détachées d'instruments.............		
Épingles de toute sorte.............	50 » les 100 kil. (à partir du 1er décembre 1860).	
Caoutchouc ouvré :		
Pur ou mélangé....................	20 » id.	
Appliqué sur tissus en pièces ou d'autres matières.....................	100 » id.	
Vêtements confectionnés............	120 » id.	
En tissus élastiques, pièces de toute dimension.......................	200 » id.	

DENOMINATION OF ARTICLES.	NEW TARIF IN FRENCH OR BRITISH VESSELS 1860.	1864.
	Per Cwt. s. d.	Per Cwt. s. d.
Broken glass and cullet.............	Free.	
Rock crystal, rough or worked.......	,,	
N. B.— Rock crystal mounted will pay as jewellery.		
EARTHENWARE AND POTTERY.		
COMMON WARE :		
Tiles of all kinds..................	Free.	
Bricks..............................		
Fire-bricks.........................		
Gas-retorts.........................		
Drainage-pipes and others...........		
Crucibles of all sorts, including those of plumbago, or black lead.........		
Clay pipes..........................		
Glazed or not, of all shapes.........		
Glazed with decorations in relief, of one or more colours, flat or hollow.	2 0 1/2	
STONEWARE AND EARTHENWARE :		
Ustensils and apparatus for the manufacture of chemical products.......	Free.	
Common of all sorts, flat and hollow, including bottles, flasks, household articles, kitchen utensils, etc.......	1 7 1/2	
With tin glaze-coloured paste, white glaze..............................	Free.	
With coloured glaze, majolica, with varnish of more than one colour...	20 per cent *ad valorem.*	15 per cent *ad valorem.*
Fine earthenware....................		
Fine stoneware......................		
Porcelain, withe or decorated, of all kinds, and parian and biscuit (white)..........................	10 per cent *ad valorem.*	
VARIOUS ARTICLES.		
Artificial Flowers..................	Free.	
Modes..........................		
Mercery of all kinds................	10 per cent *ad valorem.*	
Buttons, fine or common, other than haberdashery....................		
Musical instruments and parts of instruments........................		
Pins (62) of all kinds...............	1 0 4 from the 1st. Dec., 1860.	
India-rubber Manufactures :		
Pure or mixed......................	8 1 1/2	
Applied upon tissues in pieces or upon other matérials....................	40 7 3/4	
Made-up wearing apparel...........	48 9 1/4	
In elastic tissus of any dimensions...	81 3 1/2	

DÉNOMINATION DES ARTICLES.	TAUX DES DROITS D'ENTRÉE	
	EN 1860.	EN 1864.
	Fr. c.	
Chaussures........................	60 » les 100 kil.	
N. B. — Les ouvrages en gutta-percha suivront le même régime.		
Toiles cirées :		
Pour emballage..................	5 » id.	
Pour ameublement, tentures ou autres usages........................	15 » id.	
Cires à cacheter....................	30 » id.	
Cirages de toute sorte..............	4 » id.	
Encre à écrire, à dessiner ou à imprimer.	20 » id.	
Cordes, câbles et filets de pêche.....	20 » id.	
Poisson d'eau douce :		
Frais............................	Exempt.	
Préparé.........................	10 » les 100 kil.	
Poisson de mer :		
Frais, sec, salé ou fumé, à l'exclusion de la morue...............	10 » id.	
Épices préparées (sauces)..........	25 » id.	
Fromages de pâte dure.............	10 » id.	
Bière............................	2 fr. par hectolitre, plus le droit de consommation.	
Mélasses contenant :		
Moins de 50 0/0 de richesse saccharine.	11 fr. les 100 kil.	
Plus de 50 0/0 de richesse saccharine.	Le droit sur le sucre brut.	
Alcool, par 100 degrés, en sus des droits de consommation..........	15 fr. par hectolitre.	
Ardoises :		
Pour toitures....................	4 fr. les 1,000 en nombre.	
En carreaux ou en tables.........	10 » les 100 id.	

Art. 2.

Notre ministre secrétaire d'État au département des affaires étrangères est chargé de l'exécution du présent décret.

Fait au palais des Tuileries, le 30 novembre 1860.

Par l'Empereur : NAPOLÉON.

Le ministre des affaires étrangères,

Thouvenel.

Vu et scellé du sceau de l'État,

Le garde des sceaux, ministre de la justice,

Delangle.

DÉNOMINATION OF ARTICLES.	NEW TARIF IN FRENCH OR BRITISH VESSELS	
	1860.	1864.
	Per Cwt. s. d.	Per Cwt. s. d.
Boots and shoes	24 4 3/4	
N. B.—Articles of gutta-percha pay the same duties as india-rubber.		
Oil and Floor-cloth :		
For packing	2 0 1/2	
For furniture, hangings, and other purposes	6 1	
Sealing-wax	12 2 1/4	
Blacking of all kinds	1 7 1/2	
Ink printing, drawing and writing	8 1 1/2	
Cordage, cables, and fishingnets	8 1 1/2	
Fish, fresh water :		
Fresh	Free.	
Prepared	4 0 3/4	
Fish, sea :		
Fresh, dry, salted, or smoked (except cod)	4 0 3/4	
Sauces and Pickles	10 2	
Cheese, hard	4 0 3/4	
Beer	7 3 1/4 per 100 galls. in addition to the internal tax.	
Molasses :		
Containaing less than 50 per cent. of saccharine matter	4 3/4	
Containaing more than 50 per cent. of saccharine matter	Same as raw Sugar.	
Alcohol, per 100 degrees	54 6 per 100 galls. in addition to the internal tax.	
Slates :		
For roofing	3 2 1/2 per 1000.	
In squares or slabs	8 0 per 100.	

TARIF DE DOUANE.

DÉCRET.

Napoléon, par la grâce de Dieu et la volonté nationale, Empereur des Français,

A tous, présents et à venir, salut;

Sur le rapport de notre ministre de l'agriculture, du commerce et des travaux publics;

Vu l'article 34 de la loi du 17 décembre 1814;

L'article 1er de l'ordonnance du 16 septembre 1822 et l'article 1er de l'ordonnance du 9 octobre 1825;

L'article 8 de la loi du 17 mai 1826, les articles 1 et 3 de l'ordonnance du 26 juillet suivant et l'ordonnance du 4 janvier 1848;

Notre conseil d'État entendu;

Avons décrété et décrétons ce qui suit:

Article premier.

A partir du 10 janvier 1861, les droits à l'importation des marchandises ci-après dénommées seront établis ainsi qu'il suit:

PEAUX BRUTES, FRAICHES OU SÈCHES, GRANDES OU PETITES, ET PELLETERIES DE TOUTES SORTES, BRUTES, APPRÊTÉES OU EN MORCEAUX COUSUS.

Par mer.	Par navires français.	des pays hors d'Europe	Exempt.
		du cru, des pays d'Europe	
		d'ailleurs	2 fr. 50 c. les 100 kil.
	Par navires étrangers		
Par terre	du cru, des pays d'Europe		Exempts.
	d'ailleurs		2 fr. 50 c. les 100 kil.

CRINS BRUTS DE TOUTE NATURE, PRÉPARÉS OU FRISÉS.

Par navires français.	des pays hors d'Europe	Exempt.
	du cru, des pays d'Europe	
	d'ailleurs	3 fr. les 100 kil.
Par navires étrangers		

GRAISSES DE TOUTE SORTE.

Par navires français.	des pays hors d'Europe	Exempt.
	du cru, des pays d'Europe	
	d'ailleurs	2 fr. les 100 kil.
Par navires étrangers		

DENTS D'ÉLÉPHANT.

Par navires français.	des pays hors d'Europe	Exempt.
	d'ailleurs	Exempt.
Par navires étrangers		3 fr. les 100 kil.

ÉCAILLES DE TORTUE.

Par navires français.	des pays hors d'Europe	Exempt.
	d'ailleurs	5 fr. les 100 kil.
Par navires étrangers		5 fr. les 100 kil.

COQUILLAGES NACRÉS EN COQUILLES BRUTES.

Par navires français.	des pays hors d'Europe	Exempt.
	d'ailleurs	4 fr. les 100 kil.
Par navires étrangers		4 fr. les 100 kil.

FRUITS OLÉAGINEUX DE TOUTE SORTE.

Par mer	Par navires français.	des pays hors d'Europe	Exempt.
		du cru, des pays d'Europe	Exempt.
		d'ailleurs	2 fr. 50 c. les 100 kil.
	Par navires étrangers		2 fr. 50 c. les 100 kil.
Par terre	du cru, des pays d'Europe		Exempt.
	d'ailleurs		2 fr. 50 c. les 100 kil.

GRAINES OLÉAGINEUSES DE TOUTE SORTE.

Par mer	Par navires français.	des pays hors d'Europe	Exempt.
		du cru, des pays d'Europe	Exempt.
		d'ailleurs	2 fr. 50 c. les 100 kil.
	Par navires étrangers		2 fr. 50 c. les 100 kil.
Par terre	du cru, des pays d'Europe		Exempt.
	d'ailleurs		2 fr. 50 c. les 100 kil.

BAUME DE BENJOIN.

Par navires français.	des pays hors d'Europe	Exempt.
	d'ailleurs	2 fr. 50 c. les 100 kil.
Par navires étrangers		2 fr. 50 c. les 100 kil.

CAOUTCHOUC ET GUTTA-PERCHA BRUTS OU REFONDUS EN MASSE.

Par navires français.	des pays hors d'Europe	Exempt.
	d'ailleurs	3 fr. les 100 kil.
Par navires étrangers		3 fr. les 100 kil.

BOIS ODORANTS.

Par navires français.	des pays hors d'Europe	Exempt.
	d'ailleurs	3 fr. les 100 kil.
Par navires étrangers		3 fr. les 100 kil.

COQUES DE COCO.

Par navires français.	des pays hors d'Europe	Exempt.
	d'ailleurs	3 fr. les 100 kil.
Par navires étrangers		3 fr. les 100 kil.

GRAINS DURS A TAILLER.

Par navires français.	des pays hors d'Europe	Exempt.
	du cru, des pays d'Europe	Exempt.
	d'ailleurs	3 fr. les 100 kil.
Par navires étrangers		3 fr. les 100 kil.

CHANVRE, LIN ET AUTRES VÉGÉTAUX FILAMENTEUX NON DÉNOMMÉS.

En tiges brutes, teillés et étoupés........................ Exempt.

JUTE.

En brins ou teillé. .... Exempt.

GARANCE.

En racines.	verte..	Exempt.
	sèche ou alizari..............................	
Moulue ou en paille..	....	

SOUFRE.

Soufre non épuré (minerai compris)...................... Exempt.

MINERAIS.

De fer, cuivre, plomb, étain..................................	Exempt.
De cobalt, antimoine, arsenic..................................	
Zinc cru ou grillé, pulvérisé ou non.........................	
Non dénommés...	

CUIVRE PUR OU ALLIÉ DE ZINC (LAITON) DE 1re FUSION.

En masses, barres ou plaques et débris de vieux ouvrages ou limailles..............	Par navires français........	Exempt.
	Par navires étrangers.......	0 fr. 25 c. les 100 kil.

PLOMB.

Limailles et débris de vieux ouvrages..................	Par navires français........	Exempt.
	Par navires étrangers.......	0 fr. 25 c. les 100 kil.
Métal brut.	Par navires français.......	2 fr. 50 c. les 100 kil.
	Par navires étrangers.......	2 fr. 80 c. les 100 kil.

ÉTAIN BRUT, LIMAILLES ET DÉBRIS DE VIEUX OUVRAGES.

Par navires français.. Exempt.
Par navires étrangers.. 0 fr. 25 c. les 100 kil.

BISMUTH (ÉTAIN DE GLACE).

Par navires français.. Exempt.
Par navires étrangers.. 0 fr. 25 c. les 100 kil.

ZINC DE 1re FUSION, EN MASSES BRUTES, SAUMONS, BARRES OU PLAQUES, LIMAILLES ET DÉBRIS DE VIEUX OUVRAGES.

Par navires français.. Exempt.
Par navires étrangers.. 0 fr. 25 c. les 100 kil.

NICKEL PUR OU ALLIÉ D'AUTRES MÉTAUX (ARGENTAN) EN MASSE.

Par navires français.. Exempt.
Par navires étrangers.. 0 fr. 25 c. les 100 kil.

OS ET SABOTS DE BÉTAIL.

Bruts, calcinés à blanc..................................	Exempt.
Noir d'os...	

Art 2.

Sont et demeurent supprimées les primes actuellement accordées à l'exportation du soufre épuré ou sublimé, des peaux ou cuirs tannés, corroyés, hongroyés où autrement apprêtés, mégis, chamoisés ou maroquinés; du plomb, du cuivre et du laiton battus, laminés ou autrement ouvrés, en nature.

Toutefois, ces drawbacks continueront d'être appliqués pendant deux mois, à partir de la promulgation du présent décret, sur la production de quittances de droits d'entrée délivrées antérieurement et n'ayant pas plus de quatre mois de date.

Art. 3.

Nos ministres secrétaires d'État au département de l'agriculture, du commerce et des travaux publics et au département des finances sont chargés, chacun en ce qui le concerne, de l'exécution du présent décret.

Fait au palais des Tuileries, le 5 janvier 1861.

NAPOLÉON.

Par l'Empereur :

Le ministre de l'agriculture, du commerce et des travaux publics,

E. Rouher.

DÉCRET IMPÉRIAL

QUI PRESCRIT LA PROMULGATION

DU

TRAITÉ DE COMMERCE

CONCLU LE 1er MAI 1861

Entre la France et la Belgique.

Napoléon, par la grâce de Dieu et la volonté nationale, Empereur des Français,

A tous présents et à venir, salut ;

Sur le rapport de notre Ministre Secrétaire d'État au département des Affaires étrangères,

Avons décrété et décrétons ce qui suit :

Article premier.

Un traité de commerce, suivi de quatre tarifs, ayant été conclu, le 1er mai 1861, entre la France et la Belgique, et les ratifications de cet acte ayant été échangées à Paris, le 27 mai 1861, ledit traité dont la teneur suit recevra sa pleine et entière exécution.

TRAITÉ.

Sa Majesté l'Empereur des Français et Sa Majesté le Roi des Belges, également animés du désir de resserrer les liens d'amitié qui unissent les deux peuples, et voulant améliorer et étendre les relations commerciales entre leurs États respectifs, ont résolu de conclure un Traité à cet effet et ont nommé pour leurs plénipotentiaires, savoir :

Sa Majesté l'Empereur des Français,

M. Thouvenel, sénateur de l'Empire, grand-croix de son ordre impérial de la Légion d'honneur, chevalier de l'ordre de Léopold de Belgique, etc., etc., etc., son ministre et secrétaire d'État au département des affaires étrangères,

Et M. Rouher, sénateur de l'Empire, grand-croix de l'ordre impérial de la Légion d'honneur, etc., etc., etc., son ministre et secrétaire d'État au département de l'agriculture, du commerce et des travaux publics;

Et Sa Majesté le Roi des Belges,

M. Firmin Rogier, grand-officier de l'Ordre de Léopold, décoré de la Croix de fer, grand-officier de l'ordre impérial de la Légion d'honneur, etc., etc., etc., son envoyé extraordinaire et ministre plénipotentiaire près Sa Majesté l'Empereur des Français,

Et M. Charles Liedts, grand-officier de l'Ordre de Léopold, décoré de la Croix de fer, grand-officier de l'ordre impérial de la Légion d'honneur, etc., etc., etc., son ministre d'État en mission extraordinaire près Sa Majesté l'Empereur des Français;

Lesquels, après s'être communiqué leurs pleins pouvoirs, trouvés en bonne et due forme, sont convenus des articles suivants :

Article premier. — Les objets d'origine ou de manufacture belge énumérés dans le tarif *A* joint au présent traité, et importés directement par terre ou par mer sous pavillon français ou belge, seront admis en France aux droits fixés par ledit tarif, décimes additionnels compris.

Art. 2. — Les objets d'origine ou de manufacture française énumérés dans le tarif *B* joint au présent traité, et importés directement par terre ou par mer, sous pavillon belge ou français, seront admis en Belgique aux droits fixés par ledit tarif, centimes additionnels compris.

Art. 3. — Les droits à l'exportation de l'un des deux États dans l'autre sont modifiés conformément aux tarifs *C* et *D* annexés au présent traité.

Art. 4.—Indépendamment des droits de douane stipulés dans le tarif *A* annexé au présent traité, les produits d'origine ou de manufacture belge ci-dessous énumérés seront, à leur importation en France et à titre de compensation des droits équivalents supportés par les fabricants français, assujettis aux taxes supplémentaires ci-après déterminées :

Soude brute	4 35	100 kil.,
Cristaux de soude	4 35	—
Sulfate de soude :		
— pur... anhydre	6 »	—
— pur... cristal ou hydraté	2 40	—
—impur... anhydre	5 40	—
—impur... cristal ou hydraté	2 10	—
Sulfite de soude	6 »	—
Sel de soude	11 »	—
Acide hydrochlorique	3 »	—
Chlorure de chaux	7 50	—
Chlorate de potasse	66 »	—
Chlorure de magnésium	4 »	—
Glaces ou grands miroirs	1 »	mètre sur.
Gobeleterie, verres à vitres et autres verres blancs	2 »	100 kil.
Bouteilles	0 80	—
Outremer factice	6 75	—
Sel ammoniac	10 »	
Soudes de varech	1 50	—
Salin ou résidu brut de la calcination des vinasses de betterave	1 2	
Sel d'étain	3 »	
Savons :		
— blancs ou marbrés, composés d'alcalis et d'huile d'olive ou de graines grasses, pures ou mélangées de graisses animales :		
L'huile entrant pour la moitié au moins dans le mé-		

lange des corps gras	8 20	100 kil.
L'huile entrant pour moins de moitié dans le mélange des corps gras	6 »	—
De graisses animales :		
— purs	6 »	—
Mélangés de résine	6 »	—
— d'huile de palme ou de coco mélangés de graisses animales	4 »	—
— de couleur, composés d'huile de graine ou de graisses animales	6 »	—
Alcool pur, liqueurs, eau-de-vie en bouteilles	90 »	l'hectolitre.
Bière	2 40	—
Vernis à l'esprit-de-vin, par hectolitre d'alcool pur contenu dans le vernis	90 »	—

Il est entendu que le sucre brut et les sucres raffinés ne sont pas compris dans cette nomenclature, parce que les droits de 32, de 41 et de 44 francs par 100 kilogrammes, fixés à l'importation de ces produits, comprennent l'impôt de consommation dont ils sont actuellement grevés en France.

Art. 5. — Il est convenu entre les Hautes Parties contractantes que, dans le cas de suppression ou de réduction des drawbacks actuellement existants à l'exportation des produits français, les taxes supplémentaires imposées par l'article précédent aux produits d'origine ou de manufacture belge seront supprimées ou réduites de sommes égales à celles dont seraient diminués ces drawbacks.

Toutefois, en cas de suppression, si le gouvernement établit une surveillance, un contrôle ou un exercice administratif, sur certains produits fabriqués français, les charges directes ou indirectes dont seront grevés les fabricants français seront compensées par une surtaxe équivalente établie sur les produits similaires belges.

Il demeure, en outre, convenu que si des drawbacks sont accordés à d'autres produits de fabrication française, ou si les drawbacks actuels sont augmentés, les droits qui grèvent les produits d'origine ou de fabrication belge pourront être augmentés, s'il y a lieu, d'une surtaxe égale au montant de ces drawbacks.

Les drawbacks établis à l'exportation des produits français ne pourront être que la représentation exacte des droits d'accise grevant lesdits produits ou les matières dont ils sont fabriqués.

La Belgique jouira des mêmes droits que ceux que se réserve la France par les dispositions qui précèdent.

Art. 6. — Si l'une des Hautes Parties contractantes juge nécessaire d'établir un droit d'accise nouveau ou un supplément de droit d'accise sur un article de production ou de fabrication nationale compris dans les tarifs annexés au présent traité, l'article similaire étranger pourra être immédiatement grevé à l'importation d'un droit égal.

Toutefois, les droits d'accise sur les vins en Belgique ne pourront être augmentés.

Art. 7. — Les marchandises de toute nature, originaires de l'un des deux pays et importées dans l'autre, ne pourront être assujetties à des droits d'accise ou de consommation supérieurs à ceux qui grèvent ou grèveraient les marchandises similaires de production nationale. Toutefois, les droits à l'importation pourront être augmentés des sommes qui représenteraient les frais occasionnés aux producteurs nationaux par le système de l'accise.

Art. 8. — Le tarif pour l'entrée en Belgique du sel brut d'origine française, importé directement par terre ou par mer, sous pavillon français ou belge, est réglé ainsi qu'il suit :

Sel brut : — Libre.

Les sels marins bruts d'origine française, importés directement de France en Belgique par mer, jouiront, dans ce dernier pays, à titre de déchet sur le taux des droits d'accise, d'une bonification de 7 0/0 en sus de celle qui pourrait être accordée aux sels de toute autre provenance.

Pour être admis à jouir de la réfaction de 7 0/0, les sels marins français devront être accompagnés d'un certificat délivré par les agents consulaires belges, ou, à leur défaut, par l'administration des douanes du port d'embarquement, et attestant que ces sels n'ont été soumis en France à aucune opération de raffinage. Faute de remplir cette condition, les intéressés n'obtiendront la déduction de 7 0/0 qu'en fournissant la preuve du raffinage en Belgique.

La saumure est assimilée au sel brut et taxée à raison de la quantité de sel qu'elle contient, d'après la proportion fixée par la législation belge.

Le sel raffiné d'origine française sera admis en exemption de droits d'entrée pour les usages auxquels la législation belge accorde l'exemption du droit d'accise sur le sel brut.

Le gouvernement belge se réserve de limiter à certains bureaux de douane l'importation par terre des sels français, et de prescrire pour le transport de ces sels des conditions propres à assurer la perception des droits.

Art. 9. — Les sucres d'origine ou de fabrication belge, importés directement par terre ou par mer, sous pavillon français ou belge, sont admis en France aux droits ci-après :

Raffinés (droit de consommation compris)............	41 fr.	les 100 kilog.
Candis (droit de consommation compris)...............	44	—
Bruts de betterave (non compris le droit de consommation de 30 fr.)..	2	—

Les sucres d'origine ou de fabrication française, importés directement par terre ou par mer, sous pavillon français ou belge, seront admis en Belgique aux droits ci-après :

Raffinés, mélis, lumps et candis (droit d'accise compris).	60 »	les 100 kilog.
Bruts de betterave (non compris le droit d'accise de 45 fr. pour 100 kilogr.)..	1 20	—

Comme conséquence des tarifs qui précèdent, il est convenu entre les Hautes Parties contractantes que :

1° Le droit d'accise en Belgique sera fixé à 45 francs par 100 kilogrammes sur les sucres bruts de canne et de betterave;

2° Le taux des décharges à l'exportation sera réduit, savoir :

A 60 francs par 100 kilogrammes pour le sucre candi sec, dur et transparent, reconnu tel par la douane;

A 55 fr. 50 c. par 100 kilogrammes pour les sucres raffinés en pains, mélis et lumps blancs, bien épurés et durs;

Et enfin à 45 francs pour tous les autres sucres raffinés de qualité inférieure.

3° Les tares sur les sucres bruts de canne seront fixées dans les deux pays d'une manière uniforme d'après le poids moyen effectif des emballages, après une vérification faite contradictoirement dans les ports d'Anvers, de Gand, du Havre, de Nantes et de Bordeaux.

Art. 10. — Si la législation sur les sucres bruts ou raffinés dans l'un des deux États est ultérieurement modifiée, les tarifs réciproquement fixés par l'article précédent à l'importation des sucres bruts, raffinés ou candis, en France ou en Belgique, seront revisés d'un commun accord entre les Hautes Parties contractantes; jusqu'à ce que cet accord soit intervenu, chaque Puissance pourra modifier les droits à l'importation des sucres provenant des États de l'autre Puissance.

Art. 11. — Le droit d'accise établi en Belgique sur les vins d'origine française sera réduit ainsi qu'il suit, savoir :

A partir du 1er juillet 1861,	à 27 fr.	50	l'hectolitre.
— 1er janvier 1862,	25	»	—
— 1er juillet 1862,	22	50	—

Le droit d'entrée en Belgique sur les vins d'origine française est fixé ainsi qu'il suit :

Vins	en cercles,	l'hectolitre.	0 fr. 50
	en bouteilles,	—	1 50

Ne seront pas réputés vins, les liquides contenant une quantité d'alcool supérieure à 21 0/0.

Art. 12. — Les articles d'orfèvrerie et de bijouterie en or, en argent, platine ou autres métaux, importés de l'un des deux pays, seront soumis dans l'autre au régime de contrôle établi pour les articles similaires de fabrication nationale et payeront, s'il y a lieu, sur la même base que ceux-ci, les droits de marque et de garantie.

Art. 13. — Indépendamment du régime d'entrée établi par le présent traité à l'égard des produits non originaires de Belgique, ces mêmes produits seront soumis aux surtaxes de navigation dont sont ou pourront être frappés les produits importés en France, sous pavillon français, d'ailleurs que des pays d'origine.

Art. 14. — Les marchandises de toute origine, importées de France par la frontière de terre, seront admises à l'entrée en Belgique aux mêmes droits que si elles y étaient importées directement de France par mer et sous pavillon français.

Les marchandises spécifiées ou non en l'art. 22 de la loi du 28 avril 1816, importées de Belgique par la frontière de terre, seront admises, pour la consommation intérieure de l'Empire, moyennant l'acquittement des droits établis pour les provenances autres que celles des pays de production, sous pavillon français. Toutefois, pour les cafés, la surtaxe ne dépassera pas 5 francs par 100 kilogrammes, décimes compris.

Pendant la durée du présent traité, aucune augmentation ne pourra être apportée aux surtaxes actuellement établies à l'importation par la frontière de terre sur les produits ci-après désignés :

Bois d'ébénisterie;
Idem de teinture;
Cacao;
Coton en laine;
Laines en masse;
Peaux brutes;
Riz;
Potasses;
Guano;
Résineux exotiques;
Salpêtres;
Thé;
Graines oléagineuses;
Graisses;
Huiles.

Art. 15. — Pour faciliter la circulation des produits agricoles sur la frontière des deux pays, les céréales en gerbes ou en épis, les foins, la paille et les fourrages verts seront réciproquement importés et exportés en franchise de droits.

Art. 16. — Les deux Hautes Parties contractantes prennent l'engagement de ne pas interdire l'exportation de la houille et de n'établir aucun droit sur cette exportation.

De son côté, le gouvernement français s'engage à ne pas élever, pendant la durée du présent traité, les droits actuellement applicables à l'importation en France des houilles, cokes et briquettes de charbon d'origine belge.

Le droit à l'importation en Belgique des charbons de terre, du coke et des briquettes de charbon d'origine française, est réduit à 1 franc par 1,000 kilogrammes.

Art. 17. — La décharge du droit d'accise accordée à l'exportation de Belgique pour les bières et les vignaires sera réduite à 2 fr. 50 c. par hectolitre.

Cette décharge ne pourra être accordée qu'aux bières et vinaigres de bonne qualité, conformément à la législation belge actuelle.

Art. 18. — Pour établir que les produits sont d'origine ou de manufacture nationale, l'importateur devra présenter à la douane de l'autre pays soit une déclaration officielle faite devant un magistrat siégeant au lieu d'expédition, soit un certificat délivré par le chef du service des douanes du bureau d'exportation, soit un certificat délivré par les consuls ou agents consulaires du pays dans lequel l'importation doit être faite et qui résident dans les lieux d'expédition ou dans les ports d'embarquement.

Les consuls ou agents consulaires respectifs légaliseront les signatures des autorités locales.

Art. 19. — Les droits *ad valorem* stipulés par le présent traité seront calculés sur la valeur, au lieu d'origine ou de fabrication, de l'objet importé, augmentée des frais de transport, d'assurance et de commission nécessaires pour l'importation dans l'un des deux Etats jusqu'au lieu d'introduction.

L'importateur devra, indépendamment du certificat d'origine, joindre à sa déclaration écrite, constatant la valeur de la marchandise importée, une facture indiquant le prix réel et émanant du fabricant ou du vendeur.

Cette facture sera visée par un consul ou agent consulaire de la puissance dans le territoire de laquelle l'importation doit être faite.

Art. 20.— Si la douane juge insuffisante la valeur déclarée, elle aura le droit de retenir les marchandises, en payant à l'importateur le prix déclaré par lui, augmenté de 5 0/0.

Ce paiement devra être effectué dans les quinze jours qui suivront la déclaration, et les droits, s'il en a été perçu, seront en même temps restitués.

Art. 21.— L'importateur contre lequel la douane de l'un des deux pays voudra exercer le droit de préemption stipulé par l'article précédent, pourra, s'il le préfère, demander l'estimation de sa marchandise par des experts. La même faculté appartiendra à la douane, lorsqu'elle ne jugera pas convenable de recourir immédiatement à la préemption.

Art. 22. — Si l'expertise constate que la valeur de la marchandise ne dépasse pas de 5 0/0 celle qui est déclarée par l'importateur, le droit sera perçu sur le montant de la déclaration.

Si la valeur dépasse de 5 0/0 celle qui est déclarée, la douane pourra, à son choix, exercer la préemption ou percevoir le droit sur la valeur déterminée par les experts.

Ce droit sera augmenté de 50 0/0 à titre d'amende, si l'évaluation des experts est de 10 0/0 supérieure à la valeur déclarée.

Les frais d'expertise seront supportés par le déclarant, si la valeur déterminée par la décision arbitrale excède de 5 0/0 la valeur déclarée ; dans le cas contraire, ils seront supportés par la douane.

Art. 23. — Dans les cas prévus par l'article 21, les deux arbitres experts seront nommés, l'un par le déclarant, l'autre par le chef local du service des douanes ; en cas de partage, ou même au moment de la constitution de l'arbitrage, si le déclarant le requiert, les experts choisiront un tiers arbitre ; s'il y a désaccord, celui-ci sera nommé par le président du tribunal de commerce du ressort. Si le bureau de déclaration est à plus de 1 myriamètre du siége du tribunal de commerce, le tiers arbitre pourra être nommé par le juge de paix du canton.

La décision arbitrale devra être rendue dans les quinze jours qui suivront la constitution de l'arbitrage.

Art. 24. — Les déclarations doivent contenir toutes les indications nécessaires pour l'application des droits. Ainsi, outre la nature, l'espèce, la qualité, la provenance et la destination de la marchandise, elles doivent énoncer le poids, le nombre, la mesure ou la valeur, suivant le cas.

Si, par suite de circonstances exceptionnelles, le déclarant se trouve dans l'impossibilité d'énoncer la quantité à soumettre aux droits, la douane pourra lui permettre de vérifier lui-même, à ses frais, dans un local désigné ou agréé par elle, le poids, la mesure ou le nombre ; après quoi l'importateur sera tenu de faire la déclaration détaillée de la marchandise dans les délais voulus par la législation de chaque pays.

Art. 25. — A l'égard des marchandises qui acquittent les droits sur le poids net, si le déclarant entend que la perception ait lieu d'après le *net réel*, il devra énoncer ce poids dans sa déclaration. A défaut, la liquidation des droits sera établie sur le poids brut, sauf défalcation de la tare légale.

Art. 26. — Il est convenu entre les Hautes Parties contractantes que les droits fixés par le présent traité ne subiront aucune réduction du chef d'avarie ou de détérioration quelconque des marchandises.

Art. 27. — A l'égard des tissus purs ou mélangés, taxés à la valeur, dont l'estimation leur paraîtrait présenter des difficultés, les gouvernements français et belge se réservent la faculté de désigner exclusivement pour l'admission de ces marchandises, le premier, la douane de Paris ; le second, la douane de Bruxelles.

Art. 28. — Pour la fixation des droits établis sur les tissus de lin, de chanvre ou de jute écrus ou blanchis, l'administration des douanes françaises se conformera aux types arrêtés entre les deux gouvernements, suivant procès-verbal sous la date de ce jour.

Dans la vérification des tissus belges par le compte-fil, toute fraction de fil sera négligée.

Art. 29.— L'importateur de machines et mécaniques entières ou en pièces détachées, et de toutes autres marchandises énumérées dans le présent traité, est affranchi de l'obligation de produire à la douane de l'un ou de l'autre pays tout modèle ou dessin de l'objet importé.

Art. 30. — Les marchandises de toute nature venant de l'un des deux Etats, ou y allant, seront réciproquement exemptes dans l'autre Etat de tout droit de transit.

Toutefois, la prohibition est maintenue pour la poudre à tirer, et les deux Hautes Parties contractantes se réservent de soumettre à des autorisations spéciales le transit des armes de guerre.

Le traitement de la nation la plus favorisée est réciproquement garanti à chacun des deux pays pour tout ce qui concerne le transit.

Art. 31. — Les marchandises transportées de Maubeuge à Givet, *et vice versâ*, par la route directe passant par Philippeville, seront exemptes de toute visite tant à l'entrée qu'à la sortie, sauf en cas de soupçons d'abus, sous les conditions suivantes :

1° Les transports se feront par voitures fermées ayant un panneau de charge susceptible d'être convenablement cadenassé.

2° Une déclaration sera faite au bureau d'entrée belge, d'après l'expédition de sortie délivrée par la douane française.

3° Le voiturier ou l'entrepreneur de transports fournira caution pour les droits et pénalités exigibles en cas de fraude.

Art. 32. — Jusqu'à l'achèvement des chemins de fer de Saint-Jean de Maurienne à la frontière sarde et de Bayonne à la frontière espagnole, l'administration française appliquera, sous les conditions déterminées par l'article précédent, aux marchandises venant de Belgique ou y allant, les mêmes facilités de transit que si l'entrée et la sortie dans ces directions avaient lieu par chemin de fer.

Art. 33. — Les voyageurs de commerce français, voyageant en Belgique pour le compte d'une maison française, seront soumis à une patente fixe de 20 francs, additionnels compris.

Réciproquement, les voyageurs de commerce belges, voyageant en France pour le compte d'une maison belge, seront soumis à une patente fixe de 20 francs, additionnels compris.

Art. 34. — Les objets passibles d'un droit d'entrée, qui servent d'échantillons et qui sont importés en Belgique par des commis voyageurs de maisons françaises, ou en France par des commis voyageurs de maisons belges, seront, de part et d'autre, admis en franchise temporaire, moyennant les formalités de douane nécessaires pour en assurer la réexportation ou la réintégration en entrepôt; ces formalités seront les mêmes en France et en Belgique, et elles seront réglées d'un commun accord entre les deux gouvernements.

Art. 35. — Les dispositions du présent traité de commerce sont applicables à l'Algérie, tant pour l'exportation des produits de cette possession que pour l'importation des marchandises belges.

Art. 36. — Les titres émis par les communes, les départements, les établissements publics et les sociétés anonymes de France, qui seront cotés à la Bourse de Paris, seront admis à la cote officielle des Bourses de Belgique.

Réciproquement, les titres émis par les provinces, les communes, les établissements publics et les sociétés anonymes de Belgique, cotés à la Bourse de Bruxelles, seront admis à la cote officielle des Bourses de France.

Toutefois, ces dispositions ne sont pas applicables aux valeurs émises avec lots ou primes attribuant au prêteur ou porteur de titres un intérêt inférieur à 3 0/0, soit du capital nominal, soit du capital réellement emprunté, si celui-çi est inférieur au capital nominal.

Art. 37. — Chacune des deux Hautes Parties contractantes s'engage à faire profiter l'autre de toute faveur, de tout privilége ou abaissement dans les tarifs des droits à l'importation ou à l'exportation des articles mentionnés ou non dans le présent traité, que l'une d'elles pourrait accorder à une tierce puissance. Elles s'engagent, en outre, à n'établir l'une envers l'autre aucun droit ou prohibition d'importation ou d'exportation qui ne soit, en même temps, applicable aux autres nations.

Art. 38. — Le traité conclu entre les Hautes Parties contractantes, le 27 février 1854, continuera provisoirement à être appliqué jusqu'à la mise en vigueur des présentes stipulations.

Art. 39. — Le présent traité sera soumis à l'assentiment des chambres législatives de Belgique.

Art. 40. — Le présent traité restera en vigueur pendant dix années, à partir du jour de l'échange des ratifications. Dans le cas où aucune des deux Hautes Parties contractantes n'aurait notifié, douze mois avant la fin de ladite période, son intention d'en faire cesser les effets, il demeurera obligatoire jusqu'à l'expiration d'une année, à partir du jour où l'une ou l'autre des Hautes Parties contractantes l'aura dénoncé.

Les Hautes Parties contractantes se réservent la faculté d'introduire, d'un commun accord, dans ce traité, toutes modifications qui ne seraient pas en opposition avec son esprit ou ses principes et dont l'utilité serait démontrée par l'expérience.

Art. 41. — Les stipulations qui précèdent seront exécutoires dans les deux Etats, le cinquième jour après l'échange des ratifications.

Toutefois, les tarifs ne sont réciproquement mis en vigueur que le 1er juillet prochain, pour les sucres bruts et raffinés, et que le 1er octobre suivant, à l'égard des produits prohibés à l'entrée par la législation douanière de la France.

Art. 42. — Le présent traité sera ratifié, et les ratifications en seront échangées à Paris dans le délai de deux mois, ou plus tôt si faire se peut, et simultanément avec celles des deux conventions relatives à la navigation et à la propriété ittéraire.

En foi de quoi, les plénipotentiaires respectifs l'ont signé et y ont apposé le cachet de leurs armes.

Fait en double expédition à Paris, le premier jour du mois de mai de l'an de grâce mil huit cent soixante et un.

(L. S.) Thouvenel.
(L. S.) Rouher.
(L. S.) Firmin Rogier.
(L. S.) Liedts.

Tarif A annexé au traité conclu, le 1er mai 1861, entre la France et la Belgique. (Article 1er.)

Droits à l'entrée en France.

DÉNOMINATION DES ARTICLES.	TAUX DES DROITS en 1861.	TAUX DES DROITS au 1er octobre 1864.
MÉTAUX.		
Fer et fonte.		
Minerai de fer.........................	Exempt.	Exempt.
Mâchefer, limailles et scories de forge...	Exempts.	Exempts.
Fonte brute en masse et fonte moulée pour lest de navire.................. Débris de vieux ouvrages en fonte......	fr. c. 2 50 les 100 k.	fr. c. 2 » les 100 k.
Fonte épurée dite *mazée*.............. Ferrailles et débris de vieux ouvrages en fer..............................	3 25 —	2 75 —
Fer brut en massiaux ou prismes retenant encore des scories.................	5 » —	4 50 —
Fers en barres, carrées, rondes ou plates, rails de toute forme et dimension, fers d'angle et à T et fils de fer, sauf les exceptions ci-après.................	7 » —	6 » —
Fers feuillards en bandes d'un millimètre d'épaisseur ou moins............... Tôles laminées ou martelées de plus d'un millimètre d'épaisseur, en feuilles pesant 200 kilogrammes ou moins, et dont la largeur n'excède pas 1m,20, ni la longueur 4m,50..................	8 50 —	7 50 —
Tôles laminées ou martelées de plus d'un millimètre d'épaisseur, en feuilles pesant plus de 200 kilogrammes ou bien ayant plus de 1m,20 de largeur ou plus de 4m,50 de longueur...............	9 50 —	7 50 —
Tôles minces et fers noirs en feuilles d'un millimètre d'épaisseur ou moins. (Les feuilles de tôle ou fers noirs, planes, découpées d'une façon quelconque, paieront un dixième en sus des feuilles rectangulaires.)	13 » —	10 » —
Fer étamé (fer-blanc), cuivré, zingué ou plombé..........................	16 » —	13 » —
Fil de fer de 5/10e de millimètre de diamètre et au-dessous, qu'il soit ou non étamé, cuivré ou zingué............	14 » —	10 » —
Acier.		
En barres de toute espèce et feuillard...	15 » —	13 » —
En tôle ou en bandes brunes, laminées		

DÉNOMINATION DES ARTICLES.	TAUX DES DROITS en 1861.	TAUX DES DROITS au 1er octobre 1864.
	fr. c.	fr. c.
à chaud, d'une épaisseur supérieure à un demi-millimètre	22 » les 100 k.	18 » les 100 k.
En tôle ou en bandes brunes, laminées à chaud, d'un demi-millimètre d'épaisseur ou moins En tôle ou en bandes blanches, laminées à froid, quelle que soit l'épaisseur Fil d'acier, même blanchi, pour cordes d'instruments	3 » —	25 » —
Cuivre.		
Minerai	Exempt.	Exempt.
Limailles et débris de vieux ouvrages en cuivre	Exempts.	Exempts.
Pur ou allié de zinc ou d'étain de première fusion en masse, barres, saumons ou plaques	Exempt.	Exempt.
Pur ou allié de zinc ou d'étain laminé ou battu en barres ou planches	15 » les 100 k.	10 » les 100 k.
Pur ou allié en fils de toute dimension, polis ou non	15 » —	10 » —
Doré ou argenté, battu, tiré ou laminé, filé sur fil ou sur soie	100 » —	100 » —
Zinc.		
Minerai cru ou grillé, pulvérisé ou non.	Exempt.	Exempt.
Limailles et débris de vieux ouvrages	Exempts.	Exempts.
En masses brutes, saumons, barres ou plaques	Exempt.	Exempt.
Laminé	6 » les 100 k.	4 » les 100 k.
Plomb.		
Minerai et scories de toute sorte	Exempts.	Exempts.
Limailles et débris de vieux ouvrages	Exempts.	Exempts.
En masses brutes, saumons, barres ou plaques	3 » les 100 k.	Exempt.
Laminé	5 » —	3 » les 100 k.
Allié d'antimoine en masse	5 » —	3 » —
Vieux caractères d'imprimerie	5 » —	3 » —
Étain.		
Minerai	Exempt.	Exempt.
En masses brutes, saumons, barres ou plaques	Exempt.	Exempt.
Limailles et débris	Exempts.	Exempts.
Allié d'antimoine (métal britannique) en lingots	5 » les 100 k.	5 » les 100 k.
Pur ou allié, battu ou laminé	6 » —	6 » —

DÉNOMINATION DES ARTICLES.	TAUX DES DROITS en 1861.	TAUX DES DROITS au 1er octobre 1864.
	fr c	fr. c.
Cadmium brut........................		
Mercure natif........................		
Bismuth et *étain* de glace	Exempts.	Exempts.
Antimoine.		
Minerai..................................		
Sulfuré fondu............................		
Métallique ou régule....................	8 » les 100 k.	6 » les 100 k.
Nickel.		
Minerai de nickel et speiss.............		
Pur ou allié d'autres métaux, notamment de cuivre ou de zinc (Argentan), en lingots ou masses brutes..........	Exempts.	Exempts.
Pur ou allié d'autres métaux, battu, laminé ou étiré....................	15 » les 100 k.	10 » les 100 k.
Manganèse. — Minerai.................		
Arsenic. — Minerai....................	Exempts.	Exempts.
Arsenic métallique.....................		
Minerais non dénommés................		
OUVRAGES EN MÉTAUX.		
Fonte.		
Ouvrages en fonte moulée, non tournés ni polis :		
1re classe. — Coussinets de chemins de fer, plaques ou autres pièces coulées à découvert..............................	3 50 les 100 k.	3 » les 100 k.
2e classe. — Tuyaux cylindriques, droits, poutrelles et colonnes pleines ou creuses, cornues pour la fabrication du gaz; barreaux pleins et leurs assemblages, grilles et plaques de foyers, arbres de transmission, bâtis de machines et autres objets sans ornements ni ajustages.....	4 25 —	3 75 —
3e classe. — Poteries et tous autres ouvrages non désignés dans les deux classes précédentes......................	5 » —	4 50 —
Ouvrages en fonte polis ou tournés.....	9 » —	6 » —
Ouvrages en fonte étamés, émaillés ou vernissés	12 » —	10 » —
Fer.		
Ferronnerie comprenant :		
Pièces de charpente......................		
Courbes et solives pour navires........		
Ferrures de charrettes et wagons.......	» » —	8 » —
Gonds, pentures, gros verrous, équerres et autres gros ferrements de portes ou croisées, non tournés ni polis........		

DÉNOMINATION DES ARTICLES.	TAUX DES DROITS	
	en 1861.	au 1er octobre 1864.
	fr. c.	fr. c.
Grilles en fer plein, lits, siéges et meubles de jardins ou autres, avec ou sans ornements accessoires en fonte, cuivre ou acier	9 » les 100 k.	8 » les 100 k.
N. B.—Les essieux, ressorts et bandages de roues ne sont pas compris dans cette nomenclature, et figurent parmi les pièces détachées de machines.		
Serrureries comprenant :		
Serrures et cadenas en fer de toute sorte, fiches et charnières en tôle, loquets, targettes et tous autres objets en fer ou tôle tournés, polis ou limés pour ferrures de meubles, portes et croisées	15 » —	12 » —
Clous forgés à la mécanique	10 » —	8 » —
Clous forgés à la main	15 » —	12 » —
Vis à bois, boulons et écrous Ancres Câbles et chaînes en fer	10 » —	8 » —
Outils en fer pur, emmanchés ou non	12 » —	10 » —
Tubes en fer étirés, soudés par simples rapprochements :		
De 9 millimètres de diamètre intérieur ou plus	13 » —	11 » —
De moins de 9 millimètres, raccords de toute espèce	25 » —	20 » —
Tubes en fer étirés, soudés sur mandrin et à recouvrement	25 » —	20 » —
Articles de ménage et autres ouvrages non dénommés :		
En fer ou en tôle, polis ou peints	17 » —	14 » —
En fer ou en tôle émaillés, étamés ou vernissés	20 » —	16 » —
Acier.		
Outils en acier pur (limes, scies circulaires ou droites, faux, faucilles et autres non dénommés)	40 » —	32 » —
Aiguilles à coudre de moins de 5 centimètres	200 » —	200 » —
Aiguilles à coudre de 5 centimètres ou plus	100 » —	100 » —
Plumes métalliques en métal autre que l'or et l'argent	100 » —	100 » —
Petits objets en acier, tels que perles, coulants, broches et dés à coudre	25 » —	20 » —
Articles de ménage et autres ouvrages en acier pur non dénommés	40 » —	32 » —
Hameçons de toute espèce	50 » —	50 » —

DÉNOMINATION DES ARTICLES.	TAUX DES DROITS	
	en 1861.	au 1er octobre 1864.
Coutellerie de toute espèce..............	20 0/0 de la valeur, abaissé à 15 0/0 à partir du 1er janvier 1866.	
Instruments de chirurgie, de précision, de physique et de chimie (pour laboratoire)............................	Exempts.	Exempts.
Armes de commerce : Armes blanches...	40 » les 100 k.	40 » les 100 k.
Armes de commerce : Armes à feu......	240 » —	240 » —
MÉTAUX DIVERS.		
Outils en fer rechargés d'acier, emmanchés ou non........................	18 » —	15 » —
Objets en fonte et fer non polis, le poids du fer étant inférieur à la moitié du poids total..........................	5 » —	4 50 —
Objets en fonte et fer non polis, le poids du fer étant égal ou supérieur à la moitié du poids total.................	10 » —	8 » —
Objets en fonte et fer polis, émaillés ou vernissés, même avec ornements accessoires en fer, cuivre, laiton ou acier..	15 » —	12 » —
Toiles métalliques en fer ou en acier...	15 » —	10 » —
Cylindres en cuivre ou laiton pour impression, gravés ou non.............	15 » —	15 » —
Chaudronnerie........................ Toiles en fils de cuivre ou laiton....... Objets d'art et d'ornement et tous autres ouvrages en cuivre pur ou allié de zinc ou d'étain..................	25 » —	20 » —
Ouvrages en zinc de toute espèce......	10 » —	8 » —
Tuyaux et autres ouvrages de plomb de toute sorte..........................	5 » —	3 » —
Caractères d'imprimerie neufs, clichés et planches gravées pour impression sur papier............................	10 » —	8 » —
Poteries et autres ouvrages en étain pur ou allié d'antimoine................	30 » —	30 » —
Ouvrages en nickel allié au cuivre ou au zinc (Argentan)....................	100 » —	100 » —
Ouvrages en plaqué sans distinction de titre..............................	100 » —	100 » —
Ouvrages en métaux dorés ou argentés, soit au mercure, soit par les procédés électro-chimiques.................	100 » —	100 » —
Orfèvrerie et bijouterie en or, argent, platine ou autres métaux...........	500 » —	500 » —
Horlogerie............................	5 0/0 de la val.	5 0/0 de la val.
Fournitures d'horlogerie...............	100 » les 100 k.	100 » les 100 k.

DÉNOMINATION DES ARTICLES.	TAUX DES DROITS en 1861.	TAUX DES DROITS au 1er octobre 1864.
	fr. c.	fr. c.
MACHINES ET MÉCANIQUES.		
Appareils complets.		
Machines à vapeur fixes, avec ou sans chaudières, avec ou sans volant......	10 » les 100 k.	6 » les 100 k.
Machines à vapeur fixes pour la navigation, avec ou sans chaudières........	20 » —	12 » —
— locomotives ou locomobiles..........	15 » —	10 » —
Tenders complets de machines locomotives..............................	10 » —	8 » —
Machines pour la filature...............	15 » —	10 » —
— à nettoyer et ouvrir la laine, le coton, le lin, le chanvre et autres matières textiles......................	9 » —	6 » —
— pour le tissage......................	9 » —	6 » —
— à fabriquer le papier................	9 » —	6 » —
— à imprimer..........................	9 » —	6 » —
— pour l'agriculture..................	9 » —	6 » —
— à bouter les plaques et rubans de cardes..............................	9 » —	6 » —
Métiers à tulle.........................	15 » —	10 » —
Appareils en cuivre, à distiller.........	15 » —	10 » —
— à sucre..............................	15 » —	10 » —
— de chauffage.........................	15 » —	10 » —
Cardes non garnies.....................	15 » —	10 » —
Chaudières à vapeur en tôle de fer, cylindriques ou sphériques, avec ou sans bouilleurs ou réchauffeurs............	10 » —	8 » —
Chaudières à vapeur tubulaires en tôle de fer, à tubes en fer, cuivre ou laiton, étirés ou en tôle clouée, à foyers intérieurs, et toutes autres chaudières de forme non cylindrique ou sphérique simple................................	15 » —	12 » —
Chaudières à vapeur en tôle d'acier de toute forme..........................	30 » —	25 » —
Gazomètres, chaudières découvertes, poêles et calorifères en tôle ou en fonte et tôle................................	10 » —	8 » —
Machines-outils et machines non dénommées, contenant 75 0/0 de fonte et plus.................................	9 » —	6 » —
— — 50 à 75 0/0 exclusivement de leur poids en fonte......................	15 » —	10 » —
— — moins de 50 0/0 de leur poids en fonte	20 » —	15 » —

DÉNOMINATION DES ARTICLES.	TAUX DES DROITS en 1861.	TAUX DES DROITS au 1er octobre 1864.
	fr. c.	fr. c.
Pièces détachées de machines.		
Plaques et rubans de cardes sur cuir, caoutchouc, ou sur tissus purs ou mélangés	60 » les 100 k.	50 » les 100 k.
Dents de rots en fer ou cuivre	30 » —	30 » —
Rots, ferrures ou peignes à tisser, à dents de fer ou de cuivre	50 » —	30 » —
Pièces en fonte, polies, limées et ajustées	9 » —	6 » —
Pièces en fer forgé, polies, limées et ajustées ou non, quel que soit leur poids	15 » —	10 » —
Ressorts en acier pour carrosserie, wagons et locomotives	17 » —	15 » —
Pièces en acier, polies, limées, ajustées ou non, pesant plus d'un kilogramme.	30 » —	25 » —
— — pesant un kilogramme ou moins.	40 » —	35 » —
Pièces en cuivre pur ou allié de tous autres métaux	25 » —	20 » —
Plaques et rubans de cuir, de caoutchouc et de tissus spécialement destinés pour cardes	20 » —	20 » —
Or et argent battus en feuilles	50 » le kilog.	50 » le kilog.
Sucres bruts de betteraves (droit de consommation compris)	32 » les 100 k.	32 » les 100 k.
— raffinés (droit de consommation compris)	41 » —	41 » —
— candis (droit de consommation compris)	44 » —	44 » —
Carrosserie / Tabletterie et ouvrages en ivoire	10 0/0 de la val.	10 0/0 de la val.
Peaux brutes	Exemptes.	Exemptes.
— vernies, teintes ou maroquinées	100 » les 100 k.	100 » les 100 k.
— préparées de toute autre espèce	15 » —	15 » —
Ouvrages en peaux et en cuirs de toute espèce	10 0/0 de la val.	10 0/0 de la val.
Futailles vides, neuves ou vieilles, montées ou démontées — cerclées en bois.	Exemptes.	Exemptes.
Futailles vides, neuves ou vieilles, montées ou démontées — cerclées en fer.	10 0/0 de la val.	10 0/0 de la val.
Pelles, fourches, râteaux et manches d'outils en bois avec ou sans viroles	Exempts.	Exempts.
Avirons	Exempts.	Exempts.
Plats, cuillers, écuelles et autres articles de ménage en bois	Exempts.	Exempts.
Pièces de charpente, brutes ou façonnées.	Exemptes.	Exemptes.
Pièces de charronnage, brutes ou façonnées	Exemptes.	Exemptes.
Autres ouvrages en bois non dénommés. / Meubles	10 0/0 de la val.	10 0/0 de la val.
Articles d'emballage ayant déjà servi	Exempts.	Exempts.

DÉNOMINATION DES ARTICLES.	TAUX DES DROITS en 1861	TAUX DES DROITS au 1er octobre 1864.
	Par tonneaux de jauge française. fr. c.	fr. c.
Bâtiments de mer construits dans le royaume de Belgique non encore immatriculés ou naviguant sous pavillon belge. en bois.	25 »	20 »
en fer..	70 »	60 »
Coques de bâtiments de mer et bateaux de rivières...... en bois.	15 »	10 »
en fer..	50 »	40 »
N. B. Les machines et moteurs installés à bord de ces bâtiments seront taxés séparément d'après le chiffre des droits spécifiés sous la rubrique : *Machines et mécaniques*.		
INDUSTRIES TEXTILES.		
Lin ou chanvre peigné.................	Exempts.	Exempts.
Fils de lin ou de chanvre mesurant au kilogramme :		
Simples :		
Écrus :		
6,000 mètres ou moins...............	15 » les 100 kilog.	
Plus de : Pas plus de :		
6,000 mètres. 12,000................	20 » —	
12,000 — 24,000................	30 » —	
24,000 — 36,000................	36 » —	
36,000 — 72,000................	60 » —	
72,000..............................	100 » —	
Blanchis ou teints :		
6,000 mètres ou moins...............	20 » —	
Plus de : Pas plus de :		
6,000 mètres. 12,000................	27 » —	
12,000 — 24,000................	40 » —	
24,000 — 36,000................	48 » —	
36,000 — 72,000................	80 » —	
72,000..............................	133 » —	
Retors :		
Écrus..............................	Le droit afférent au fil simple écru employé au retordage augmenté de 30 0/0.	
Blanchis ou teints..................	Le droit afférent au fil simple teint ou blanchi employé au retordage augmenté de 30 0/0.	
Les fils de lin ou de chanvre mélangés suivront le même régime que les fils de lin ou de chanvre purs, pourvu que le lin ou le chanvre domine en poids.		
Tissus de lin ou de chanvre unis ou ouvrés présentant en chaîne dans l'espace de 5 millimètres carrés :		
Écrus :		
8 fils ou moins.....................	28 » les 100 kilog.	

DÉNOMINATION DES ARTICLES.	TAUX DES DROITS	
	en 1861.	au 1er octobre 1864.
	fr. c.	
9, 10 et 11 fils	55 » les 100 kilog.	
12 fils	65 » —	
13 et 14 fils	90 » —	
15, 16 et 17 fils	115 » —	
18, 19 et 20 fils	170 » —	
21, 22 et 23 fils	260 » —	
24 fils et au-dessus	400 » —	
Blanchis, teints ou imprimés :		
8 fils ou moins	38 » —	
9, 10 et 11 fils	70 » —	
12 fils	95 » —	
13 et 14 fils	120 » —	
15, 16 et 17 fils	155 » —	
18, 19 et 20 fils	230 » —	
21, 22 et 23 fils	350 » —	
24 fils et au-dessus	535 » —	
Coutils unis et façonnés, écrus, blanchis, teints ou imprimés	16 0/0 de la valeur.	
Linge damassé	16 — —	
Batiste / Linons / Mouchoirs encadrés	Même régime que les toiles unies.	
Tulle de lin	15 0/0 de la valeur.	
Dentelles, d°	5 — —	
Bonneterie, d° / Passementerie, d° / Rubannerie de fil écru, blanchie ou teinte / Articles en lin ou en chanvre, confectionnés en tout ou en partie / Vêtements et articles non dénommés	15 — —	
Tissus de lin ou de chanvre mélangés quand le lin ou le chanvre domine en poids	15 — —	
JUTE :		
En brins, teillé ou peigné	Exempt.	
Fils de jute, mesurant au kilogramme :		
Écrus :		
Moins de 1,400 mètres	7 » les 100 k.	5 » les 100 k.
De 1,400 à 3,700 mètres exclusivement.	9 20 —	6 » —
De 3,700 à 4,200 mètres exclusivement.	10 20 —	7 » —
De 4,200 à 6,000 mètres exclusivement.	15 » —	10 » —
Plus de 6,000 mètres exclusivement	Même régime que les fils de lin.	
Blanchis ou teints :		
Moins de 1,400 mètres	10 » les 100 k.	7 » les 100 k.
De 1,400 à 3,700 mètres exclusivement.	13 » —	9 » —
De 3,700 à 4,200 mètres exclusivement.	15 » —	10 » —
De 4,200 à 6,000 mètres exclusivement.	22 » —	14 » —
Plus de 6,000 mètres exclusivement	Même régime que les fils de lin.	

DÉNOMINATION DES ARTICLES.	TAUX DES DROITS en 1861.	TAUX DES DROITS au 1er octobre 1864.
	fr. c.	fr. c.
Tissus de jute, présentant en chaîne dans l'espace de 5 millimètres :		
Écrus :		
1, 2 et 3 fils unis	13 » les 100 kil.	10 » les 100 kil.
1, 2 et 3 fils croisés	15 » —	12 » —
4 et 5 fils	21 » —	16 » —
6, 7 et 8 fils	30 » —	24 » —
Plus de 8 fils	Même régime que les tissus de lin, suivant la classe.	
Blanchis ou teints :		
1, 2 et 3 fils unis	19 » les 100 kil.	15 » les 100 kil.
1, 2 et 3 fils croisés	22 » —	17 » —
4 et 5 fils	30 » —	23 » —
6, 7 et 8 fils	44 » —	35 » —
Plus de 8 fils	Même régime que les tissus de lin, suivant la classe.	
Tapis de jute, ras ou à poil	32 » les 100 kil.	24 » les 100 kil.
Les fils de jute mélangés avec d'autres matières suivront le même régime que les fils de jute purs, pourvu que le jute domine en poids.		
Tissus de jute mélangés, quand le jute domine en poids	20 0/0 de la val.	15 0/0 de la val.
VÉGÉTAUX FILAMENTEUX :		
Phormium tenax, abaca, et autres végétaux filamenteux non dénommés :		
Filaments :		
Bruts teillés	Exempts.	
Peignés ou tordus	Exempts.	
Fils	5 0/0 de la valeur.	
Tissus	10 — —	
CRIN :		
Crin brut de toute nature, même préparé ou frisé	Exempts.	
Tissus et ouvrages de crin ou de poils de vaches purs ou mélangés	10 0/0 de la valeur.	
COTON :		
Coton de l'Inde en laine	Exempt.	
Coton en feuilles cardées ou gommées (ouates)	» 10 fr. le kilog.	
Fils de coton simple, mesurant au demi-kilogramme :		
Écrus :		
20,000 mètres ou moins	» 15 —	
De 21,000 mètres à 30,000 mètres	» 20 —	
De 31,000 — à 40,000 —	» 30 —	
De 41,000 — à 50,000 —	» 40 —	
De 51,000 — à 60,000 —	» 50 —	
De 61,000 — à 70,000 —	» 60 —	

DÉNOMINATION DES ARTICLES.	TAUX DES DROITS en 1861.	TAUX DES DROITS au 1er octobre 1864
	fr. c.	
De 71,000 mètres à 80,000 mètres....	» 70 le kilog.	
De 81,000 — à 90,000 —	» 90 —	
De 91,000 — à 100,000 —	1 » —	
De 101,000 — à 110,000 —	1 20 —	
De 111,000 — à 120,000 —	1 40 —	
De 121,000 — à 130,000 —	1 60 —	
De 131,000 — à 140,000 —	2 » —	
De 141,000 — à 170,000 —	2 50 —	
De 171,000 et au-dessus..............	3 » —	
Blanchis..............................	Le droit sur le fil simple écru, augmenté de 15 0/0.	
Teints................................	Le droit sur le fil simple écru, augmenté de 25 cent. par kilog.	
Fils de coton retors en deux bouts : Écrus	Le droit afférent au numéro du fil simple employé au retordage, augmenté de 30 0/0.	
Blanchis..............................	Le droit sur le fil écru retors en deux bouts, augmenté de 15 0/0.	
Teints................................	Le droit sur le fil écru retors en deux bouts, augmenté de 25 cent. par kilog.	
Chaînes ourdies :		
Écrues	Le droit sur le fil simple, augmenté de 30 0/0.	
Blanchies.............................	Le droit sur les chaînes ourdies écrues, augmenté de 15 0/0.	
Teintes...............................	Le droit sur les chaînes ourdies écrues, augmenté de 25 cent. par kilog.	
Fils écrus blanchis ou teints, en trois bouts ou plus :		
A simple torsion......................	» 06 cent. par 1,000 mètres.	
A plusieurs torsions ou câbles.........	» 12 —	
Tissus de coton écrus, unis, croisés, coutils :		
1re classe, pesant 11 kilogrammes et plus les 100 mètres carrés :		
De 35 fils et au-dessous aux 5 millimètres carrés :	» 50 cent. le kilog.	
De 36 fils et au-dessus...............	» 80 —	
2e classe, pesant de 7 à 11 kilogrammes exclusivement, les 100 mètres carrés :		
De 35 fils et au-dessous..............	» 60 —	
De 36 à 43 fils.......................	1 » —	
De 44 fils et au-dessus...............	2 » —	
3e classe, pesant de 3 à 7 kilogrammes exclusivement, les 100 mètres carrés :		
De 27 fils et au-dessous..............	» 80 —	
De 28 à 35 fils.......................	1 20 —	
De 36 à 43 fils.......................	1 90 —	
De 44 fils et au-dessus...............	3 » —	

DÉNOMINATION DES ARTICLES.	TAUX DES DROITS en 1861.	TAUX DES DROITS au 1er octobre 1864.
Tissus de coton :		
Blanchis	15 0/0 en sus du droit sur l'écru.	
Teints	25 c. par kilog. en sus du droit sur l'écru.	
Imprimés	15 0/0 de la valeur.	
Velours de coton :		
Façon soie (dite velvets) :	fr. c.	
Écrus	» 85 le kilog.	
Teints ou imprimés	1 10 —	
Autres (cords, moleskins, etc.) :		
Écrus	» 60 —	
Teints ou imprimés	» 85 —	
Tissus de coton écrus, unis ou croisés, pesant moins de 3 kilogrammes par 100 mètres carrés	15 0/0 de la valeur.	
Piqués, basins, façonnés, damassés et brillantés	15 0/0 de la valeur.	
Couvertures de coton	15 0/0 de la valeur.	
Tulles unis ou brodés	15 0/0 de la valeur.	
Gazes et mousselines, brodées ou brochées, pour ameublements ou tentures.	15 0/0 de la valeur.	
Vêtements et articles confectionnés en tout ou en partie	15 0/0 de la valeur.	
Articles non dénommés	15 0/0 de la valeur.	
Broderies à la main	10 —	—
Dentelles et blondes de coton	5 —	—
Les fils de coton mélangé paieront les mêmes droits que les fils de coton pur, pourvu que le coton domine en poids dans le mélange.		
Tissus de coton mélangés quand le coton domine en poids	15 —	—
LAINES.		
Laine en masse de Belgique ou d'Australie	Exempte.	
Laine teinte en masse	25 » les 100 kilog.	
Laine peignée, teinte ou non	25 » —	
Fils de laine, blanchis ou non, simples, mesurant au kilogramme :		
De 30,000 mètres et au-dessous	» 25 cent. le kilog.	
De 31,000 mètres à 40,000 mètres	» 35 —	
De 41,000 — à 50,000 —	» 45 —	
De 51,000 — à 60,000 —	» 55 —	
De 61,000 — à 70,000 —	» 65 —	
De 71,000 à 80,000 mètres	» 75 —	
De 81,000 à 90,000 mètres	» 85 —	
De 91,000 à 100,000 mètres	» 95 —	
De 101,000 et au-dessus	1 » —	
Fils de laine, blanchis ou non, retors pour tissage	Le droit afférent aux fils de laine simples employés au retordage augmenté de 30 0/0.	

DÉNOMINATION DES ARTICLES.	TAUX DES DROITS en 1861.	TAUX DES DROITS au 1er octobre 1864
Fils de laine, blanchis ou non, retors pour tapisserie	Le droit du fil simple élevé au double.	
Fils de laine teints simples ou retors...	Droit sur le fil non teint, augmenté de 25 c. par kilogr.	
Tissus de laine	15 0/0 de la val.	10 0/0 de la val.
Feutres de toute sorte	—	—
Couvertures de laine	—	—
Tapis de toute espèce	—	15 —
Bonneterie de laine	—	10 —
Passementerie de laine	—	—
Rubannerie de laine	—	—
Dentelles de laine	—	—
Chaussons de lisière	10 —	—
Châles et écharpes de cachemire des Indes.	5 —	5 —
Articles non dénommés	15 —	10 —
Lisières de draps de toute espèce, entières ou coupées	Exemptes.	
Vêtements et articles confectionnés :		
Neufs	15 0/0 de la val.	10 0/0 de la val.
Vieux	20 fr. les 100 kilog.	
Les fils et tissus d'alpaca, de lama, de vigogne et de chameau, purs ou mélangés de laine, suivront le même régime que les fils et tissus de laine quelle que soit la proportion du mélange.		
Les fils et tissus de laine et des autres matières ci-dessus dénommées, mélangés de coton ou d'autres filaments quelconques, paieront les mêmes droits que les fils et tissus de laine pure, pourvu que la laine domine dans le mélange.		
Les fils de poil de chèvre conserveront le régime qui leur est actuellement applicable.		
Les tissus de poil de chèvre suivront le régime des tissus de laine.		
SOIES :		
En cocons	Exemptes.	
Gréges et moulinées	Exemptes.	
Teintes :		
A coudre, à broder et à dentelles	3 fr. le kilog.	Exemptes.
Autres	Exemptes.	Exemptes.
Bourre de soie :		
En masse	Exemptes.	
Peignées	10 c. le kilog.	
Filées, simples et retorses, écrues, blanches, azurées, teintes :		
De 80,000 mètres simples au kilogramme et au-dessous	75 c. —	

DÉNOMINATION DES ARTICLES.	TAUX DES DROITS	
	en 1861.	au 1er octobre 1864.
	fr. c.	
De 81,000 mètres simples au kilogramme et au-dessus	1 20 le kilog.	
Tissus, bonneterie, dentelles de pure soie	Exempts.	
Crêpes, façon d'Angleterre, écrus, noirs ou de couleur	10 » le kilog.	A partir de 1866, exempts.
Tulles :		
Unis, écrus	20 » le kilog.	A partir du 1er octobre 1864, ex.
Apprêtés	15 0/0 de la val.	—
Façonnés, écrus ou apprêtés	10 —	—
Tissus de bourre de soie pure, de soie et bourre de soie, écrus, blancs, teints, imprimés	2 » le kilog.	
Tissus, passementerie et dentelles de soie, ou de bourre de soie :		
Avec or ou argent fin	12 » —	
Avec or ou argent mi-fin ou faux	3 50 —	
Tissus de soie ou de bourre de soie mélangés, la soie ou la bourre de soie dominant en poids	3 » —	
Rubans de soie ou de bourre de soie :		
De velours	0 » —	
Autres	8 » —	
Mélangés	10 0/0 de la valeur.	
Les vêtements et articles confectionnés en soie suivront le régime des tissus dominant en poids.		
PRODUITS CHIMIQUES.		
Iode	Exempts.	
Brome		
Acides :		
Sulfurique		
Nitrique		
Tartrique		
Benzoïque		
Borique		
Citrique		
Arsénieux		
Jus de citron		
Oxydes :		
De fer		
De zinc, gris		
D'étain		
D'urane		
De cuivre		
Safre et autres composés du cobalt		
Sulfures d'arsenic		

DÉNOMINATION DES ARTICLES.	TAUX DES DROITS en 1861.	TAUX DES DROITS au 1er octobre 1864.
	fr. c.	fr. c.
Chlorure de potassium	Exempts.	
Iodure de potassium		
Salin de betteraves		
Carbonate de potasse		
Nitrate de potasse		
Sulfate de potasse		
Tartrates de potasse		
Cendres végétales vives et lessivées		
Lies de vin		
Borax brut		
Nitrate de soude		
Soude de varech		
Noir d'os		
Os calcinés, blancs		
Phosphates naturels		
Citrates de chaux		
Sulfate de magnésie		
Carbonate de magnésie		
Chlorure de magnésium		
Acétate de fer liquide		
Garancine		
Sucre de lait		
Albumine		
Curcuma en poudre		
Maurelle		
Bleu de Prusse		
Carmins de toute sorte		
Cendres bleues ou vertes		
Laque en teinture ou en trochisques		
Vert de montagne		
Stile de grain		
Kermès en grains et en poudre (animal)		
Essence de houille et ses dérivés	5 0/0 de la valeur.	
Phosphore blanc	40 » les 100 k.	40 » les 100 k.
Oxyde de zinc (blanc de zinc) / Oxydes et carbonates de plomb	5 » —	2 » —
Acide oléique	5 » —	5 » —
Acide oxalique et oxalates de potasse	15 » —	10 » —
Prussiate de potasse jaune	20 » —	20 » —
Prussiate de potasse rouge	30 » —	30 » —
Extraits de bois de teinture :		
Pour les noirs et violets	20 » —	20 » —
Pour les rouges et jaunes	30 » —	30 » —
Acide hydrochlorique (acide muriatique)	» 60 les 100 k.	» 60 les 100 k.
Soude caustique	8 » —	5 » —
Carbonate de soude (sel de soude) à tous degrés	4 50 —	3 » —
Soude artificielle brute	2 30 —	1 50 —
Carbonate de soude cristallisé (cristaux de soude)	2 30 —	1 50 —

DÉNOMINATION DES ARTICLES.	TAUX DES DROITS en 1861.	TAUX DES DROITS au 1er octobre 1864.
	fr. c	fr. c.
Sulfate et sulfite de soude	1 20 les 100 k.	1 20 les 100 k.
Sulfate et sulfite de soude cristallisé (sel de Glauber)	1 » —	» 70 —
Bicarbonate de soude et autres sels de soude non dénommés	5 25 —	3 50 —
Chlorure de chaux	4 25 —	2 80 —
Chlorate de potasse	38 60 —	25 75 —
Savons ordinaires et de parfumerie	6 » —	6 » —
Outremer	15 » —	15 » —
Phosphore rouge Aluminium Aluminate de soude Chlorure d'aluminium Chromates de potasse Chromates de plomb	10 0/0 de la valeur.	
Couleurs non dénommées, sèches, en pâte et liquides Acide stéarique Colle forte et gélatine	5 0/0 de la valeur.	
Vernis : A l'huile A l'essence A l'esprit-de-vin	10 0/0 de la valeur.	
Orseilles de toute sorte Produits chimiques non dénommés	5 0/0 de la valeur.	
VERRERIE ET CRISTALLERIE.		
Miroirs ayant moins de 1 mètre carré	10 0/0 de la valeur.	
Glaces :		
Brutes	1 50 par mètre carré de super.	
Etamées ou polies	4 » —	
Bouteilles de toutes formes	1 30 les 100 kilogr.	
Verres :		
A vitres	3 50 —	
De couleur, polis ou gravés De montre et d'optique Gobeleterie et cristaux, blancs et colorés Vitrification Émaux Objets en verre non dénommés	10 0/0 de la valeur.	
Groisil et verre cassé	Exempt.	
Cristal de roche brut ou ouvré	—	
N. B. — Le cristal monté sera taxé comme la bijouterie et l'orfévrerie		
POTERIES.		
POTERIE GROSSIÈRE :		
Carreaux, briques et tuiles	Exempts.	
Cornues à gaz, tuyaux de drainage et		

DÉNOMINATION DES ARTICLES.	TAUX DES DROITS en 1861.	TAUX DES DROITS au 1er octobre 1864.
	fr. c.	
autres creusets de toute sorte, y compris ceux en graphite et plombagine.. Pipes en terre........................ Vernissée ou non, de toutes formes.....	Exempts.	
— avec décorations à reliefs unicolores et multicolores, platerie et creux.....	5 » les 100 kilog.	
POTERIE DE GRÈS :		
Ustensiles et appareils pour la fabrication des produits chimiques..............	Exempts.	
Commune de toute sorte, platerie et creux comprenant la forme bouteille, les carafes, objets de ménage, ustensiles de cuisine, etc..................	4 » les 100 kilog.	
FAÏENCE :		
Stannifère, pâte colorée, glacure blanche.	Exempte.	
— glaçure colorée, majoliques, vernissée, multicolore. Fine. Grès fins.	20 0/0 de la val.	15 0/0 de la val.
Porcelaines de toute sorte, blanches ou décorées, parian et biscuit blanc.	10 0/0 de la valeur.	
ARTICLES DIVERS.		
Fleurs artificielles.......................	Exemptes.	
Objets de mode..........................	Exempts.	
Tresses en paille de toute sorte........	5 » les 100 kilog.	
Chapeaux de paille......................	» 25 la pièce.	
Mercerie de toute sorte. Boutons fins ou communs, autres que de passementerie. Brosserie de toute espèce. Instruments de musique et pièces détachées d'instruments.	10 0/0 de la valeur.	
Épingles de toute sorte................	50 » les 100 kilog.	
Caoutchouc ouvré :		
Pur ou mélangé........................	20 » les 100 kilog.	
Appliqué sur tissus en pièces ou sur d'autres matières....................	100 » les 100 kilog.	
Vêtements confectionnés...............	120 » les 100 kilog.	
En tissus élastiques, pièces de toute dimension..........................	200 » les 100 kilog.	
Chaussures............................	60 » —	
N. B.— Les ouvrages en gutta-percha suivront le même régime.		
Toiles cirées :		
Pour emballage........................	5 » les 100 kilog.	
Pour ameublement, tentures ou autres usages................................	15 » —	
Cire à cacheter	30 » —	

DÉNOMINATION DES ARTICLES.	TAUX DES DROITS en 1861.	TAUX DES DROITS au 1er octobre 1864.
	fr. c.	
Cirage de toute sorte..................	4 » les 100 kilog.	
Encre à écrire, à dessiner ou imprimer.	20 » —	
Filets de pêche......................	20 » —	
Poisson d'eau douce :		
Frais................................	Exempt.	
Préparé..............................	10 » les 100 kilog.	
Épices préparées (sauces).............	25 » —	
Fromages de pâte dure................	10 » —	
Fromages de pâte molle................	3 » —	
Bière................................	En sus du droit de consommation, 2 fr. par hectolitre.	
Mélasse contenant :		
Moins de 50 0/0 de richesse saccharine.	11 » les 100 kilog.	
Plus de 50 0/0 de richesse saccharine...	Le droit sur le sucre brut.	
— importées pour la distillation........	Exemptes.	
Alcool, par 100 degrés, en sus des droits de consommation	20 fr. par hectol.	15 fr. par hectol.
Eaux-de-vie, en bouteilles, et liqueurs, sans distinction de degrés, en sus des droits de consommation.............	15 fr. par hectolitre.	
Ardoises :		
Pour toitures.........................	4 fr. le 1,000 en nombre.	
En carreaux ou en tables polis.........	10 » le 100 —	
Poils non spécialement tarifés, bruts et filés................................	Exempts.	
Poils de chèvre peignés................	10 fr. les 100 kilog.	
Plumes à écrire, brutes ou apprêtées...	Exemptes.	
— à lit de toute sorte, duvet et autres..	50 fr. les 100 kilog.	
Cire brute, jaune ou blanche...........	1 fr. —	
— ouvrée............................	4 fr. —	
Lait.................................	Exempt.	
Beurre frais ou fondu..................	Exempt.	
— salé..............................	2 fr. 50 les 100 kilog.	
Miel.................................	Exempt.	
Oreillons............................	Exempt.	
Poissons de mer, frais, secs, salés ou fumés, à l'exclusion de la morue.......	10 fr. les 100 kilog.	
Homards.............................	Exempts.	
Huîtres fraîches......................	Le 1,000 en nombre, 1 fr. 50.	
— marinées..........................	6 fr. les 100 kilog.	
Moules et autres coquillages pleins.....	Exempts.	
Graisses de poisson....................	6 fr. les 100 kilog.	
Graisses de toute sorte et dégras de peau.	Exempts.	
Blanc de baleine et de cachalot........	2 fr. les 100 kilog.	
Fanons de baleine bruts................	Exempts.	
Peaux de chien de mer et de phoque brutes, fraîches ou sèches............	Exemptes.	
Corail brut taillé et non monté.........	Exempt.	
Drogueries. (Produits compris sous la désignation de drogueries.)..........		

DÉNOMINATION DES ARTICLES.	TAUX DES DROITS en 1861.	TAUX DES DROITS au 1er octobre 1864.
Cantharides desséchées, civette, musc, castoréum, ambre gris, fruits à distiller, storax, styrax, sarcocolle, kino et autres sucs végétaux desséchés, racines médicinales de toute espèce, herbes, fleurs, feuilles et écorces médicinales, agaric (amadou), kermès minéral, extrait de quinquina, camphre brut et raffiné, preiss	2 fr. les 100 kilog.	
Éponges de toute sorte	50 fr. —	
Os, sabots de bétail et dents de loup	Exempts.	
Cornes de bétail.		
Brutes	Exemptes.	
Préparées et débitées en feuillets de toute dimension	3 fr. les 100 kilog.	
Résines de toute sorte, même distillées	Exemptes.	
Jus de réglisse	12 fr. les 100 kilog.	
Liége.		
Brut et râpé de toute sorte	Exempt.	
Ouvré	10 0/0 de la valeur.	
Bois de teinture, même moulus	Exempts.	
Joncs et roseaux bruts		
Écorces à tan de toute sorte, même moulues		
Betteraves		
Pommes de terre		
Houblon	20 fr. les 100 kilog.	
Graines à ensemencer	Exempts.	
Fruits et graines oléagineuses		
Légumes salés ou confits au vinaigre	3 fr. les 100 kilog.	
Racines de chicorée.		
Vertes	0 fr. 25 —	
Sèches	1 fr. —	
Plantes alcalines	Exemptes.	
Marbres et albâtres de toute sorte.		
Bruts, équarris ou sciés à 16 centimètres et plus d'épaisseur	1 fr. les 100 kilog.	
Autrement sciés, sculptés, moulés ou polis	1 fr. 50 —	
Écaussines et autres pierres de construction, y compris les pierres d'ardoise.		
Brutes, taillées ou sciées	Exemptes.	
Sculptées ou polies	0 fr. 50 les 100 kilog.	

DÉNOMINATION DES ARTICLES.	TAUX DES DROITS en 1861.	TAUX DES DROITS au 1er octobre 1864.
Pierres gemmes de toute sorte	Exemptes.	
Agates et autres pierres de même espèce ouvrées	10 0/0 de la valeur.	
Meules	Exempts.	
Pierres à aiguiser de toute sorte	Exempts.	
Chaux et plâtre	Exempts.	
Graphite et plombagine	Exempts.	
Crayons.		
Simples en pierre	1 fr. les 100 kilog.	
Composés, à gaîne de bois	10 0/0 de la valeur.	
Parfumerie.		
Alcooliques	Régime de l'alcool.	
Autres	10 fr. les 100 kilog.	
Moutarde	5 fr. —	
Chicorée brûlée ou moulue	5 » —	
Bougies de toute sorte	10 0/0 de la valeur.	
Chandelles	10 0/0 de la valeur.	
Colle de poisson	40 fr. les 100 kilog.	
Extraits de viande	Exempts.	
Chocolat et cacao simplement broyé	35 » les 100 kilog.	
Eaux minérales, cruchons compris	Exemptes.	
Papier de toute sorte	10 fr. les 100 kil.	8 fr. les 100 kil
Cartons en feuilles de toute sorte	10 fr. les 100 kil.	8 fr. les 100 kil
Cartons moulés, coupés et assemblés	10 0/0 de la valeur.	
Livres en langues française, mortes ou étrangères	Exempts.	
Gravures, lithographies, photographies et dessins de toute sorte sur papier	Exempts.	
Cartes géographiques	Exempts.	
Musique gravée	Exempts.	
Étiquettes imprimées, gravées et coloriées	Exempts.	
Objets de collection hors de commerce	Exempts.	
Statues.		
Modernes en marbre ou en pierre	Exempts.	
— en métal de grandeur naturelle au moins	Exempts.	
Bimbeloterie	10 0/0 de la valeur.	
Vannerie	10 0/0 de la valeur.	
Parasols et parapluies	10 0/0 de la valeur.	
Cheveux ouvrés	Exem	
Balais communs	Exem	
Bois de chêne et de noyer	Exem	

<table>
<tr><th rowspan="2">DÉNOMINATION DES ARTICLES.</th><th colspan="2">TAUX DES DROITS</th></tr>
<tr><th>en 1861.</th><th>au 1er octobre 1864.</th></tr>
<tr><td>Bitumes de toute sorte................</td><td colspan="2">Exempts.</td></tr>
<tr><td>Amidon..............................</td><td colspan="2">1 fr. 50 les 100 kilog.</td></tr>
<tr><td>Soufre brut, épuré ou sublimé........</td><td colspan="2">Exempt.</td></tr>
<tr><td>Huiles d'origine ou de fabrication belge.</td><td colspan="2">6 fr. les 100 kilog.</td></tr>
<tr><td>Cartes à jouer.......................</td><td colspan="2">15 0/0 de la valeur.</td></tr>
<tr><td>Cordes et câbles.....................</td><td colspan="2">15 fr. les 100 kilog.</td></tr>
</table>

(L. S.) THOUVENEL.

(L. S.) ROUHER.

(L. S.) FIRMIN ROGIER.

(L. S.) LIEDTS.

Tarif B *annexé au traité de commerce conclu, le* 1er *mai* 1861, *entre la France et la Belgique.* (Article 2.)

Droits à l'entrée en Belgique.

DÉNOMINATION DES ARTICLES.	BASE.	TAUX DES DROITS en 1861.		TAUX DES DROITS au 1er octobre 1864.	
		fr.	c.	fr.	c.
Fer. Minerai et limailles	»	Libres.			
Fer. Fonte brute et vieux fer	Les 100 kilog.	1	50	1	»
Fer. Fer battu, étiré ou laminé	—	4	»	3	»
Fer. Fer-blanc non ouvré	—	9	»	6	»
Acier non ouvré	—	1	»	1	»
Cuivre pur ou allié de zinc ou d'étain, brut	»	Libre.			
Cuivre pur ou allié de zinc ou d'étain, battu, étiré ou laminé, doré ou argenté, filé sur fil ou sur soie	Les 100 kilog.	10 francs.			
Zinc. brut	»	Libre.			
Zinc. laminé ou étiré	Les 100 kilog.	3	»	3	»
Plomb. brut	»	Libre.			
Plomb. laminé ou étiré	Les 100 kilog.	3	»	3	»
Étain. brut	»	Libre.			
Étain. laminé comprenant l'étain de glace	Les 100 kilog.	6	»	6	»
Bismuth brut	»	Libre.			
Antimoine brut	»	—			
Nickel. brut	»	—			
Nickel. battu, étiré ou laminé	Les 100 kilog.	10	»	10	»
Minerais de toute sorte	»	Libres.			
OUVRAGES EN MÉTAUX.					
Fonte ouvrée	Les 100 kilog.	6	»	4	»
Fer ouvré	—	9	»	6	»
Clous en fer	—	6	»	6	»
Fer-blanc ouvré	La valeur.	10 0/0			
Acier ouvré (ouvrages d'acier y compris les outils d'acier)	Les 100 kilog.	9	»	6	»
Coutellerie de toute espèce	La valeur.	10 0/0			
Instruments de chirurgie, de précision, de physique et de chimie (pour laboratoire)	»	Libres.			
Armes blanches et à feu de toute espèce, y compris les pièces détachées.	»	—			
Les objets d'équipement paieront le droit afférent à la matière dont ils sont fabriqués.					

DÉNOMINATION DES ARTICLES.	BASE.	TAUX DES DROITS en 1861.		TAUX DES DROITS au 1er octobre 1864.	
		fr.	c.	f.	c.
Ouvrages en cuivre, étain, plomb, zinc et nickel pur ou mélangés, y compris la chaudronnerie	La valeur.	10 0/0			
Toiles métalliques en fer ou en acier...	Les 100 kilog.	9	»	6	»
Toiles en fils de cuivre ou de laiton :					
Pour machines ou mécaniques	—	14	»	12	»
Autres	La valeur.	10 0/0			
Caractères d'imprimerie neufs, clichés et planches gravées pour impression sur papier	Les 100 kilog.	10	»	8	»
Orfévrerie et bijouterie en or, argent, platine et aluminium	La valeur.	5 0/0			
Montres et mouvements d'horlogerie....	—	—			
Fournitures d'horlogerie	—	—			
Machines et pièces détachées de machines :					
En fonte	Les 100 kilog.	6	»	4	»
En fer ou en acier	—	9	»	6	»
En cuivre ou en toute autre matière...	—	14	»	12	»
En bois	La valeur.	10 0/0			
Or et argent battus en feuilles	—	5 0/0			
Sucres :					
Brut de betterave (droit de consommation compris)	Les 100 kilog.	46 fr. 26			
Raffinés : mélis, lumps et candis (id.)...	—	60 »			
Carrosserie	La valeur.	10 0/0			
Tabletterie (ouvrages en ivoire)	—	—			
Peaux brutes	—	Libres.			
Peaux de chèvre et de mouton, tannées en croûte	Les 100 kilog.	5 fr.			
Peaux tannées et corroyées	—	15 »			
Peaux autrement préparées	—	30 »			
Ouvrages en peau et en cuir de toute espèce	La valeur.	10 0/0			
Meubles et ouvrages en bois de toute espèce et futailles	—	—			
Bâtiments de mer de toute espèce et bateaux de rivière	Le tonneau de jauge de 1 1/2 mètre cube.	6 fr.			
Articles d'emballage ayant déjà servi...	»	Libres.			
LINS, etc.					
Filaments, végétaux bruts, peignés, non spécialement tarifés	»	—			

DÉNOMINATION DES ARTICLES.	BASE.	TAUX DES DROITS en 1861.	TAUX DES DROITS au 1er octobre 1864.
		fr. c.	fr. c.
Fils de lin, de chanvre et de jute, mesurant au kilogramme :			
2,000 mètres ou moins. — non tors et non teints...	Les 100 kilog.	15 »	10 »
2,000 mètres ou moins. — tors ou teints...........	—	22 50	15 »
Plus de 2,000 mètres. — non tors et non teints...	—	30 »	20 »
Plus de 2,000 mètres. — tors ou teints.	—	45 »	30 »
Tissus de lin, de chanvre et de jute de toute espèce......................	La valeur.	15 0/0	
Bonneterie, passementerie et rubanerie..	—	—	
Tulles de lin.........................	—	—	
Batistes et linons....................	—	10 0/0	
Dentelles de lin......................	—	5 0/0	
Vêtements et autres articles en lin, confectionnés en tout ou en partie	—	10 0/0	
Articles non dénommés................	—	15 0/0	
Tissus mélangés, quand le lin ou le chanvre domine en poids...............	La valeur.	15 0/0	
Les fils de tous autres végétaux filamenteux purs ou mélangés suivront le même régime que les fils de lin et de chanvre.			
Tissus ou végétaux non dénommés.	—	10 0/0	
Crin brut, frisé ou autrement préparé ..	»	Libres.	
Tissus et ouvrages de crin ou de poil de vache purs ou mélangés.	—	10 0/0	
COTON.			
Coton brut, y compris les ouates.......	»	Libre.	
Fils de coton écru ou blanchi mesurant au 1/2 kilogramme :			
20,000 mètres ou moins	Les 100 kilog.	15 fr.	
20,000 — à 30,000................	—	20 »	
30,000 — à 40,000................	—	30 »	
Plus de 40,000.......................	—	40 »	
Fils de coton teints ou ourdis..........	Le droit sur le fil écru ou blanchi augmenté de 10 fr. par 100 kil.		
Tissus de coton écru, unis, croisés, coutils :			
1re classe. Pesant 11 k. et plus les 100 m. carrés. — de 35 fils et moins aux 5 milli. carrés.	Les 100 kilog.	50 fr.	
1re classe. Pesant 11 k. et plus les 100 m. carrés. — de 36 fils et plus..	—	80 »	
2e classe. Pesant de 7 à 11 k. exclusivem. les 100 mèt. carrés...... — de 35 fils et moins.	—	60 »	
2e classe. Pesant de 7 à 11 k. exclusivem. les 100 mèt. carrés...... — de 36 à 43 fils....	—	100 »	
2e classe. Pesant de 7 à 11 k. exclusivem. les 100 mèt. carrés...... — de 44 fils et plus.	—	200 »	

DÉNOMINATION DES ARTICLES.		BASE.	TAUX DES DROITS	
			en 1861.	au 1er octobre 1864.
3e classe. Pesant de 3 à 7 k. exclusivem. les 100 mèt. carrés......	de 27 fils et moins.	Les 100 kilog.	80 fr.	
	de 28 à 35 fils ...	—	120 »	
	de 36 à 43.......	—	190 »	
	de 44 fils et plus.	—	300 »	
Tissus de coton...	blanchis..........	»	15 0/0 en sus du droit sur l'écru.	
	teints.	»	25 fr. par 100 kil. en sus du droit sur l'écru.	
	imprimés.........	La valeur.	15 0/0	
Velours de coton.				
			fr. c.	
Façon soie dits velvets.........	écrus............	Les 100 kilog.	85 »	
	teints ou imprimés.	—	110 »	
Autres (cords, moleskins, etc)....	écrus............	—	60 »	
	teints ou imprimés.	—	85 »	
Tissus de coton écru, unis ou croisés, pesant moins de 3 kilogrammes par 100 mètres carrés..................		La valeur.	15 0/0	
Piqués, basins, façonnés, damassés et brillantés........................		—	—	
Couvertures de coton..................		—	—	
Tulles unis ou brodés................		—	—	
Gazes et mousselines brodées ou brochées pour ameublement ou tentures.......		—	—	
Vêtements et autres articles confectionnés en tout ou en partie............		—	—	
Articles non dénommés...............		—	—	
Bonneterie...........................		—	—	
Passementerie........................		—	—	
Rubannerie..........................		—	—	
Broderie à la main.....................		—	10 0/0	
Dentelles et blondes de coton..........		—	5 0/0	
Les fils de coton mélangé paieront les mêmes droits que les fils de coton pur, pourvu que le coton domine en poids dans le mélange.				
Tissus de coton mélangé, quand le coton domine en poids..................		—	15 0/0	
Le gouvernement belge se réserve la faculté de substituer en tout ou en partie aux taxes spécifiques sur les tissus et velours de coton un droit de 15 0/0 de la valeur.				
LAINES.				
Laine en masse.......................		»	Libre.	
Laine teinte en masse................		Les 100 kilog.	10 fr.	
Laine peignée ou teinte..............		—	—	

DÉNOMINATION DES ARTICLES.	BASE.	TAUX DES DROITS en 1861.	TAUX DES DROITS au 1er octobre 1864.
		fr. c.	fr. c.
Les poils de chèvre, d'alpaga, de lama, de vigogne et de chameau sont assimilés à la laine.			
Fils non tors et non teints	Les 100 kilog.	25 »	20 »
— tors ou teints	—	35 »	30 »
Tissus de laine	La valeur.	15 0/0	10 »
Feutre de toute sorte	—	—	—
Couvertures de laine	—	—	—
Tapis de toute espèce	—	15 0/0	
Bonneterie de laine / Passementerie de laine / Rubannerie de laine / Dentelles de laine	—	15 0/0	10 0/0
Chaussons de lisière	—	10 0/0	
Châles et écharpes de cachemire des Indes	—	5 0/0	
Articles non dénommés	—	15 0/0	10 0/0
Lisières de drap de toute espèce, entières ou coupées	»	Libres.	
Vêtements confectionnés neufs et vieux.	—	10 0/0	
Les fils et tissus de laine et de ses similaires mélangés de coton ou d'autres filaments quelconques paieront les mêmes droits que les fils et tissus de laine pure, pourvu que la laine et ses similaires dominent en poids dans le mélange.			
SOIES.			
Soies en cocons	»	Libres.	
— gréges, moulinées et filées	»	—	
Tissus de toute espèce	Les 100 kilog.	300 fr.	
Passementerie, bonneterie et rubannerie.	—	—	
Tulles et dentelles	La valeur.	5 0/0	
PRODUITS CHIMIQUES.			
Acides nitrique / sulfurique	»	Libres.	
Acides acétique	Les 100 kilog.	6 »	
Acides hydrochlorique	—	2 »	» 66
Chlorure de chaux	—	4 »	2 »
Sels ammoniacaux	—	8 »	2 »
Bleu de Prusse	»	Libres.	
Carmins de toute sorte et kermès en poudre	»	—	
Cendres bleues et vertes	»	—	
Laques en teinture ou en trochisques	»	—	
Vert de montagne	»	—	
Maurelle et stil-de-grains	»	—	

DÉNOMINATION DES ARTICLES.	BASE.	TAUX DES DROITS en 1861.	TAUX DES DROITS au 1er octobre 1864.
Essence de houille. — servant comme couleur	»	Libre.	
Essence de houille. — autres	Les 100 kilog.	2 fr.	
Sels de potasse	»	Libres.	
Sels de soude. — Carbonates	Les 100 kilog.	3 fr.	
Sels de soude. — Sulfates et sulfites	—	1 fr. 50	
Sels de soude. — Autres, le sel marin excepté	»	Libres.	
Produits chimiques non dénommés	Les 100 kilog.	2 fr.	
Teintures et couleurs préparées à l'huile.	—	6 »	
Teintures et couleurs autres	»	Libres.	
Les sels de soude mélangés de plus de 15 0/0 de sel marin acquitteront le droit sur le sel raffiné.			
VERRERIE ET CRISTALLERIE.			
Glaces brutes, étamées ou polies	La valeur.	10 0/0	
Bouteilles de toute forme et autres objets en verre à bouteille	Les 100 kilog.	2 fr.	
Verres — à vitre, de couleur, polis ou gravés, de montre ou d'optique	La valeur.	10 0/0	
Objets en verre ou en cristal, unis ou moulés, non coloriés et non taillés	Les 100 kilog.	12 fr.	
Objets en verre ou en cristal, taillés, gravés ou coloriés	La valeur.	10 0/0	
Émaux	—	—	
Objets en verre non dénommés	—	—	
Groisil et verre cassé	»	Libre.	
Le droit sur les bouteilles et autres objets en verre à bouteille sera réduit à 1 franc, en cas de suppression de la taxe supplémentaire prévue à l'art. 4 du traité.			
POTERIES.			
Terre cuite — Carreaux, briques et tuiles	»	Libres.	
Terre cuite — Tuyaux de drainage et autres	»	—	
Poterie commune de terre ou de grès, vernissée ou non, de toute sorte, y compris les pipes de terre	Les 100 kilog.	1 fr. 50	
Cornues à gaz, creusets de toute sorte, y compris les creusets en graphite et en plombagine	—	1 fr. 50	

DÉNOMINATION DES ARTICLES.	BASE.	TAUX DES DROITS	
		en 1861.	au 1er octobre 1864.
Faïence, cailloutage, grès fin..........	La valeur.	20 0/0	15 0/0
Porcelaines de toute sorte, blanches ou décorées, parian et biscuit blanc.....	—	15 —	10 —
ARTICLES DIVERS.			
Fleurs artificielles.....................	—	10 0/0	
Objets de mode et chapeaux...........	—	10 —	
Tresse de paille de toute sorte.........	—	5 —	
Mercerie de toute sorte................	—	10 —	
Boutons fins ou communs autres que de passementerie.....................	—	10 —	
Brosserie de toute espèce..............	—	10 —	
Instruments de musique et pièces détachées d'instruments	—	6 —	
Épingles de toute sorte................	—	10 —	
Caoutchouc et gutta-percha :			
Bruts en feuilles ou filés..............	»	Libres.	
Ouvrés, purs ou mélangés	La valeur.	10 0/0	
Toiles cirés de toute sorte............	—	10 —	
Cire à cacheter	—	10 —	
Cirage de toute sorte.................	»	Libre.	
Encre à écrire ou à dessiner..........	La valeur.	10 0/0	
Encre à imprimer.....................	—	Libre.	
Cordes et câbles :			
De 5 centimètres de diamètre et plus..	Les 100 kilog.	6 fr.	
De moins de 5 centimètres de diamètre.	—	15 »	
Filets de toute espèce................	La valeur.	10 0/0	
Épices préparées (sauces) et moutardes..	—	15 —	
Bières et autres boissons fermentées, droit de consommation compris :			
En cercle............................	L'hectolitre.	6 fr.	
En bouteilles.........................	—	7 »	
Mélasses et sirops importés pour la distillation............................	»	Libres.	
Eaux-de-vie de toute espèce (droit de consommation compris) :		fr. c.	fr. c.
A 50 degrés ou moins................	L'hectolitre.	45 »	42 50
Pour chaque degré au-dessus de 50	—	» 90	» 85
Eaux-de-vie en bouteilles et liqueurs, sans distinction de degré (droit de consommation compris)................	—	85 fr.	

DÉNOMINATION DES ARTICLES.	BASE.	TAUX DES DROITS en 1861.	TAUX DES DROITS au 1er octobre 1864.
Autres liquides alcooliques (droit de consommation compris)................	La valeur.	60 fr.	
Poils non spécialement tarifés, bruts ou filés..............................	»	Libres.	
Plumes à écrire { brutes...............	»	—	
Plumes à écrire { apprêtées............	La valeur.	10 0/0	
Plumes à lit de toute sorte, duvet et autres..............................	»	Libres.	
Cheveux ouvrés.........................	La valeur.	10 0/0	
Cire { brute, jaune ou blanche.........	»	Libre.	
Cire { ouvrée..........................	La valeur.	10 0/0	
Lait....................................	»	Libre.	
Fromages de toute espèce............	Les 100 kilog.	10 fr.	
Beurre.................................	Les 100 kilog.	5 »	
Miel...................................	—	12 »	
Homards................................	—	10 » (a)	
Huîtres................................	—	10 » (a)	
Autres coquillages de toute espèce...	»	Libres.	
Harengs de toute espèce, plies séchées et stockfish........................	—	1fr.50	
Autres poissons de toute espèce, frais, secs, salés ou fumés à l'exclusion de la morue..........................	—	6 »	
Graisse de poisson et blanc de baleine ou de cachalot.....................	—	2 »	
Huiles { de fabrique..................	—	2 »	
Huiles { de graines et huiles alimentaires.	—	6 »	
Fanons de baleine bruts..............	»	Libres.	
Peaux de chien de mer et de phoque, brutes, fraîches ou sèches............	»	—	
Matières animales brutes, savoir : oreillons, os et sabots de bétail et cornes de bétail brutes..................	»	—	
Corail brut ou taillé et non monté.....	»	—	
Droguerie..............................	Les 100 kilog.	2 fr.	
Sont compris dans cette classe les articles suivants, savoir : cantharides, civettes, musc, castoréum, ambre gris, fruits à distiller, storax, styrax, sarcocolle, kino et autres sucs végétaux desséchés, racines médicinales de toute espèce, herbes, fleurs, feuilles et écorces médicinales, agaric (amadou), kermès minéral, extrait de quinquina, camphre brut ou raffiné, preiss, éponges de toute sorte et colle de poisson.			

(a) Ce droit sera applicable aux homards et aux huîtres qui sont en destination des parcs ou huîtrières, comme à ceux qui sont livrés directement à la consommation.

DÉNOMINATION DES ARTICLES.	BASE.	TAUX DES DROITS. en 1861.	TAUX DES DROITS. au 1er octobre 1864.
Résines de toute sorte, même distillées.	»	Libres.	
Jus de réglisse	Les 100 kilog.	12 fr.	
Liége brut et râpé de toute sorte	»	Libre.	
Liége ouvré	La valeur.	10 0/0	
Bois de chêne et de noyer	Le mètre cube.	1 fr.	
Bois de teinture, même moulus	»	Libres.	
Joncs et roseaux bruts	»	—	
Écorces à tan de toute sorte, même moulues	»	—	
Balais communs	»	—	
Pommes de terre	»	—	
Betteraves	»	—	
Houblon	Les 100 kilog.	1 50	
Graines oléagineuses	Les 1,000 kil.	2 »	
Graines à ensemencer	»	Libres.	
Légumes salés ou confits au vinaigre	Les 100 kilog.	20 fr.	
Racines de chicorée, vertes ou sèches	»	Libres.	
Plantes alcalines	»	—	
Pierres de toute sorte, y compris les marbres et l'albâtre : brutes, taillées ou sciées,	»	Libres.	
— polies ou sculptées	La valeur.	10 0/0	
— ardoises pour toitures	Les 1,000	4 fr.	
— meules et pierres à aiguiser de toute sorte.	»	Libres.	
Pierres gemmes de toute sorte	»	—	
Chaux et plâtre	»	—	
Graphite et plombagine	»	—	
Bitumes de toute sorte	»	—	
Crayons simples et composés	La valeur.	10 0/0	
Parfumerie de toute espèce	—	—	
Amidon	Les 100 kilog.	1 50	
Chicorée brûlée ou moulue	—	2 »	
Bougies de toute sorte et chandelles	La valeur.	10 0/0	
Savons de toute espèce	Les 100 kilog.	10 0/0	
Le droit de 10 francs sera réduit à 6 francs en cas de suppression de la taxe supplémentaire prévue à l'article 4 du traité.			
Extraits de viande	—	20 fr.	
Chocolat et cacao simplement broyé	—	35 »	
Eaux minérales (cruchon compris)	—	2 »	
Papiers de toute sorte / Carton en feuilles de toute sorte	—	10 fr.	8 fr.
Cartons moulés, coupés et assemblés	La valeur.	10 0/0	
Livres en langue française, mortes ou étrangères	»	Libres.	
Gravures, photographies et lithographies de portefeuille	»	—	
Cartes géographiques de portefeuille	»	—	
Musique gravée	»	—	

DÉNOMINATION DES ARTICLES.	BASE.	TAUX DES DROITS	
		en 1861.	au 1er octobre 1864.
Étiquettes imprimées, gravées et coloriées	»	Libres.	
Dessins industriels de toute sorte sur papier	»	—	
Objets de collection hors de commerce.	»	—	
Statues — modernes en marbre ou en pierre	»	—	
Statues — en métal de grandeur naturelle au moins	»	—	
Bimbeloterie	La valeur.	10 0/0	
Vannerie	La valeur.	10 0/0	
Parapluies et parasols	La valeur.	10 0/0	
Cartes à jouer	La valeur.	10 0/0	
Soufre brut, épuré ou sublimé	»	Libre.	
Poudre à tirer	Les 100 kilog.	15 fr.	

Signé : E. THOUVENEL.

E. ROUHER.

FIRMIN ROGIER.

LIEDTS.

Tarif C annexé au traité de commerce conclu, le 1er mai **1861**, *entre la France et la Belgique.* (Article 3.)

Sortie de France.

DÉNOMINATION DES ARTICLES.	BASE.	TAUX DES DROITS.
Peaux brutes	»	Exemptes.
Oreillons	»	—
Os de toute espèce et cornes de bétail.	»	—
Tourteaux de graines oléagineuses	»	—
Engrais	»	—
Soies en cocons	»	—
Soies teintes de toute sorte	»	—
Soies à coudre	»	—
Bourre de soie filée	»	—
Chiffons de laine sans mélange	»	—
Chardons, cardères	»	—
Noir animal	»	—
Meules	»	—
Bois de noyer	»	—
Autres chiffons et drilles de toute espèce	»	12 fr. les 100 kilog.
Pâte à papier	»	12 fr. les 100 kilog.
Vieux cordages goudronnés ou non	»	4 fr. les 100 kilog.

Signé : E. Thouvenel.

E. Rouher.

Firmin Rogier.

Liedts.

Tarif D *annexé au traité de commerce conclu, le 1er mai 1861, entre la France et la Belgique.* (Article 3.)

Sortie de Belgique.

DÉNOMINATION DES ARTICLES.	BASE.	TAUX DES DROITS.
Étoupes et émouchures de lin et de chanvre	»	Libres.
Minerai de fer de toute sorte	»	—
Os de toute espèce et cornes de bétail	»	—
Chiffons de laine sans mélange	»	—
Autres chiffons et drilles de toute espèce	Les 100 kilog.	12 fr.
Pâte à papier	Les 100 kilog.	12 fr.
Vieux cordages goudronnés ou non	—	4 fr.

Pour le minerai de fer actuellement prohibé, la libre exportation prendra cours à partir du 1er janvier 1862.

Signé : E. Thouvenel.
E. Rouher.
Firmin Rogier.
Liedts.

Art. 2.

Notre ministre secrétaire d'État au département des affaires étrangères est chargé de l'exécution du présent décret.

Fait à Paris, le 27 mai 1861.

NAPOLÉON.

Vu et scellé du sceau de l'État :

Le garde des sceaux, ministre de la justice,

Delangle.

Par l'Empereur :

Le ministre des affaires étrangères,

E. Thouvenel.

TABLEAU DE

EN MONNAIE COURANTE OU MONNAIE DE COMPTE (AU TAUX MOYEN) DES
DANS LES PRINCIPAUX

NOMS DES ÉTATS.	1 FRANC.	10 FRANCS.	100 FRANCS.
ANGLETERRE	9 pence 1/3 (39/100).	7 shillings, 9 pence 2/5.	3 livres, 17 shillings, 9 pence.
AUTRICHE. . . . . (Voir aussi *Zollverein*).	23 kreutzer 1 pfenning 4/5 (ancien) ou 40 nouveaux kreutzer.	3 florins, 56 kreutzer 2/5 (ancien pied), ou 4 florins d'Autriche (nouvelle convention), ou 2 reichsthaler 56 kreutzer 2/5 (ancien).	39 florins, 24 kreutzer, ou 40 florins d'Autriche, ou 26 reichsthaler, 24 kreutzer.
BADE. . . . . (Voir aussi *Zollverein*). ancien pied.	30 kreutzer ou 28 (ancien pied. 31 kreutzer 1/6 (17/100) ancien pied.	4 florins, 40 kreutzer, 4/5, ou 3 thaler, 11 kreutzer 7/10.	46 florins, 18 kreutzer. 31 thaler, 17 kreutzer.
BAVIÈRE . . . . (Voir aussi *Zollverein*). ancien pied.	28 kreutzer 3/10. 27 kreutzer 7/10 (77/100)	4 florins, 43 kreutzer. 3 thaler, 7 kreutzer 7/10.	47 florins, 10 kreutzer. 30 thaler, 77 kreutzer.
BELGIQUE.	Comme en *France*.		
BRÉSIL.	350 reis (variable).	3,500 reis.	35,000 reis.
BRÊME	1 grooten, 238 schwaren.	16 grooten, 220 schwaren.	2 reichsthaler, 22 grooten, 40 schwaren.
BUENOS-AYRES	2 piastres, 5 réaux.	26 piastres, 2 réaux.	262 piastres, 4 réaux.
CHILI.	(Voir *Espagne*.)		
CHINE.	1 mace, 3 condorines, 3 cashes 1/3.	1 taël, 3 maces, 3 condorines, 3 cashes 1/3.	13 taëls, 3 maces, 3 condorines, 3 castres 1/3.
DANEMARK	34 skillings 1/6 (16/100).	3 rigsbankdaler, 53 skillings 3/5.	35 rigsbankdaler, 56 skillings.
DEUX-SICILES.	2 carlini, 3 grani, 6 cavalli 1/3 ou 1 tari.	2 ducats, 1 tari, 1 carlini, 6 grani, 3 cavalli 1/3.	21 ducats, 4 tari, 3 grani, 3 cavalli 1/3.
En Sicile	4 carlini, 7 grani 1 1/10 (8/100 ou 2 tari.	2 ducats, 3 tari, 1 carlini, 8/10 de grani.	23 ducats, 9 tari.
ÉGYPTE.	3 piastres, 32 paras.	38 piastres, 20 paras.	385 piastres.
ESPAGNE	3 réaux de vellon, 23 maravédis 1/6 (17/100). 1 réal de plate vieille, 15 cuartos 1 1/2 maravédis.	37 réaux de vellon, 1/2 maravédis. 19 réaux de plate vieille, 9 cuartos, 3 maravédis.	370 réaux de vellon, 5 maravédis. 196 réaux de plate vieille, 1 cuarto, 2 maravédis.
ÉTATS ROMAINS	18 baïoques 1/2 (58/100).	1 écu, 85 baïoques 8/10.	18 écus, 58 baïoques
ÉTATS-UNIS.	18 cents 7/10 (68/100).	1 dollar, 86 cents 4/5.	18 dollars, 68 cents.
FRANÇFORT-SUR-LE-MEIN. . .	Comme en *Autriche*.		
GRÈCE	1 drachme, 11 lepta 1/10 (11/100).	11 drachmes, 11 lepta 1/10.	111 drachmes, 11 lepta.
HAMBOURG	3 skillings, 1 gros vlamisch 1/10 (11/100.	5 marcs banco, 5 skillings, 1 gros vlamisch 1/10.	53 marcs banco, 7 skillings, 1 gros vlamisch.
HANOVRE.	6 gutgroschen 3/20.	2 reichsthaler, 13 gutgroschen 1/2.	25 reichsthaler, 25 gutgroschen.
HOLLANDE.	47 cents 1/4.	4 florins, 72 cents 1/2.	47 florins, 25 cents.

COMPARAISON

UNITÉS MONÉTAIRES FRANÇAISES, AVEC LES VALEURS CORRESPONDANTES

ÉTATS DU MONDE.

NOMS DES ÉTATS.	1 FRANC.	10 FRANCS.	100 FRANCS.
INDES ORIENTALES	2/5 de la roupie d'argent 42/100.	4 roupies d'argent 1/5.	42 roupies.
LOMBARDIE	1 lire, 2 sous, 11 denari 3/4.	11 lire, 9 sous, 9 denari 2/5.	114 lire, 17 sous, 10 denari.
A Venise	100.52 1/4 de la lire piccoli = 1 lire 9/10.	19 lire 1/10.	191 lire 3/10.
LUBECK	10 skillings, 5 deniers 2/3 (65/100).	6 marcs, 8 skillings, 8 den. 1/2.	65 marcs, 7 skillings, 1 den.
MAROC	10 blankillos, 7 fluns 2/3 (68/100.)	2 livrés, 5 onces, 3 blankillos, 4 fluns 4/5.	25 livres (metikal), 8 onces (ukias).
MEXIQUE	(Voir *Espagne*.)		
MODÈNE (Grand-duché de)	(Voir *France*.)		
MONTEVIDEO	1 réal, 2 vintins, 3 cuivres 1/2.	1 patacon, 6 réaux, 4 vintins, 3 cuivres 1/2.	18 patacons, 4 réaux, 3 cuivres.
NORWÉGE	21 skillings 3/10 (35/100).	8 ort ou marcs, 21 skill. 1/2.	17 species daler.
NOUVELLE-GRENADE	1/5 de peso ou 20 centimes.	2 piastres (peso).	20 piastres (peso).
PARME ET PLAISANCE	4 lire 1/20.	1 ducat 19 lire 1/2.	19 ducats, 6 lire.
PÉROU	(Voir *Espagne*.)		
PERSE	1 abassi, 1 chayé, 4 dinars.	12 abassis, 1 mahmoudi, 4 dinars bistis.	2 tomans, 27 abassis.
PORTUGAL	160 reis.	1,600 reis.	16,000 reis.
PRUSSE	11 silbergroschen, 4/5 de deniers. Ou 8 gutgroschen 4/5.	3 reichsthaler, 20 silbergr., 8 deniers 2/5. 3 reichsthaler, 16 gutgroschen 1/2.	36 reitchsthaler, 27 silbergr. 36 reichsth., 21 gutgrochsn.
RUSSIE	25 kopecks.	2 roubles argent, 50 kopecks.	25 roubles.
SARDAIGNE	Lire (lira nuova) valant 100 centesimi.	10 lire.	100 lire.
SAXE	3 reichsthaler (ou 4 1/2 florins), 1 groschen (11/13).	30 reichsthaler (ou 45 florins) 18 groschen 2/5.	307 reichsthaler (460 1/2 fl.) 16 groschen.
SUÈDE	8 skillings 2/5 (43/100).	1 rixdale species, 36 skill. 3/10. 4 rixdales banco 7/10.	27 rixdales species, 27 skill. 47 rixdales banco 1/10.
SUISSE	Comme en *France*.		
TOSCANE	1 lire, 16 centesimo 2/5 (54/100)	11 lire, 65 centesime 2/5.	116 lire, 5 centesime.
TURQUIE	4 piastres, 1 para, 25 aspres, à 4 piastres, 20 aspres.	45 piastres, 1 para, 14 aspres, à 41 piastres, 2 paras.	454 piastres, à 20 aspres. 416 piastres, 2 paras.
WURTEMBERG	Comme en *Bavière*.		
ZOLLVEREIN	8 silbergroschen (valeur du Nord). Ou 6 gutgroschen, 4 den. 2/5. Ou 28 kreutzer (valeur du Sud) Ou 40 nouveaux kreutz. (valeur d'Autriche).	2 thaler, 20 silbergroschen ou 16 gutgroschen. 4 florins, 40 kreutzer, ou 4 florins d'Autriche.	26 thaler, 20 silbergroschen (ou 16 gutgroschen). 46 florins, 40 kreutzer, ou 40 florins d'Autriche.

CHANGE SUR LONDRES

RÉDUCTION DES SHILLINGS ET DES LIVRES STERLING EN FRANCS

Depuis le change de 24 fr. 90 c. jusqu'à celui de 25 fr. 80 c.

AU CHANGE DE	24 fr. 90 c.	25 fr.	25 fr. 10 c.	25 fr. 20 c.	25 fr. 30 c.	25 fr. 40 c.	25 fr. 50 c.	25 fr. 60 c.	25 fr. 70 c.	25 fr. 80 c.
	fr.	fr.	fr.	fr.	fr.	fr.	fr.	fr.	fr.	fr.
1 sh. vaut	1 24.500	1 25.000	1 25.500	1 26.000	1 26.500	1 27.000	1 27.500	1 28.000	1 28.500	1 29.000
2 —	2 49.000	2 50.000	2 51.000	2 52.000	2 53.000	2 54.000	2 55.000	2 56.000	2 57.000	2 58.000
3 —	3 73.500	3 75.000	3 76.500	3 78.000	3 79.500	3 81.000	3 82.500	3 84.000	3 85.500	3 87.000
4 —	4 98.000	5 00.000	5 02.000	5 04.000	5 06.000	5 08.000	5 10.000	5 12.000	5 14.000	5 16.000
5 —	6 22.500	6 25.000	6 27.500	6 30.000	6 32.500	6 35.000	6 37.500	6 40.000	6 42.500	6 45.000
6 —	7 47.000	7 50.000	7 52.000	7 56.000	7 59.000	7 62.000	7 65.000	7 68.000	7 71.000	7 74.000
7 —	8 71.500	8 75.000	8 78.500	8 82.000	8 85.500	8 89.000	8 92.500	8 96.000	8 99.500	9 03.000
8 —	9 96.000	10 00.000	10 04.000	10 08.000	10 12.000	10 16.000	10 20.000	10 24.000	10 28.000	10 32.000
9 —	11 20.500	11 25.000	11 29.500	11 34.000	11 38 500	11 43.000	11 47.500	11 52.000	11 56.500	11 61.000
10 —	12 45.000	12 50.000	12 55.000	12 60.000	12 65.000	12 70.000	12 75.000	12 80.000	12 85.000	12 90.000
1 penny v.	10.375	10.417	10.458	10.500	10.542	10.583	10.625	10.666	10.708	10.750
1 £ vaut.	24 90.000	25 00.000	25 10.000	25 20.000	25 30.000	25 40.000	25 50.100	25 60.000	25 70.000	25 80.000
2 —	49 80.000	50 00.000	50 20.000	50 40.000	50 60.000	50 80.000	51 00.000	51 20.000	51 40.000	51 60.000
3 —	74 70.000	75 00.000	75 30.000	75 60.000	75 90.000	76 20.000	76 50.000	76 80.000	77 10 000	77 40.000
4 —	99 60.000	100 00.000	100 40.000	100 80.000	101 20.000	101 60.000	102 00.000	102 40.000	102 80.000	103 20.000
5 —	124 50.000	125 00.000	125 50.000	126 00.000	126 50.000	127 00.000	127 50.000	128 00.000	128 58.000	129 00.000
6 —	149 40.000	150 00.000	150 60.000	151 20.000	151 80.000	152 40.000	153 00.000	153 60.000	154 20.000	154 80.000
7 —	174 30.000	175 00.000	175 70.000	176 40.000	177 10.000	177 80.000	178 50.000	179 20.000	179 90.000	180 60.000
8 —	199 20.000	200 00.000	200 80.000	201 60.000	202 40.000	203 20.000	204 00.000	204 80.000	205 60.000	206 40.000
9 —	224 10.000	225 00.000	225 90.000	226 80.000	227 70.000	228 60.000	229 50.000	230 40.000	231 30.000	232 20.000
10 —	249 00.000	250 00.000	251 00.000	252 00.000	253 00.000	254 00.000	255 00.000	256 00.000	257 00.000	258 00 000

Pour les changes compris entre chacune des dizaines du tableau précédent, nous donnons ci-après une table d'intercalation, indiquant pour chaque augmentation du change de 1/2 centime (0.005), 1 cent. (0.01). 1 c. 1/2 (0,015), etc.; jusqu'à 10 centimes, les quantités qu'il faut respectivement ajouter à la valeur donnée au précédent tableau. Exemple ; on veut connaître la valeur de 4 sh. au change de 24 fr. 91 1/2, on trouve dans le tableau précédent que 4 sh., au change de 24 fr. 90 c., valent 4 fr. 98.000. Le tableau suivant donne, d'autre part, pour 4 sh., à un change de 1 cent. 1/2 en plus (ou 24 fr. 91 1/2), 0 cent. 280. Le nombre cherché sera alors 4 fr. 98.280.

TABLE D'INTERCALATION.

Pr une augmentation de	1/2 c.	1 c.	1 c. 1/2	2 c.	2 c. 1/2	3 c.	3 c. 1/2	4 c.	4 c. 1/2	5 c.	5 c. 1/2	6 c.	6 c. 1/2	7 c.	7 c. 1/2	8 c.	8 c. 1/2	9 c.	9 c. 1/2
Pr 1 sh. il faut ajoutr	0.025	0.050	0.075	0.100	0.125	0.150	0.175	0.200	0.225	0.250	0.275	0.300	0.325	0.350	0.375	0.400	0.425	0.450	0.475
2 —	0.050	0.100	0.150	0.200	0.250	0.300	0.350	0.400	0.450	0.500	0.550	0.600	0.650	0.700	0.750	0.800	0.850	0.900	0.950
3 —	0.075	0.150	0.225	0.300	0.375	0.450	0.525	0.600	0.675	0.750	0.825	0.900	0.975	1.050	1.125	1.200	1.275	1.350	1.425
4 —	0.100	0.200	0.300	0.400	0.500	0.600	0.700	0.800	0.900	1.000	1.100	1.200	1.300	1.400	1.500	1.600	1.700	1.800	1.900
5 —	0.125	0.250	0.375	0.500	0.625	0.750	0.875	1.000	1.125	1.250	1,375	1.500	1.625	1.750	1.875	2.000	2.125	2.250	2.375
6 —	0.150	0.300	0.450	0.600	0.750	0.900	1.050	1.200	1.350	1.500	1.650	1.800	1.950	2.100	2.250	2.400	2.550	2.700	2.850
7 —	0.175	0.350	0.525	0.700	0.875	1.050	1.225	1.400	1.575	1.750	1.925	2.100	2.275	2.450	2.625	2 800	2.975	3.150	3 325
8 —	0.200	0.400	0.600	0.800	1.000	1.200	1.400	1.600	1.800	2.000	2.200	2.400	2.600	2.800	3.000	3.200	3.400	3.600	3.800
9 —	0.225	0.450	0.675	0.900	1.125	1,350	1.575	1.800	2.025	2.250	2.475	2.700	2.925	3.150	3.375	3.600	3.825	4.050	4.275
10 —	0.250	0.500	0.750	1.000	1.250	1.500	1.750	2.000	2.250	2.500	2.750	3.000	3.250	3.500	3.750	4.000	4.250	4.500	4.750
Au denier. . . .	0.006	0.012	0.018	0.024	0.031	0.037	0.043	0.049	0.055	0.062	0.068	0.074	0.080	0.086	0.093	0.099	0.105	0.111	0.118
Pr 1 livre sterling.	0.700	1.400	2.100	2.800	3.500	4.200	4.900	5.600	6.300	7.000	7.700	8.400	9.100	9.800	10.500	11.200	11.900	12.600	13.300
2 —	1.400	2.800	4.200	5.600	7.000	8.400	9.800	11.200	12.600	14.000	15.400	16.800	18.200	19.600	21.000	22.400	23.800	25.200	26.600
3 —	2.100	4.200	6.300	8.400	10.500	12.600	14.700	16.800	18,900	21.000	23.100	25.200	27.300	29.400	31.500	33.600	35.700	37.800	39.900
4 —	2.800	5.600	8.400	11.200	14.000	16.800	19.600	22.400	25.200	28.000	30.800	33.600	36.400	39.200	42.000	44.800	47.600	50.400	53.200
5 —	3.500	7.000	10.500	14.000	17.500	21.000	24.500	28.000	31.500	35.000	38.500	42.000	45.500	49.000	52.500	56.000	59.500	63.000	66.500
6 —	4.200	8.400	12.600	16.800	21.000	25.200	29 400	33.600	37.800	42.000	46.200	50.400	54.600	58.800	63.000	67.200	71.400	75.600	79.800
7 —	4.900	9.800	14.700	19.600	24.500	29.400	34.300	39.200	44.100	49.000	53.900	58.800	63.700	68.600	73.500	78.400	83.300	88.200	93.100
8 —	5.600	11.200	16.800	22.400	28.000	33.600	39.200	44.800	50.400	56.000	61.600	67.200	72.800	78.400	84.000	89.600	95.200	99.800	fr. 1 05.400
9 —	6.300	12.600	18.900	25.200	31.500	37.800	44.100	50.400	56.700	63.000	69.300	75.600	81.900	88.200	94.500	fr. 1 00.800	fr. 1 07.400	fr. 1 13.400	1 19.700
10 —	7.000	14.000	21.000	28.000	35.000	42 000	49.000	56.000	63.000	70.000	77.000	84.000	91.000	98.000	fr. 1 05.000	1 12.000	1 19.000	1 26.000	(1) 1 33.000

(1) Les valeurs sont exprimées en centimes et en fractions de centimes.

CONVERSION DES UNITÉS MONÉTAIRES FRANÇAISES

(de 1 fr. à 100 fr.)

EN LIVRES, SHILLINGS, PENCE ET FARTHINGS ANGLAIS, DEPUIS LE CHANGE DE 24 FR. 90 POUR 1 LIVRE STERLING JUSQU'A 25 FR. 80.

La table suivante (pages 110, 111, etc., etc.) donne les valeurs de 1 à 50 centimes, de 1 fr. à 10 fr. par unité, et de 10 à 100 fr. par dizaine, pour chaque variation dans le change de 1 centime (0 fr. 01) ; et une table de différences proportionnelles permet d'étendre le calcul aux changes intermédiaires différant de 1/2 centime (0 fr. 005) et 1/4 centime (0 fr. 0025).

En considérant une même colonne verticale, on aura les variations de valeur d'une même unité répondant aux accroissements progressifs du change ; une même colonne horizontale donnera au contraire les valeurs des différentes unités pour le même change.

On observera que, sauf de dix en dix, la table ne répète point les chiffres, qui sont les mêmes dans une même colonne verticale ; il faudra donc remonter dans la même colonne et y prendre successivement les chiffres qui ont du blanc en dessous d'eux jusqu'à ce que l'on arrive à une ligne qui donne intégralement toutes les parties du nombre cherché. Ainsi en cherchant la valeur de 100 fr. au taux de 24.99, on trouve 1.537 (= 1 farthing 537 millièmes). En remontant dans la même colonne verticale, on trouve sur la ligne immédiatement supérieure, et au-dessus de l'espace blanc, un 0 = (0 pence) ; — on le mettra à la gauche des deux premiers nombres... Il faut ensuite remonter jusqu'à la ligne 24.90 pour trouver les deux autres nombres qui complètent la valeur cherchée, ci... 4.0.. = (4 £ 0 sh..). Le nombre en question est alors 4 £ 0 sh. 0 d. 1 far. 537.

Pour les nombres de centimes, on les décomposera en 50 cent., 10 cent., 5 cent... etc. Ainsi, pour 67 cent., on aura 67 = (50 + 10 + 5 + 2) centimes. Les trois premières valeurs se trouvent dans la table; pour la quatrième, c'est-à-dire 2 cent., on n'aura qu'à multiplier la valeur de 1cent par 2.

On aura ainsi :

50 cent. = 0 liv. 0 sh. 4 d.	3 fr. 277	au change de 24 fr. 90
10 cent. =	3 855	
5 cent. =	1 927	
2 cent. =	770	(385 × 2)

67 cent. = 0 liv. 0 sh. 4 d. 9 fr. 829. Ou en réduisant (ce que l'on fait en même temps), sachant que 1 penny = 4 farthings, 0 liv. 0 sh. 6 d. 1 fr. 829.

Pour les nombres compris entre 2 dizaines consécutives comme 22 = 20 + 2, on prendra sur la même ligne horizontale les valeurs de chacune des parties du nombre décomposé en dizaines et en unités ; ayant soin de réduire en même temps que l'on additionne... Se rappeler à cet effet que 1 penny = 4 farthings ;—que 1 shilling = 12 pence ; — que 1 livre = 20 shillings.

Pour les nombres supérieurs à 100 et moindres que 200, les décomposer de la même façon.

A partir de 200, on aura pour le chiffre des centaines à faire un petit calcul ; on multipliera la valeur de la dizaine correspondante par 10, et on réduira. Ainsi, pour 300, on multipliera par 10 la valeur de 30 (ou 3 dizaines) ; on aura 10 £ 40 sh. 10 d. 6 fr. 260 ; ce qui, réduit, donne 12 £ 0 sh. 11 d. 2 fr. 260. Il est plus expéditif de faire la réduction en même temps ; ainsi on aura, en commençant par la droite, 0 fr. 626 × 10 = 6.260 = 2 fr. 260... Reste 1 d. à reporter... 1 d. × 10 = 10 ; et 10 + 1 = 11 den. ; 4 sh. × 10 = 40 sh = 2 liv... A reporter 1 liv. × 10 = 10 liv. ; et 10 liv. + 2 = 12 liv.

Pour les changes différant de 1/2 cent ou de 1/4 cent. de ceux donnés, on se servira de la colonne des *différences proportionnelles*. On observera que chacune de ces tables sert pour la série des dix changes compris entre deux dizaines entières de centimes en regard de laquelle elle se trouve ; ainsi la première table servira aux changes compris entre 24.90 et 25.00 ; la deuxième ira de 25.00 à 25.10, etc... Ces tables donnent, pour 1/2 cent. ou 1/4 cent. de variation dans le change, les quantités à retrancher de la valeur répondant au change immédiatement inférieur, ou à ajouter à la valeur répondant au change immédiatement supérieur. Ces différences sont données en millièmes de farthings avec 2 décimales, mais seulement pour les 9 premières unités. Pour les dizaines, on n'aura qu'à avancer la virgule d'un rang vers la gauche, et pour les centaines de deux rangs. Soit, par exemple, à trouver la valeur de 90 fr. au change de 25.02. Sur la ligne 25.02, on trouve à la colonne 90, 1.237, et en complétant, 3 liv. 11 sh. 11 p. 1,237. On cherchera dans la colonne des différences proportionnelles, et on trouvera pour 9, 68.84, qui, multiplié par 10, donne 688.4 ou 688 simplement. (S'il y avait un 5 ou un chiffre supérieur au lieu de 4, on augmenterait le dernier chiffre entier d'une unité.) On retranchera 688 de 1 fr. 237, ce qui donnera 0 fr. 549. Le nombre cherché sera alors 3 liv. 11 sh. 11 d. 0 fr. 549.

Nous nous résumerons ici par un exemple :

Soit à trouver la valeur de 189 fr. 52 au change de 25 fr. 16 1/2. On a 189.52 = (100 + 80 + 9) francs (50 + 2) centimes.

	fr.	c.	liv.	sh.	d.	dif. p.		fr.	c.	liv.	sh.	d.
Au change de 25.16.	100		=3	19	5 3 580	759	Au change de 25.16 1/2.	100		=3	19	5 2 821
	80		=3	3	7 0 464	607		80		=3	3	6 3 857
	9		=0	7	1 3 402	68		9		=0	7	1 3 334
		50	=0	0	4 3 078	4			50	=0	0	4 3 074
		2	=0	0	0 0 764				2	=0	0	0 0 764
								189	52	=7	10	7 1 850

Avec un peu d'habitude, on arrivera à poser tout d'abord le second tableau, en faisant la soustraction sur la table même, et se contentant de poser le résultat.

Les valeurs que contient cette table de comparaison sont calculées à 2/1000 de farthing près, pour 100 fr... ce qui donnera au plus pour 100,000 fr. une erreur de 2/1000 × 1000 = 2 farthings.

Les différences proportionnelles sont exactes à 3/1000 de farthing près. — En ajoutant cette erreur à la première, on voit que même pour les changes intermédiaires de 1/2 ou 1/4 centime on ne pourra faire une erreur que de 5 farthings sur 100,000 francs.

En calculant directement la valeur de 189 fr. 52 *(voir plus haut)*, au change de 25 fr. 16 1/2, on trouve pour valeur 7 liv. 10 sh. 7 d. 1 f.. 85084392... La valeur trouvée au moyen de la table étant de 7 liv. 10 sh. 7 d. 1 fr. 850, on voit que l'erreur est de 0 fr.00084392, ou à peu près 1/1000 de farthing; sur 189,520 fr. l'erreur serait de 0 fr. 844, c'est-à-dire moindre que 1 farthing.

CHANGES.

Le change est le commerce de l'argent et des lettres de change.

Il y a deux prix dans le change : l'un, que l'on appelle le *cours du change*, est le prix des monnaies étrangères, déterminé chaque jour, dans les Bourses, d'après leur valeur intrinsèque, mais qui varie suivant l'empressement plus ou moins vif avec lequel on les recherche ; l'autre, fixe et invariable, résultat de la valeur intrinsèque des monnaies, et que l'on nomme le *pair du change*.

Pour régler le prix du cours du change, on est convenu que, dans l'évaluation de notre monnaie avec celles d'Espagne, par exemple, c'est une pistole que l'on compare tantôt à 15 fr., tantôt à 15 fr. 50 c. ; de là les expressions que telle place donne le *certain*, telle autre l'*incertain*. Dans le change de Paris avec l'Espagne, la France donne l'*incertain*, c'est-à-dire 15 fr. ou 15 fr. 50 c., plus ou moins, pour une pistole d'Espagne, pour le *certain*.

Dans le tableau des changes, le mot *papier* veut dire que les prix cotés dans la colonne sous ce titre, sont ceux auxquels le papier est offert, et le mot *argent*, ceux auxquels le papier est demandé. L'absence de prix dans la colonne indique que le papier n'est pas offert ou qu'il n'est pas demandé.

Dans les pays où il existe un papier qui a cours forcé de monnaie, le mot *effectif*, placé après une place dans le tableau des changes, désigne la monnaie réelle. La lettre *P*, placée après une place, signifie que cette place perd 1, 2 ou 3 0/0 dans son change avec Paris.

L'or en barres, c'est-à-dire l'or le plus pur, l'or à $\frac{1000}{1000}$, l'or à 24 carats, vaut à Paris 3,437 fr. 77 c. le kil., prix fixe, avec prime ou agio de 6 à 7 fr., plus ou moins, pour 1,000 fr.

L'or à $\frac{901}{1000}$, où il entre $\frac{99}{1000}$ d'alliage, vaut à Paris 3,097 fr. 44 c. le kil., prix fixe, avec prime ou agio de 12 à 13 fr., plus ou moins, pour 1,000 fr..

L'argent en barres, c'est-à-dire l'argent le plus pur, l'argent à $\frac{1000}{1000}$, vaut à Paris 220 fr. le kil., prix fixe, avec agio de 2 fr. à 2 fr. 25 c., plus ou moins, pour 1,000 fr.

L'escompte exprime la perte, l'agio exprime le profit.

Londres. — On compte en livres sterling qui = 20 shillings de 12 pence chaque. Paris donne toujours l'*incertain*, c'est-à-dire 25 fr., plus ou moins, pour une livre sterling. Ainsi Londres 25.20 veut dire que, pour avoir une livre sterling, valeur réelle payable à Londres, il faut donner 25 fr. 20 c. Le pair du change est de 25 fr. 54 c.

	1 cent.	5 cent.	10 cent.	50 cent.	1 fr.	2	3	4	5	6	7	8	9
Chang.	£ s.d.f.	£ s.d.f.	£ s.d.f.	£ s.d.f.	£ s.d.f.	£ s.d.f.	£ s.d.f.	£ s.d.f.	£ s.d.f.	£ s.d.f.	£ s.d.f.	£ s.d.f.	£ s.d.f.
24.90	0.0.0.0.385	0.0.0.1.927	0.0.0.3.855	0.0.4.3.277	0.0.9.2.554	0.1.7.1.108	0.2.4.3.662	0.3.2.2.216	0.4.0.0.771	0.4.9.3.324	0.5.7.1.879	0.6.5.0.433	0.7.2.2.987
91	385	927	854	269	539	077	616	155	694	232	771	310	848
92	385	926	852	261	523	046	570	093	616	140	663	186	709
93	385	925	851	254	508	016	523	031	539	047	555	063	570
94	385	925	849	246	492	0.985	477	1.970	462	2.954	447	4.3.939	431
95	385	924	848	238	477	954	431	908	385	862	339	816	293
96	385	923	846	230	461	923	385	846	308	769	231	692	154
97	384	922	845	223	446	892	338	785	231	677	123	569	015
98	384	922	843	215	431	861	292	723	154	584	015	446	1.877
99	384	921	842	207	415	831	246	661	077	492	0.908	323	738
25.00	0.0.0.0.384	0.0.0.1.920	0.0.0.3.840	0.0.4.3.200	0.0.9.2.400	0.1.7.0.800	0.2.4.3.200	0.3.2.1.600	0.4.0.0.000	0.4.9.2.400	0.5.7.0.800	0.6.4.3.200	0.7.2.1.600
01	384	919	839	192	385	770	154	538	3.11.3.923	308	693	077	462
02	384	919	837	184	369	739	108	477	846	216	585	2.954	324
03	384	918	835	177	354	708	062	416	770	124	478	832	186
04	383	917	834	169	339	677	016	355	693	032	371	709	048
25.05	383	916	832	161	323	647	2.970	293	617	1.940	263	587	910
06	383	915	831	154	308	616	924	232	540	848	156	464	772
07	383	915	829	146	293	586	878	171	464	757	049	342	635
08	383	914	828	138	277	555	832	110	387	665	3.943	220	498
09	383	913	826	131	262	525	787	049	311	573	836	098	360
25.10	0.0.0.0.382	0.0.0.1.912	0.0.0.3.825	0.0.4.3.123	0.0.9.2.247	0.1.7.0.494	0.2.4.2.741	0.3.2.0.988	0.3.11.3.235	0.4.9.1.482	0.5.6.3.729	0.6.4.1.976	0.7.2.0.223
11	382	912	823	116	232	464	695	927	159	391	622	854	086
12	382	911	822	108	217	433	650	866	083	299	516	733	1.3.949
13	382	910	820	100	201	403	604	805	008	208	410	612	812
14	382	909	819	093	186	372	558	745	2.931	117	303	489	675
15	382	908	817	085	171	342	513	684	855	026	197	368	539
16	382	908	816	078	156	312	467	623	779	0.935	091	246	402
17	381	907	814	070	140	281	422	563	703	844	2.985	125	266
18	381	906	812	062	125	251	377	502	628	753	879	004	130
19	381	905	810	055	110	221	331	441	552	662	773	0.883	2.993
25.20	0.0.0.0.381	0.0.0.1.905	0.0.0.3.809	0.0.4.3.047	0.0.9.2.095	0.1.7.0.190	0.2.4.2.286	0.3.2.0.381	0.3.11.2.476	0.4.9.0.571	0.5.6.2.667	0.6.4.0.762	0.7.1.2.857
21	381	904	808	040	080	160	240	320	401	481	564	641	721
22	381	903	806	032	065	130	195	260	325	390	455	520	585
23	380	902	805	025	050	100	150	200	250	300	350	400	449
24	380	902	803	017	035	070	105	140	174	209	244	279	314
25	380	901	802	010	020	040	059	079	099	119	139	158	178
26	380	900	800	002	005	010	014	019	024	029	033	038	043
27	380	899	799	2.995	1.990	6.3.979	1.969	1.3.959	1.948	8.3.938	1.928	3.3.918	1.907
28	380	898	797	987	975	949	924	899	873	848	823	797	772
29	380	898	796	980	960	919	879	839	798	758	718	677	637
25.30	0.0.0.0.379	0.0.0.1.897	0.0.0.3.794	0.0.4.2.972	0.0.9.1.945	0.1.6.3.889	0.2.4.1.834	0.3.1.3.779	0.3.11.1.723	0.4.8.3.668	0.5.6.1.613	0.6.3.3.557	0.7.1.1.502
31	379	896	793	965	930	859	789	719	648	578	508	437	367
32	379	896	791	957	915	829	744	659	573	488	403	318	232
33	379	895	790	950	900	799	699	599	499	398	298	198	097
34	379	894	788	942	885	770	654	539	424	309	193	078	0.962
35	379	893	787	935	870	740	610	479	349	219	089	2.959	828

10	20	30	40	50	60	70	80	90	100
£ s.d.f.	£ sh.d.f.	£ sh.d.f.	£ sh.d.f.	£ sh.d.f.	£ sh.d.f.	£ sh.d.f.	£ sh.d.f.	£ sh.d.f.	£ sh.d.f.
0.8.0.1.542	0.16.0.3.084	1.4.1.0.627	1.12.1.2.169	2.0.1.3.711	2.8.2.1.253	2.16.2.2.795	3.4.3.0.337	3.12.3.1.880	4.0.3.3.422
387	2.773	162	1.549	2.936	0.324	1.711	2.3.097	0.486	1.873
233	465	0.3.698	0.931	164	1.3.396	0.629	1.862	2.2.094	0.327
078	156	235	313	1.391	2.469	1.3.547	0.626	1.704	2.2.782
0.924	1.848	2.771	0.3.695	0.619	1.543	2.467	1.3.390	0.314	1.238
770	539	309	078	0.3.848	0.618	1.387	2.156	1.2.926	1.3.695
615	231	1.846	2.462	077	0.3.692	0.308	0.923	1.539	2.154
461	0.923	384	1.846	2.307	2.768	0.3.230	0.3.691	0.153	0.614
307	615	0.922	230	1.537	1.845	2.152	2.460	0.2.767	0.3.075
154	307	461	0.615	0.769	0.922	1.076	1.230	1.383	1.537
0.8.0.0.000	0.16.0.0.000	1.4.0.0.000	1.12.0.0.000	2.0.0.0.000	2.8.0.0.000	2.16.0.0.000	3.4.0.0.000	3.12.0.0.000	4.0.0.0.000
7.11.3.846	15.11.3.692	3.11.3.539	11.11.3.385	1.19.11.3.232	7.11.3.078	15.11.2.925	3.11.2.771	11.11.2.618	3.19.11.2.465
693	386	079	2.772	2.465	2.158	1.851	1.544	1.237	0.930
540	080	2.619	159	1.698	1.238	0.778	0.318	10.3.858	10.3.397
387	2.773	160	1.546	0.933	0.320	10.3.706	10.3.093	2.479	1.866
233	467	1.700	0.934	167	10.3.401	2.634	1.868	1.101	0.335
081	161	242	322	10.3.403	2.484	1.564	0.645	9.3.725	9.2.806
2.928	1.856	0.783	10.3.711	2.639	1.567	0.495	9.3.422	2.350	1.278
775	550	325	100	1.875	0.651	9.3.426	2.201	0.976	8.3.751
623	245	10.3.868	2.490	113	9.3.736	2.358	0.980	8.3.603	2.226
0.7.11.2.470	0.15.11.0.940	1.3.10.3.410	1.11.10.1.880	1.19.10.0.351	2.7.9.2.821	2.15.9.1.291	3.3.8.3.761	3.11.8.2.231	3.19.8.0.701
318	636	2.953	271	9.3.589	1.907	0.225	2.543	0.860	7.3.178
166	331	497	662	2.828	0.994	8.3.159	1.325	7.3.490	1.656
014	027	040	054	067	081	2.094	0.108	2.121	0.135
1.862	10.3.723	1.585	9.3.446	1.308	8.3.170	1.031	7.2.893	0.754	6.2.616
710	419	129	2.839	0.548	2.258	7.3.968	1.678	6.3.388	1.097
558	116	0.674	232	8.3.790	1.348	2.906	0.464	2.022	5.3.580
406	2.813	219	1.626	032	0.438	1.845	6.3.251	0.658	2.064
255	510	9.3.765	020	2.275	7.3.530	0.785	2.040	5.3.295	0.550
104	207	311	0.414	1.518	2.622	6.3.725	0.829	1.932	4.3.036
0.7.11.1.952	0.15.10.1.905	1.3.9.2.857	1.11.8.3.810	1.19.8.0.762	2.7.7.1.714	2.15.6.2.667	3.3.5.3.619	3.11.5.0.571	3.19.4.1.524
801	603	404	205	006	0.808	1.609	2.410	4.3.212	0.013
650	301	1.951	2.601	7.3.251	6.3.902	0.552	1.202	1.853	3.2.503
499	0.999	498	1.998	2.497	2.996	5.3.496	4.3.995	0.495	0.994
349	697	046	395	1.743	2.092	2.441	2.790	3.3.138	2.3.487
198	396	0.594	0.792	0.990	1.188	1.386	1.584	1.782	1.980
048	095	143	190	238	0.285	0.333	0.380	0.428	0.475
10.3.897	9.3.794	8.3.691	7.3.588	6.3.485	5.3.382	4.3.280	3.3.177	2.3.074	1.2.971
747	494	240	2.987	2.734	2.481	2.228	1.975	1.721	1.468
597	193	2.790	387	1.983	1.580	1.177	0.774	0.370	0.3.967
0.7.10.3.447	0.15.9.2.893	1.3.8.2.340	1.11.7.1.786	1.19.6.1.233	2.7.5.0.680	2.15.4.0.127	3.3.2.3.573	3.11.1.3.020	3.19.0.2.466
297	593	1.890	187	0.484	4.3.780	3.3.077	2.374	1.671	0.968
147	294	441	0.588	3.3.734	2.881	2.028	1.175	0.322	11.3.469
2.997	1.994	0.992	3.3.989	2.986	1.983	0.980	1.3.978	0.2.975	1.972
848	695	543	390	238	085	2.3.933	2.781	1.628	0.476
698	396	095	2.793	1.491	0.189	2.887	1.586	0.284	10.2.982

Différ. proportionnelles.

	1/2	1/4
1	7.71	3.85
2	15.42	7.71
3	23.13	11.56
4	30.84	15.42
5	38.55	19.28
6	46.26	23.13
7	53.97	26.98
8	61.68	30.84
9	69.39	34.69

	1/2	1/4
1	7.65	3.82
2	15.30	7.65
3	22.94	11.47
4	30.60	15.30
5	38.25	19.12
6	45.90	22.95
7	53.55	26.77
8	61.20	30.60
9	68.84	34.42

	1/2	1/4
1	7.59	3.79
2	15.18	7.59
3	22.77	11.38
4	30.36	15.18
5	37.94	18.97
6	45.53	22.76
7	53.12	26.56
8	60.71	30.35
9	68.30	34.15

	1/2	1/4
1	7.53	3.76
2	15.06	7.53
3	22.58	11.29
4	30.11	15.06
5	37.64	18.82
6	45.17	22.58
7	52.70	26.35
8	60.23	30.11
9	67.75	33.87

	1/2	1/4
1	7.47	3.73
2	14.94	7.47
3	22.41	11.20
4	29.88	14.94
5	37.35	18.67
6	44.82	22.41
7	52.29	26.14
8	59.76	29.88
9	67.27	33.63

Chang.	1 cent.	5 cent.	10 cent.	50 cent.	1 fr.	2	3	4	5	6	7	8	9
Chang.	£s.d.f.	£s.d.f.	£s.d.f.	£s.d.f.	£s.d.f.	£s.d.f.	£s.d.f.	£s.d.f.	£s.d.f.	£s.d.f.	£s.d.f.	£s.d.f.	£s.d.f.
36	37	893	785	927	835	710	563	319	274	129	0.981	839	694
37	378	892	784	920	840	630	530	460	200	040	880	730	560
38	378	891	782	912	825	650	475	400	125	2.980	775	600	425
39	378	890	784	905	810	620	430	341	051	861	671	481	291
25.40	0.0.0.0.378	0.0.0.4.890	0.0.0.2.779	0.0.4.2.897	0.0.9.4.795	0.1.7.2.590	0.2.4.4.388	0.3.4.3.481	0.3.11.0.970	0.4.8.2.772	0.5.5.0.567	0.6.2.2.362	0.7.1.0.157
41	378	889	778	890	780	561	341	122	903	682	463	243	024
42	378	888	777	883	766	531	297	062	828	593	359	124	0.3.890
43	377	887	775	875	751	504	232	003	753	501	255	008	756
44	377	887	774	868	736	472	108	2.943	679	415	151	1.887	623
45	377	886	772	860	721	442	163	884	603	326	047	768	489
46	377	886	771	853	706	412	119	825	531	237	5.8.943	650	356
47	377	885	769	845	691	383	074	766	457	148	840	534	223
48	377	884	768	828	677	353	0.930	706	383	060	736	413	088
49	377	883	766	831	662	324	985	647	309	1.971	633	295	2.955
25.50	0.0.0.0.376	0.0.0.4.882	0.0.0.3.765	0.0.4.3.813	0.0.9.4.647	0.1.6.3.294	0.2.4.0.941	0.3.4.2.588	0.3.11.0.235	0.4.8.1.882	0.5.5.3.529	0.6.3.1.176	0.7.0.4.822
51	376	881	763	816	632	265	897	529	164	794	426	058	691
52	376	881	762	809	618	235	853	470	088	703	323	0.940	558
53	376	880	760	801	603	206	809	411	014	617	220	823	425
54	376	880	759	794	588	176	764	352	10.3.941	529	117	705	293
55	376	879	757	786	573	147	720	293	867	440	014	587	160
56	376	878	756	779	559	117	676	235	793	352	2.911	469	026
57	375	877	754	772	544	088	632	176	720	264	808	352	1.896
58	375	876	753	764	529	059	588	117	647	176	705	235	764
59	375	876	751	757	515	029	544	059	573	088	602	117	632
25.60	0.0.0.0.375	0.0.0.4.875	0.0.0.2.750	0.0.4.2.750	0.0.9.4.500	0.1.6.3.000	0.2.4.0.500	0.3.4.2.000	0.3.10.2.500	0.4.8.1.500	0.5.5.1.500	0.6.3.0.000	0.7.0.4.500
61	375	874	749	742	485	2.971	456	1.941	427	0.912	397	2.3.883	368
62	375	874	747	735	471	942	412	883	354	824	295	766	237
63	375	873	746	728	456	912	368	824	281	737	193	649	105
64	374	872	744	721	442	883	325	766	208	649	091	532	0.974
65	374	871	743	713	427	854	281	708	135	561	1.988	415	842
66	374	870	741	706	412	825	237	649	062	474	886	299	711
67	374	870	740	699	398	796	193	591	2.989	386	784	182	580
68	374	869	738	691	383	766	150	533	916	299	682	065	449
69	374	868	737	684	369	737	106	474	843	212	580	1.949	318
25.70	0.0.0.0.374	0.0.0.4.867	0.0.0.3.735	0.0.4.2.677	0.0.9.4.354	0.1.6.2.708	0.2.4.0.062	0.3.4.2.415	0.3.10.2.770	0.4.8.0.424	0.5.5.0.478	0.6.2.2.832	0.7.0.0.18
71	373	867	734	670	340	679	019	358	698	037	377	716	056
72	373	866	732	662	325	650	3.3.975	300	625	7.3.950	275	600	4.11.3.925
73	373	866	731	655	311	621	932	242	553	863	174	484	795
74	373	865	730	645	296	592	888	184	480	776	072	368	664
75	373	864	728	640	281	563	845	126	408	689	0.971	252	534
76	373	863	727	633	267	534	801	068	335	602	870	137	404
77	372	863	725	626	253	505	758	011	263	516	768	121	274
78	372	862	724	619	238	476	714	0.953	191	429	667	1.905	144
79	372	861	722	612	224	448	671	895	119	342	566	790	014
25.80	0.0.0.0.372	0.0.0.4.860	0.0.0.3.721	0.0.4.1.904	0.0.9.4.209	0.1.6.2.419	0.2.4.3.558	0.3.4.0.837	0.3.10.2.046	0.4.7.3.256	0.5.5.0.462	0.6.2.1.674	0.6.11.3.884

[Chang.]	10	20	30	40	50	60	70	80	90	100
	£ sh.d.f.	£ sh.d.f.	£ sh.d.f.	£ sh.d.f.	£ sh.d.f.	£ sh.d.f.	£ sh.d.f.	£ sh.d.f.	£ sh.d.f.	£ sh.d.f.
[36]	349	098	7.3.646	195	0.744	3.3.293	1.842	0.390	10.11.2.939	1.488
[37]	400	0.799	199	1.598	4.3.998	2.398	0.797	0.3.197	1.596	9.3.996
[38]	250	501	2.751	002	253	1.503	1.3.753	2.004	0.255	2.505
[39]	101	203	304	0.406	2.507	0.609	2.710	0.812	10.2.914	1.015
[25.40]	0.7.10.1.953	0.15.8.3.905	1.3.7.1.858	1.11.5.3.811	1.19.4.1.763	2.7.2.3.716	2.15.1.1.666	3.2.11.3.621	3.10.10.1.574	3.18.8.3.527
[41]	804	608	412	216	019	2.823	0.627	2.431	0.245	2.039
[42]	655	311	0.956	2.621	0.270	1.932	0.3.587	1.242	9.2.898	0.553
[43]	507	014	520	027	3.3.534	041	2.548	0.054	1.561	7.3.068
[44]	358	2.717	075	1.434	2.792	0.150	1.509	10.2.867	0.226	1.584
[45]	210	420	6.3.630	0.840	050	4.3.261	0.471	1.681	8.2.891	0.101
[46]	062	124	186	248	1.310	2.372	11.11.3.434	0.496	1.558	6.2.620
[47]	0.914	1.828	2.742	4.3.655	0.569	1.483	2.397	9.3.311	0.225	1.137
[48]	766	533	298	064	2.3.830	0.596	1.362	2.126	7.2.894	5.3.660
[49]	618	236	1.854	2.472	091	0.3.709	0.327	0.945	1.564	2.182
[25.50]	0.7.10.0.451	0.15.8.0.941	1.3.6.1.411	1.11.4.1.882	1.19.2.2.352	2.7.0.2.824	2.14.10.3.294	3.2.8.3.765	3.10.7.0.235	3.18.5.0.706
[51]	323	046	0.969	292	1.615	1.938	2.261	2.584	6.2.907	4.3.230
[52]	176	351	526	0.702	0.877	053	1.228	1.404	1.579	1.755
[53]	028	056	083	111	141	0.169	0.197	0.225	0.254	0.282
[54]	9.3.881	7.3.762	5.3.643	3.3.524	1.3.405	[illegible]	9.3.167	7.3.048	5.2.929	3.2.810
[55]	734	468	201	2.935	2.669	2.403	2.137	1.871	1.604	1.331
[56]	587	174	2.760	347	1.934	1.521	1.108	0.694	0.281	2.3.868
[57]	440	2.880	329	1.760	200	0.640	0.080	8.3.520	4.2.960	2.400
[58]	293	586	1.383	172	0.466	10.3.759	8.3.052	2.346	1.639	0.932
[59]	146	293	437	0.586	0.3.732	2.879	2.025	1.172	0.318	1.3.465
[25.60]	0.7.9.3.080	0.15.7.2.960	1.3.5.1.882	1.11.3.0.680	1.19.0.3.061	2.6.10.2.400	2.14.8.1.000	3.2.6.0.000	3.10.3.3.980	3.18.1.1.000
[61]	2.884	1.767	0.651	2.3.411	2.265	1.122	7.3.975	5.2.827	1.682	0.535
[62]	707	415	122	2.829	1.536	0.244	2.951	1.658	0.365	0.3.073
[63]	561	122	4.3.683	244	0.805	9.3.367	1.928	0.483	2.3.050	1.611
[64]	416	0.830	245	1.066	075	2.490	0.905	4.3.320	1.735	0.150
[65]	269	538	2.807	076	11.11.3.345	1.614	6.3.884	2.152	0.424	7.11.2.690
[66]	123	246	370	0.493	2.616	0.739	2.862	0.986	1.3.109	1.232
[67]	1.977	6.3.935	1.932	1.3.910	1.887	8.3.864	1.842	3.3.819	1.797	10.3.774
[68]	832	664	483	327	159	2.991	0.823	2.654	0.486	2.318
[69]	686	373	059	2.745	0.431	118	5.3.804	1.490	0.3.177	0.863
[25.70]	0.7.9.1.541	0.15.6.3.082	1.3.4.0.623	1.11.4.1.164	1.19.10.2.704	2.6.8.1.245	2.14.5.2.786	3.2.3.0.327	3.10.0.1.868	3.17.9.3.400
[71]	396	2.791	187	1.582	2.978	0.374	1.769	2.3.165	0.561	1.956
[72]	250	501	3.3.751	002	252	7.3.502	0.753	2.003	9.11.3.254	0.504
[73]	106	211	316	0.421	1.526	2.632	4.3.737	0.842	1.948	8.3.054
[74]	0.960	1.921	2.881	6.3.842	0.802	1.762	2.721	1.3.683	0.644	1.604
[75]	815	634	440	[illegible]	077	0.893	1.705	2.521	10.2.339	0.155
[76]	671	342	012	[illegible]	9.3.353	025	0.696	1.366	2.037	7.2.708
[77]	526	052	1.579	105	2.631	6.3.157	3.3.683	0.210	0.736	1.262
[78]	382	0.763	145	1.527	1.053	2.299	2.672	0.3.057	9.3.435	6.3.817
[79]	237	475	0.712	0.949	186	1.423	1.661	1.898	2.136	2.373
[25.80]	0.7.9.0.093	0.15.6.0.186	1.3.3.0.279	1.11.0.0.372	1.18.9.0.465	2.6.6.0.558	2.14.3.0.651	3.2.0.0.744	3.9.9.0.837	3.17.6.0.930

Différ. proportionnelles.

	1/2	1/4
1	7.41	3.70
2	14.82	7.41
3	22.23	11.11
4	29.64	14.82
5	37.05	18.52
6	44.47	22.23
7	51.88	25.94
8	59.29	29.64
9	66.70	33.35

	1/2	1/4
1	7.36	3.68
2	14.70	7.35
3	22.06	11.03
4	29.41	14.70
5	36.76	18.38
6	44.11	22.05
7	51.47	25.73
8	58.82	29.41
9	66.17	33.08

	1/2	1/4
1	7.29	3.64
2	14.59	7.29
3	21.89	10.94
4	29.18	14.59
5	36.48	18.24
6	43.78	21.89
7	51.07	25.53
8	58.37	29.18
9	65.66	32.83

	1/2	1/4
1	7.24	3.62
2	14.48	7.24
3	21.72	10.86
4	28.96	14.48
5	36.19	18.09
6	43.43	21.71
7	50.67	25.33
8	57.91	28.95
9	65.15	32.57

TABLEAU DES MONNAIES DES PRINCIPAUX ÉTATS DU MONDE.

DÉSIGNATION des PAYS.	PAIR du CHANGE.	OR. DÉSIGNATION DES MONNAIES.	VALEUR RÉELLE.	VALEUR COURANTE.	VALEUR ANGLAISE.	POIDS.	TITRE.
			fr. c.	fr. c.	£. sh. d.	gr. c.	millièm.
ANGLETERRE.	25 fr. 24 c.	Guinée (guinea) valant 21 shillings . . .	26 48	»	»	8.39	917
		(La guinée et ses subdivisions sont maintenant remplacées par le souverain).					
		Souverain (sovereign) ou livre sterling (pound) valant 20 shillings	25 22	25 34	»	7.99	917
		Pièce de 5 souverains	126 10		»	»	»
		Double souverain	50 44	51 08	»	15.98	
		Demi-souverain.	12 61	12 77	»	[illegible]	
AUTRICHE . . . (Voir aussi *Francfort* et *Zollverein*).	259,84 0/0 fl.	Ducat, au pied de l'empire, valant 4 1/2 florins.	11 85	11 80	0 9 5	3.49	986
		Quadruple ducat, valant 18 florins. . .	47 40	47 66	1 17 8	13.96	
		Double ducat, valant 9 florins.	23 70	23 80	0 18 10	6.98	
		Souverain, valant 13 1/3 florins	35 17	34 67	1 7 10	11.13	917
		Double souverain	70 34	69 34	2 15 8	22.26	
		Demi-souverain.	17 58	17 33	0 13 11	5.56	
Grand duché de BADE. . . . . (Voir aussi *Francfort* et *Zollverein*).		Nouveau ducat du Rhin.	11 85	11 80	0 9 5	3.67	937
		L'ancien ducat au pied de l'empire, d'un poids moins fort, mais d'un titre plus élevé, représente la même valeur.					
		Ducat de 5 florins, valant 300 kreutzer.	10 69	10 60	0 7 9	3.44	903
		Le double ducat, ou pièce de 10 florins .	21 38	21 20	0 15 6	6.88	
		Pièce de 5 thaler, ou écus, valant 500 kreutzer	17 82	17 65	0 12 8	5.73	903
		Pièce de 10 thaler	35 64	35 30	1 5 4	11.43	
BAVIÈRE. . . (Voir aussi *Francfort* et *Zollverein*).		Carolin, valant 3 florins d'or	25 96	»	»	9.74	771
		Le demi-carolin et le quart de carolin, en proportion.					
		Maximilien ou max d'or, valant 2 fl. d'or.	17 24	»	»	6.49	771
		Double maximilien	34 48	»	»	12.98	
		Demi-maximilien, ou florin d'or.	8 62	»	»	3.24	
		Ducat, au pied de l'empire	11 85	»	»	3.49	986

ARGENT ET CUIVRE. DÉSIGNATION DES MONNAIES.	VALEUR RÉELLE.	VALEUR COURANTE.	VALEUR ANGLAISE.	POIDS.	TITRE.
	fr. c.	fr. c.	£. sh. d.	gr. c.	millièm.
Couronne ou écu (crown), valant 5 sh. .	5 81	6 38	»	28.27	925
Demi-couronne (half a crown)	2 90	3 19	»	14.13	925
Shilling, valant 12 pence	1 16	1 26	»	5.65	925
Pièces de 6 pence	0 58	0 63	»	2.82	925
Pièces de 4, de 3 et de 2 pence, en proportion.	»	»	»	»	»
Penny (au pluriel pence), valant 4 farthings.	»	cent. 0 10	»	»	»
Demi-penny (half a penny).	»	0 05	»	»	»
Quart de penny, ou farthing.	»	0 02.5	»	»	»
Rixdale ou écu de constitution (species reichsthaler), valant 2 flor. 40 kreutzer.	5 61	5 63	0 4 4	28.74	879
Rixdale ou écu d'espèce de convention (species thaler), valant 2 florins. . . .	5 20	5 20	0 4 0	28.06	833
Florin (gulden) valant 60 kreutzer. (1) .	2 60	2 60	0 2 0	14.03	833
Pièce de 20 kreutzer (ganzekopf) (2) . .	0 86	0 86	0 0 8	4.67	583
Pièce de 10 kreutzer (halbekopf)	0 43	0 43	0 0 4	2.34	583
On compte aussi en reichsthaler, valant 1/2 florin ou 90 kreutzer (3)	3 898	3 90	0 3 0	25.986	900
Kreutzer, valant 4 deniers courants (pfenning) = 0 fr. 04 c. 1/3	»	0 04	0 0 2/5	»	»
Florin (gulden) valant 60 kreutzer (4) .	2 121	2 118	0 1 10	12.72	750
Pièce de 2 florins.	4 24	4 24	0 3 8	25.34	750
Celles de 3 florins, de 10, 5 et 3 kreutzer, en proportion pour la valeur.					
Écu (thaler) valant 100 kreutzer (5). . .	3 53	3 53	0 2 9	18.14	875
Les pièces de 50 kreutzer.	1 76	1 76	0 1 4 1/2	9.07	875
Les pièces de 25 kreutzer en proportion.— Les pièces de 10 kreutzer (zehner) de 5 kr. (fünfer), de 3 kr. (dreier) en proportion pour la valeur seulement (6).					
Rixdale d'espèce ou écu de convention (species thaler) valant 2 fl. 24 kr. . .	5 19	5 19	0 4 9	28.06	833
La demi-rixdale.	2 59	2 59	0 2 4 1/2	14.03	833
Le quart de rixdale, le sixième de rixdale ou pièce de 24 kreutzer (kopfstück), le douzième de rixdale ou pièce de 12 kreutzer (halbekopfstück), le vingt-quatrième de rixdale ou pièce de 6 kreutzer (fierielkopfstück) en proportion pour la valeur seulement.					
Couronne (kronenthaler) valant 2 fl. 42 kr.	5 72	5 72	0 3 4 4/5	29.28	872
Demi-couronne	2 86	2 86	0 2 8 1/5	14.62	872
Quart de couronne, en proportion.					
Florin (gulden) valant 60 kreutzer . . .	2 12	2 12	0 2 0	10.60	899
Le thaler valant 1 1/2 fl. ou 90 kr. . .	»	3 24	0 2 8	»	»
Le kreutzer valant 4 deniers (pfennings).	»	0 03 1/2	0 0 0 2/5	»	»

OBSERVATIONS.

(1) Ancien florin de convention, de 1753, à la taille de 20 fl. au marc de Cologne. — De même pour la rixdale.

(2) Il y a aussi la pièce de 20 kreutzer (zwanziger), valant 0 fr. 85 3/7 (ancien coin), et 0 fr. 84 (nouveau coin).

(3) De 1837.

(4) Il y a deux florins anciens à Bade : l'un de 1813, qui est celui mentionné ici; l'autre de 1837, ayant la même valeur, mais au titre de 900 millièmes et du poids de 10 gr. 608, au pied de 24 1/2 au marc de Cologne.

(5) Il y a un autre thaler, appelé kronenthaler (1813-1837) = 2 fl. 42 kr.; titre, 871.8; poids, 29.51; valeur réelle, 5 fr. 714.

(6) Il y a aussi des groschen = 3 kr., et des double groschen.

N.B. — On emploie à Augsbourg comme monnaie de compte ou de change le florin de 60 kreutzer, égal au florin effectif au pied de convention, et valant 2 fr. 60.

DÉSIGNATION des PAYS.	PAIR du CHANGE.	OR. DÉSIGNATION DES MONNAIES.	VALEUR RÉELLE.	VALEUR COURANTE.	VALEUR ANGLAISE.	POIDS.	TITRE.
			fr. c.	fr. c.	£. sh. d.	gr. c.	millim.
BELGIQUE . . .		Depuis que la Belgique a adopté le système monétaire français, les monnaies de ce pays sont parfaitement identiques avec celles de France, sous le rapport du titre, du poids et de la valeur. La seule différence est qu'on y frappe des pièces de 2 fr. 50 et de 0 fr. 25, mais pas de pièces de 0 fr. 20. Un décret royal a récemment démonétisé l'or en Belgique ; il en résulte que les pièces d'or ne sont plus considérées que comme une marchandise dont la valeur varie suivant les circonstances.					
BRÉSIL. . . . . (Voir *Portugal*).		L'ancienne pièce de 10,000 reis dont le cours est de 16,000 reis.	45 21	plus ou m. 46 72	plus ou m. 1 16 0	14.34	917
		Pièces de 20,000 reis, depuis 1849. . . .	56 60	57 40	2 5 0	17.93	917
		Pièces de 10,000 reis, depuis 1849. . . .	28 30	28 70	1 2 6	8.96	
BRÊME.	Paris : 17 9/16 à 17 1/2 grooten en louis d'or pur 1 fr.	Monnaies réelles au pied de convention :	fr. c.	fr. c.			
		Pistole d'or ou louis d'or de 5 thaler . .	20 8472	20 85	0 16 5	6.675	906
		Monnaies de compte :					
		Le reichsthaler = 72 grooten = 360 schwaren.	4 169	4 169	0 3 3 2/5	»	
BUENOS-AYRES. .		Once ou quadruple, valant 16 piastres fortes.	fr. c. 81 56	fr. c. 81 44	3 3 4	27 88	875
		Une loi du 23 juillet 1837 a donné cours légal aux monnaies d'or étrangères, et d'après un tarif qui convertit ces monnaies en piastres et cents, et calcule la valeur de la piastre d'or à 5 fr. 09, et généralement on se sert de papier-monnaie.					
CHILI.		Monnaies espagnoles, mais rarement de poids. (Voir *Espagne*.)					
ILES CANARIES.		(Voir *Espagne*.)					
CAP DE BONNE-ESPÉRANCE.		La seule monnaie courante, depuis 1825, est la monnaie anglaise, mais on a continué l'usage des monnaies hollandaises anciennes et nouvelles, et des monnaies courantes du cap.					

ARGENT ET CUIVRE. DÉSIGNATION DES MONNAIES.	VALEUR RÉELLE.	VALEUR COURANTE.	VALEUR ANGLAISE.	POIDS.	TITRE.	OBSERVATIONS.
	fr. c.	fr. c.	£. sh. d.	gr. c.	millim.	
L'ancienne pièce de 1,200 reis, dont le cours est de 1,920 reis.	5 00	5 31	0 4 3 1/3	26.10		
Les anciennes pièces de 800, de 400, de 200 et de 100 reis, qui ont cours pour 1,280, 640, 320 et 160 reis, sont d'une valeur proportionnelle.						
Pièce de 2,000 reis depuis 1849.	5 49	5 74	0 4 6	25.50		Un million de reis se nomme un conto. — La valeur du mil reis est très-variable. Le mil reis s'écrit 1$000.
Pièce de 1,000 reis —	2 59	2 87	0 2 3	12.75		
Pièce de 500 reis —	1 29	1 43	0 1 1 1/2	6.37		
Pièce de 1/2 thaler = 36 groten.	1 956	2 09	0 1 7 7/10	8.589	985	Toutes les monnaies allemandes ont cours à Brême.
Pièce de 1/6 thaler = 12 groten.	0 878	0 69	0 0 6 6/10	3.951	740	
Pièce de 1/12 thaler = 6 groten.	0 413	0 35	0 0 3 3/10	1.973	740	
Pièce de 1/72 thaler = 1 groten = 5 schwaren.	0 109	0 06	0 0 5/10	0.709	281	
Piastre blanche ou peso fuerte de rostro.	5 412	5 412		27.18	903	(La piastre de change vaut en ce moment 0 fr. 38.) Le napoléon d'or de 20 fr. = 3.93 dollars. Le souverain anglais = 4.96 dol.
Le patacon a la même valeur.						
Peso patrio ou patriotico	4 33					
Peso macuquino (monnaie légère pour la campagne seulement).	2 20					
La monnaie de compte est la piastre, peso ou dollar = 8 reales de plata = 16 medios = 160 decimos = 32 cuartillos. . . .		4 199	0 4 1/7			
Piastre à 8 réaux de cuivre (monnaie de convention).		2 16	0 1 8			
Réal de cuivre.		0 27	0 0 2 1/2			
Gulden (florin) de Hollande = 20 stubber = 100 cents.		2 12				
Stubber = 16 pfennige.		0 106				
Rijksdaaler ou rixdollar du Cap = 24 killingen.		1 878	0 1 6			
Killingen = 8 stubers		0 235	0 0 2 1/4			

DÉSIGNATION des PAYS.	PAIR du CHANGE.	OR. DÉSIGNATION DES MONNAIES.	VALEUR RÉELLE.	VALEUR COURANTE.	VALEUR ANGLAISE.	POIDS.	TITRE.
			fr. c.	fr. c.	£. sh. d.	gr. c.	millim.
CAP VERT . . .		(Voir *Portugal.*)					
CASSEL		(Voir *Hesse-Cassel.*)					
CASTILLE. . . .		(Voir *Espagne.*)					
ILE CEYLAN . . (Colombo).							
CANDIE		Mêmes monnaies qu'à Constantinople. (Voir *Turquie.*)					
CADIX.		(Voir *Espagne.*)					
CAIRE (LE). . .		(Voir *Égypte.*)					
CALCUTTA . . .		(Voir *Indes orientales.*)					
CANADA		(Voir *Grande-Bretagne* (Angleterre.)					
CANTON		(Voir *Chine.*)					
CHINE							
DANEMARK. . .	A Paris: pour 100 marcs banco, 187,27; à Londres: pour 9 1/2 rigsbankdaler.	Ducat courant, valant 12 marcs courants.	9 39			3.42	875
		Ducat species ou d'espèce, valant 2 rixdales d'espèce.	11 77	11 24	0 8 1 6/3	3.49	979
		Chrétien (christian) d'or (1775) ancien, valant 8 rixdales courants.	20 77	72 48	0 17 6 4/5	6.68	903
		Frédéric d'or ou christian d'or.	20 49			6.61	896
		Double frédéric.	40 98			13.20	
DEUX-SICILES. .		Once nouvelle (oncia ou oncetta), valant 3 ducats de Naples.	12 99	12 75	0 9 11 1/4	3.79	996
		Pièce de 2 onces (doppia).	25 98	25 50	0 19 10 1/2	7.58	

ARGENT ET CUIVRE. DÉSIGNATION DES MONNAIES.	VALEUR RÉELLE.	VALEUR COURANTE.	VALEUR ANGLAISE.	POIDS.	TITRE.	OBSERVATIONS.
	fr. c.	fr. c.	£. sh. d.	gr. c.	millim.	
La monnaie légale depuis 1825 est la monnaie anglaise; on a cependant conservé :			plus ou m.			Pour faciliter les transactions, on se sert d'un papier-monnaie de 1 livre sterl. et au-dessus, payable à vue.
Le rixdollar		1 892	0 1 6			
Dollar ou piastre d'Espagne.		5 284	0 4 2			
Roupie sicca de Calcutta.		2 322	0 2 0			
Roupie de Madras et de Bombay.		2 312	0 1 11			
La monnaie courante est formée de piastres d'Espagne coupées par morceaux. On calcule la valeur de ces morceaux en comparant leur poids à celui du taël.						
Le taël ou liang=10 maces=100 condorines=1,000 cashes	7 30		0 6 3	37.67	896	
Lingot d'argent (shoes)=70 à 72 piastres.						
1,000 piastres espagnoles valent, suivant les circonstances, de 717 à 720 taëls.						
Rixdale d'espèce (rigsdale species) valant 192 skillings courants	5 62	5 62	0 4 4 3/5	28.90	875	Les monnaies actuelles en circulation, sont :
Rixdale de banque ou courant (rigsbankdaler), moitié de la précédente, valant 6 rigsbankmarks ou 96 skillings courants.	2 81	2 81	0 2 2 3/10	14 45		Le dobbeltdaleren=1 species.
Le skilling=12 pfennige.						Le dalereu (écu)=30 skillings =3/8 thaler courant.
Les pièces de 32 skillings courants=1/6 de rixdale d'espèce.	0 93	0 94	0 0 8 4/5			Le tre mark (trois mark) = 15 skillings.
Rigsorder ou pièce de 24 skillings . . .	1 15	»				Le een mark (1 mark) = 1 skil.
Les pièces de 16 skillings courants = 1/12 de rixdale d'espèce.	0 46	0 47	0 0 4 2/5			Il y a en outre des pièces en argent de 4 skillings, et en monnaie billon des pièces de 1 skilling et 1/2 skilling.
Les pièces de 8 skillings courants = 1/24 de rixdale d'espèce.	0 23	0 23	0 0 2 1/5			
Ducat royal, valant 5 tari=10 carlini=100 grani=1,200 cavalli.	4 25	4 25	0 3 3 3/4	22.94	833	
La pièce de 1 carlino.	0 425	4 425	0 0 4	2.29		

DÉSIGNATION des PAYS.	PAIR du CHANGE.	OR. DÉSIGNATION DES MONNAIES.	VALEUR RÉELLE.	VALEUR COURANTE.	VALEUR ANGLAISE.	POIDS.	TITRE.
			fr. c.	fr. c.	£. sh. d.	gr. c.	millim.
DEUX-SICILES. (Suite).	Pour 100 ducats royaux, 425 fr. 02 c.	Pièce de 3 onces ou quintuple.	64 95	63 75	2 9 8 1/4	18.95	996
		Pièce de 10 onces ou décuple.	129 90	127 50	4 19 4 1/2	37.90	
		Il y a des pièces de 20 et 40 lire frappées sous Murat, correspondant à nos pièces de 20 et 40 francs.					
		Les autres monnaies d'or de Naples et de Sicile varient beaucoup en poids et en titre, et disparaissent du reste de la circulation.					
ÉGYPTE		Sequin, valant 3 karats.	6 72			2.60	750
		(Voir aussi *Turquie*.)					
ESPAGNE. . . .	A Paris, pour la pistole, 16 fr. 17 c. A Londres, pour 1 piastre d'argent de plate vieille, 40 d. st.	Once ou pistole, quadruple, valant 8 écus ou 16 piastres, frappée de 1730 à 1772.	85 44			27.06	917
		Once ou pistole, quadruple ou simplement quadruple, valant 8 écus ou 16 piastres, frappée de 1772 à 1786.	83 50			27.06	896
		Once ou pistole, quadruple ou simplement quadruple, valant 8 écus ou 16 piastres, frappée depuis 1786.	81 56		3 5 10	27.05	875
		La pistole double ou doublon valant 4 écus, la pistole valant 2 écus, l'écu ou demi-pistole, et la piastre ou quart de pistole, en proportion.					
		Par exemple, pour l'or frappé depuis 1786, on aura : pour la piastre ou peso de plata antigua (plate vieille).	5 09	4 06	0 3 11 1/4	1.69	875
		Pour l'écu (demi-doublon) ou escudo d'or.	10 18	8 12	0 7 11 1/2	3.38	
		Pour la pistole (doblon oro).	20 39	16 24	0 15 11	6.75	
		Pour le doublon (double pistole ou doblon quarto)	40 78	32 48	1 11 10	13.52	
ÉTATS ROMAINS.		Sequin (zecchino), valant 2 écus 20 baloques.	11 80	11 84	0 9 9	3.43	1000
		Demi-sequin.	5 90	5 92	0 4 8	1.71	
		Double sequin	23 60	23 68	0 8 6	5.86	
		Pistole neuve (doppia nuova)	17 27		0 13 6	5.47	917
		Demi-pistole ou écu (scudo d'oro). . . .	8 63			2.73	
		Sequin uf de 10 écus.		53 68	2 2 8		
		Le sequin de 5 écus et celui de 2 1/2 écus, en proportion.					

ARGENT ET CUIVRE. DÉSIGNATION DES MONNAIES.	VALEUR RÉELLE.	VALEUR COURANTE.	VALEUR ANGLAISE.	POIDS.	TITRE.	OBSERVATIONS.
	fr. c.	fr. c.	£. sh. d.	gr. c.	millim.	
Les pièces de 2, 3, 4, 5, 6, 12 carlini, en proportion.						
Ecu ancien (scudo), valant 12 tari ou 120 grani de Sicile.	5 06	5 10	0 4 1 9/8	27.30	833	
En Sicile, on compte aussi par once, valant 2 1/2 écus=3 ducats royaux=30 tari=60 carlini=600 grani=12 fr. 75 (10 sh. 3 d. 1/2). On voit que le taro, le carlino et le grano de Sicile ne valent que la moitié de ceux de Naples.						
Piastre (grouch), valant 40 paras. . . .	0 30	0 26	0 0 2 1/4	2.90	461	19 1/2 piastres correspondent à une pièce de 5 fr.
Pièce de 10 paras.	0 075	0 065	0 0 1/2	0.725		
Pièce de 5 paras.	0 037	0 032	0 0 1/4	0.362		
Piastre forte, valant 20 réaux de vellon =10 5/8 réaux de plate vieille (plata antigua).	5 43	5 40	0 4 2	27.06	903	
Demi-piastre ou écu de vellon	2 71	2 70	0 2 1	13.53		
Cinquième de piastre ou piécette. . . .	1 08	1 08	0 0 10	5.44		
Demi-piécette valant 2 réaux de vellon .	0 54	0 54	0 0 5	2.70		
Réal de vellon=34 maravédis.	0 27	0 27	0 0 2 1/2	1.35		
On compte aussi en réaux de plate vieille, valant, ou :						
16 cuartos= 64 maravédis de vellon . .		0 507	0 0 5			
= 34 marav. de plata antigua.						
=640 dineros de Castille. . .						
Libra Valencia (équivalant à la piastre d'Espagne) ou plate vieille=20 sous (sueldos)=8 réaux de plate vieille=10 réaux de Valence.		4 056	0 4 4			
Dans le commerce à Cadix :						
Ducat de change=20 sous.		3 394				
Ecu (scudo), valant 3 1/2 testoni=5 lir. ou papeti	5 38	5 38	0 4 2 1/2	26.43	917	Il existe à Bologne deux sortes de monnaie : l'une dite fuori banco (hors banque) ou moneta lunga, servant dans les paiements ordinaires ; et la monnaie de change locale ou banco valuta, employée dans les maisons de banque, valant toujours 2 1/2 p. 0/0 de plus que la monnaie courante.
L'écu se subdivise maintenant en 10 pauls (paoli), en 100 baioques (bajocchi), en 500 quatrins (quatrini) et en 1,000 deniers (danari).						
Pièce de 50 baioques (mezzo scudo). . .	2 69	2 69	0 2 1 1/4	13.21		
Pièce de 30 baioques (testone).	1 61	1 61	0 1 3 5/4	3.96		
Pièce de 20 baioques (papeto), de 10 (paoli), de 5 (grosso), valeur en proport :						
L'écu romain=5 fr. 368.						
L'écu de Bologne=5 fr. 293.						
A Bologne on compte par lira=20 soldi.		1 077		5		
Soldo ou bolognino=12 denari=bajouque romain.		0 538				

DÉSIGNATION des PAYS.	PAIR du CHANGE.	OR. DÉSIGNATION DES MONNAIES.	VALEUR RÉELLE.	VALEUR COURANTE.	VALEUR ANGLAISE.	POIDS.	TITRE.
			fr. c.	fr. c.	£. sh. d.	gr. c.	millim.
ÉTATS-UNIS. . .		Double aigle de 10 dollars avant 1834. .	35 24	»	»	17.49	917
		Double aigle de 10 dollars depuis 1834. .	51 78	52 30	2 3 6	16.72	900
		Aigle de 5 dollars.	25 89	26 75	1 1 9	8.36	»
		Demi-aigle de 2 1/2 dollars.	12 94	13 37	0 10 101/2	4.18	»
		Dollar, demi-dollar et quart de dollar, en proportion					
FRANCE		Pièce de 20 francs.	20	20	(1) 0 15 6 3/5	6.45	900
		Pièce de 100 francs.	100	100	3 17 9	32.25	»
		Pièce de 50 francs.	50	50	1 18 104/2	16.12	»
		Pièce de 10 francs.	10	10	0 7 9 3/5	3.22	»
		Pièce de 5 francs.	5	5	0 3 10 4/5	1.61	»
		La pièce de 40 francs n'est plus en circulation.					

Les unités monétaires sont très-variables. D'après une convention conclue le 27 janvier 1857, entre les États de l'Allemagne du Sud, l'unité monétaire légale est le florin (gulden) à la taille de 52 1/2 pièces à la livre de 500 grammes; mais cette convention tolère jusque vers 1864 l'usage des monnaies frappées antérieurement ou conservées par suite des conventions conclues en 1837 et 1845, entre les États de l'Allemagne du Sud faisant partie du Zollverein; outre ces monnaies légales, il en

DÉSIGNATION des PAYS.	PAIR du CHANGE.	DÉSIGNATION DES MONNAIES.	VALEUR RÉELLE.	VALEUR COURANTE.	VALEUR ANGLAISE.	POIDS.	TITRE.
			fr. c.	fr. c.	£. sh. d.	poids.	mill.
FRANCFORT-SUR-LE-MEIN. . .	216 fr. 53 c. pour 100 fl.	Kronenthaler ou couronne (1838)	34 4444	34 50	1 6 10	11.111	900
		Couronne avec la tolérance en moins . .	34 3383			11.083	
		Ducat au pied de l'empire (1837). . . .	11 8534	11 80	0 9 2	3.490	986
		Il circule aussi des kronenthaler de 2 florins 42 kreutzer, mais en 1862 ils doivent être démonétisés.					

ARGENT ET CUIVRE. DÉSIGNATION DES MONNAIES.	VALEUR RÉELLE.	VALEUR COURANTE.	VALEUR ANGLAISE.	POIDS.	TITRE.
	fr. c.	fr. c.	£. sh. d.	gr. c.	millim.
Dollar, valant 10 dimes ou 100 cents. . .	5 35	5 35	0 4 2	27	900
Double dollar.	10 70	10 70	0 8 4	54	
Demi-dollar.	2 67	2 67	0 2 1	13.50	
Quart de dollar, 1/8 de dollar = 1 shilling américain et 1/16 dollar = 1/2 sh. américain, en proportion.					
10 cents ou 1 dime	0 53	0 53	0 0 5	2.70	
5 cents ou 1/2 dime, et 1 cent, en proportion.					
1 cent.		0 053	0 0 2/5	»	
1/2 cent.		0 027	0 0 1/5	»	
1/4 cent.		0 010	0 0 1/10	»	
Pièce de 1 franc.	1	1	(2) 0 0 9 1/5	5	900
Pièce de 2 francs.	2	2	0 1 6 2/5	10	
Pièce de 0,50 ou 50 centimes.	0 50	0 50	0 0 4 3/5	2.50	
Pièce de 20 centimes.	0 20	0 20	0 0 2	1	
Pièce de 10 centimes.	0 10	0 10	0 0 1		
Pièce de 5 centimes	0 05	0 05	0 0 1/2		
Pièce de 2 centimes	0 02	0 02	0 0 1/5		
Pièce de 1 centime.	0 01	0 01	0 0 1/10		

existe encore d'autres courantes employées, les unes pour les comptes, les autres pour les transactions. On peut ainsi compter à Francfort quatre espèces de florins : 1° Le florin de convention pour les paiements; 2° le florin de change pour les grandes transactions commerciales; 3° le florin courant pour la tenue des écritures; 4° le florin au pied de 24 1/2 pour les transactions locales. Le tableau suivant en donne le détail :

	DÉSIGNATION DES MONNAIES.	VALEUR RÉELLE.	VALEUR COURANTE.	VALEUR ANGLAISE.	POIDS.	TITRE.
Monnaie courante.	Florin de convention courant de 1753, à la taille de 20 au marc de Cologne.	2 598	2 60		14.034	833.33
	Double florin ou species thaler (rixdale d'espèce), 1753.	5 197	5 20		28 062	
	Florin au pied de 24.	2 465				
	Florin de convention ou d'Autriche (1837) de 60 kr. à la taille de 20 au marc.	2 598	2 60		12.993	900
	Reichsthaler = 1 1/2 florin = 90 kreutzer (1837)	3 898			25.986	
	Thaler de Prusse au pied de 14 (1837).	3 714				
Fl. de 24 1/2 au marc.	Florin au pied de 24 1/2 au marc de Cologne (1837) dit de l'Allemagne du sud = 60 kreutzer	2 122		0 1 71/10	10.608	
	Demi-florin, en proportion (1837).					
	Reichsthaler ou rixdale au pied de 24 1/2 = 1 1/2 florin = 45 bath. Le bath = 11/3 groschen de 2 kreutzer	3 209		0 2 13/16		
	Double florin (1845).	4 243			21.216	

OBSERVATIONS.

Dans les transactions de commerce entre les États-Unis et la Grande-Bretagne, le dollar est fixé au taux de 4 sh. 6 d. sterl. au pair du change (= × 5 fr. 74) ; ce qui fait 444,44 dollars = 100 liv. sterling = + 2,554 fr. ou 100 dollars = £ 22. 10 sh. sterling (= + 574 fr. 18). Mais un acte du Congrès, en date du 27 juillet 1842, fixe l'évaluation en donnant à 4.84 dollars pour la livre sterling, ce qui donne pour la valeur du dollar 4 sh. 1 d. 6 environ (= + 5 fr. 27) ; ce qui fait, en comparant au pair de 4 sh. 6 d., une différence de près de 9 0/0.

Les valeurs de la livre sterling américaine varient suivant les provinces. Ainsi :

Dans la Nouvelle-Angleterre et la Virginie, £ 111 2/15 = £ 100 sterling = 2,554 fr.

Dans le Delaware, Maryland, Nouvelle-Jersey et Pensylvanie, £ 160 2/3 = £ 100 st.

Dans New-York et la Caroline du Nord, £ 177 7/9 = £ 100 st.

Dans les possessions anglaises du nord de l'Amérique, c'est-à-dire les Canadas-Unis, le Nouveau-Brunswick, la Nouvelle-Écosse, l'île du Prince Édouard et Terre-Neuve, le dollar espagnol ou américain est évalué à 5 sh. (= + 6.37) ; et si qu'on suppose le sterling se rapporte au taux de 4 sh. 6 d. pour le dollar, ce qui donne 93 livres sterling = 100 livres courantes = 2,298 fr. 90 c.

Dans le Nouveau-Brunswick, le dollar est estimé à 4 sh. 2 d., ce qui donne 100 livres courantes = 83 liv. 6 sh. 8 d. sterling = + 2,128 fr. 40 c., le rapport étant de 5 à 6.

Dans le Canada et la Nouvelle-Écosse, la proportion est 4 à 5.

A Terre-Neuve, le dollar = 5 sh., et sa valeur courante est 4 sh. 4 d., ce qui donne au pair du change 100 livres courantes = 83 liv. 13 sh. 4 d. = + 2,136 fr. 80 c.

Dans l'Amérique du Nord, la pièce de 5 francs vaut 93 cents, et au sud, 95 cents.

Le nord de l'Amérique se sert presque uniquement de la petite monnaie espagnole; le sud se sert du dollar divisé en 20 dimes, équivalentes chacune à 5 cents et appelées picayune.

La monnaie d'or frappée au coin de l'aigle américain circule partout.

(1) Les valeurs sont calculées en prenant 9 pence 1/3 pour la valeur du franc en Angleterre; elles diffèrent de celles qu'on obtiendrait en prenant pour base 1 shilling = 1 fr. 20 (Voir *Angleterre*). — Ainsi on aurait pour 20 fr. 15 sh. 10 d. 1/3. — Celles que nous donnons sont généralement celles en usage, à une très-petite fraction près. — Au change de Londres, la valeur du franc est de 9 pence 2/5. (La fraction exacte correspondant au pair du change à Paris est 30/100.

(2) En prenant pour base 1 sh. = 1 fr. 20, on aurait : 1 fr. 9 pence 13/25 ou 1/2, à fort peu près. 2 fr. = 1 sh. 8 2/3. 0 fr. 50 = 4 3/4, et 20 cent. = 1 p. 4/5.

Au change de Londres ou Paris, on aurait : 1 fr. = 9 p. 2/5. 2 fr. = 1 sh. 8 p. 4/5. 50 cent. = 4 p. 3/5. 20 cent. = 1 p. 4/5.

DÉSIGNATION des PAYS.	PAIR du CHANGE.	OR. DÉSIGNATION DES MONNAIES.	VALEUR RÉELLE.	VALEUR COURANTE.	VALEUR ANGLAISE.	POIDS.	TITRE.
			fr. c.	fr. c.	£. sh. d.	gr. c.	millièm.
FRANCFORT-SUR-LE-MEIN... (Suite).	Sur Paris : 216 fr. 32 c. pour 100 fl.						
GRÈCE.....		Icosa drachme, valant 20 drachmes....	17 91	18 00	0 14 2	5.78	900
		Le vessara conta drachme, valant 40 drachmes..............	35 82	36 00	1 8 4	11.56	
HAMBOURG...	A Paris : 187 fr. 27 c. pour 100 marcs banco.	Ducat au pied de l'empire.........	11 85		0 9 4	3.49	986
		Double ducat.............	23 70		0 18 8	6.98	
HANOVRE ...		Ducat au pied de l'empire	11 85			3 49	986
		Pistole ou george d'or, valant 5 thaler .	20 77	19 50	0 15 2	6.68	903
		Double pistole...........	41 34	39 00		13.36	
		Florin d'or (gulden)	8 78			3.23	785
		Le quadruple florin, le double florin et le demi-florin, en proportion.					

ARGENT ET CUIVRE. DÉSIGNATION DES MONNAIES.	VALEUR RÉELLE.	VALEUR COURANTE.	VALEUR ANGLAISE.	POIDS.	TITRE.
	fr. c.	fr. c.	£. sh. d.	gr. c.	millièm.
M. de change. Florin de change (wechselzahlung) à 20 4/33 au marc..........	2 338	»	»	»	»
Reichsthaler = 1 1/2 florin à la taille de 24, ou 20 4/33, ou 20 (le dernier étant seul monnaie réelle).					
Monnaies de convention. Florin d'Autriche ou de convention de 1858 = 60 kreutz. de 45 à la livre.					
Double, demi et quart, en proportion..................	2 469	2 30	0 1 11 1/2	22.346	900
Florin de l'Allemagne du Sud (1858) = 60 kr. de 52 1/2 à la livre ...	2 110	2 112/7	0 1 8	10.582	900
Thaler de Prusse = 1 3/4 florin de l'Allemagne du sud. = 1 1/2 florin d'Autriche; taille de 30 à la livre. Double thaler, en proportion.	3 704	3 75	0 2 11	18.518	900
Il circule aussi des thaler de convention pour 2 florins 24 kreutz., et des pièces de 20 et 40 kreutzer au pied de 20 florins pour 24 et 42 kreutz.					
Drachme, valant 100 lepta	0 893	0 893	0 0 8 1/2	4.48	900
Pièce de 5 drachmes (pentadrachme) ..	4.475	4 475	0 3 6	22.39	
Pièces de 50 lepta (hemidrachme)....	0 45	0 45	0 0 4 1/4	2.24	
Les pièces de 25 leptas (tetartodrachme), de 10 lepta (decalepton), de 5 lepta (pentalepton), de 2 lepta (dilepton), en proportion.					
Pièce de 1 leptan		0 009			
Pièces de 2, 5 et 10 lepta en proportion.					
Rixdale de constitution (species reichsthaler)................	5 78	5 75	0 4 5 7/16	29.35	889
Marc courant, valant 16 skillings.. ...	1 52	1 52(1)	0 1 2 1/2	9.21	750
Double marc, valant 32 skillings.....	3 04	3 04	0 2 4 1/3	18.42	
Pièce de 4 skillings = 8 sechslings = 16 dreslings..............	0 38	0 32	0 0 4	2.30	
Marc banco (monnaie de compte) = 16 skillings ou 32 gros vlamisch ...	(1)	1 87	0 1 5 1/2		
Écu d'espèce, au pied de l'empire (species thaler)............	5 77			29.29	889
Le demi-écu ou florin, le demi-florin et le quart de florin, en proportion pour la valeur seulement.					
Florin, valant 16 gutgroschen ou 24 mariengroschen, au pied de convention .	2 60			11.77	992
Reichsthaler, valant 24 gutgroschen...		2 90	0 3 0		

OBSERVATIONS.

Pièce de 6 kreutzer au pied de 27 florins au marc = 0 fr. 192

Pièce de 3 kreutzer en proportion.

Pièce de 1 kreutzer au pied de 32 fl. 2/39 au marc = 0 fr. 027 = 0 sh. 2 d.

Heller ou quart de kreutzer, au poids légal de 1 gr. 559 = 0 fr. 006 = 0 sh. 0 d. 3/4.

Depuis 1856 les monnaies françaises sont reçues à raison de 28 kreutzer pour 1 franc, ou 1 florin = 2 fr. 14 2/7.

D'après la convention de 1858, la livre employée est le zollpfund (livre de douane de 500 gr.) argent fin. A partir de 1862, ces monnaies de convention doivent remplacer toutes les autres.

La convention admet des pièces de 6 et 3 kreutzer de taille minimum = 58 fl. à la livre.

(Quelques pièces étrangères, telles que la pièce de 5 francs de France, le thaler de convention d'Allemagne, ont cours en Grèce et sont tarifées.)

(1) Le marc banco est une valeur imaginaire représentant dans les transactions l'évaluation du marc de Cologne à 27 3/4 marcs banco. Pour chaque marc de Cologne, argent fin, que l'on dépose, on est crédité de 27 5/8 marcs banco; au contraire, pour chaque marc de Cologne que l'on retire, on est débité de 27 3/4 marcs banco. Comme il faut déposer 123 1/12 marcs courants pour être crédité de 100 marcs banco, on voit que la valeur courante est de 23 1/3 p. 0/0 plus faible que celle du marc banco.

DÉSIGNATION des PAYS.	PAIR du CHANGE.	DÉSIGNATION DES MONNAIES.	OR. VALEUR RÉELLE.	VALEUR COURANTE.	VALEUR ANGLAISE.	POIDS.	TITRE.
			fr. c.	fr. c.	£. sh. d.	gr. c.	millièm.
HOLLANDE. . .	A Paris : 213 fr. 62 c. pour 100 fl.	Ancien ryder de 14 florins (demi-ryder, en proportion).	31 44		1 5 1	9.93	917
		Ancien ducat, valant 5 1/4 florins. . . .	11 78		0 9 8	3.48	932
		Guillaume, valant 10 florins	20 86	21 16	0 16 5 1/2	6.73	
		Demi-guillaume, valant 5 florins	10 58	10 58	0 8 4	3.36	930
		L'or vient d'être démonétisé en Hollande, et n'a plus cours forcé.					
INDES ORIENTALES.		Roupie (mohur) de la Compagnie des Indes, en usage à Bombay.	36 82		1 9 0	11.66	917
		Calcutta et Madras, valant 15 roupies d'argent=3 pauchas.					
		Roupie de Seringapatam	40 58			13.74	838
		Roupie de Calcutta, valant 16 roupies sicca d'argent	41 90		1 12 0	13.26	
		Mohur aux 19 soleils ou du Grand-Mogol.	42 29			12.37	992
		Pagode de Calcutta.	8 30			3.40	708
		La roupie se subdivise ordinairement en deux canies, 16 annas, 32 penues, 128 goris, 640 goudas, 2,560 cauris.					
		Les cauris sont de petits coquillages qui servent de menue monnaie.					
LOMBARDIE. . .		Souverain (sovrano), valant 40 lire autriche	35 12	34 80	1 7 0	11.33	900
		Demi-souverain.	17 56	17 16	0 13 6	5.66	
		Sequin (zecchino), valant 14 lire. . . .	11 89	12 18	0 9 6	3.45	1000
		Pistole (doppia nuova), valant 23 lire . .	19 76	20 04	0 15 7	6.32	908
		Ducat d'or (ducato doro), de 24 grossi à 12 denari	7 49			2.17	
LUBECK		Ducat au pied de l'empire	11 77		0 9 8	3.49	979
		Pièces de 10 ducats (portugaises) . . .	117 70			34.90	
		Pièces de 5 ducats (id.).	58 85			17.45	

ARGENT ET CUIVRE. DÉSIGNATION DES MONNAIES.	VALEUR RÉELLE.	VALEUR COURANTE.	VALEUR ANGLAISE.	POIDS.	TITRE.	OBSERVATIONS.
	fr. c.	fr. c.	£. sh. d.	gr. c.	millièm.	
Ducaton ou ryder d'argent, valant 63 sous.	6 88		0 5 5			L'ancienne monnaie de Hollande était la livre de gros à 20 shellings, à 12 deniers de gros. 40 deniers de gros=1 florin :: 1 livre = 6 florins — et aussi par florin à 20 stüber à 16 pfennigs.
Les sous-multiples, en proportion.						
Ancien florin (gulden) valant 20 sous (stüber) ou 100 cents	2 14			10.77	893	
Pièce de 10 florins de 5, 5, 25 et 50 C., en proportion.						
Nouveau florin, valant 100 cents	2 10	2 116	0 1 8	10	945	
Pièce de 2 1/2 florins, en proportion . .	5 25	5 29	0 4 8	25		On cote encore à Amsterdam le prix de certaines marchandises en livres de Flandre=fr. 12.76.
Roupie de la Compagnie des Indes, en usage à Bombay, Calcutta et Madras = 16 annas	2 38	2 38	0 1 10 2/5	11.66	917	
A Bombay et Calcutta elle se subdivise en : { 16 annas. L'anna =	0 15	0 15	0 0 1 2/5			
1 anna = 12 pie .						
La pie = ...	0 013	0 013				
A Bombay. . . . { Le quarto = ...	0 59	0 59	0 0 5 3/5			
En 4 quartos de 100 reas. Le rea. . . .	0 006	0 006				
La roupie sicca de Calcutta = 16 annas sicca	2 59		0 1 11 4/5	12.44	917	
Roupie de Perruchkabad	2 38			11.68	935	
Roupie de Bénarès.	2 43			11.34	965	
Roupie de Lucknow aux 19 soleils du shah Aulum	2 43			11.21	976	
Roupie sicca aux 19 soleils du grand Mogol.	2 33			11.64	979	
Pour les grosses sommes on compte en crore = 100 lacs = 10 millions de roupies.						
Poddoa ou double pie		0 025				
Doggancy's ou simple pie.		0 012				
Dorea = 6 reas		0 035				
Urdeo = 4 reas		0 024				
Ecu (escudo nuovo), valant 6 lire autriche (1)	5 20	5 22	0 4 1	25.99	900	Napoléon, pendant qu'il était roi d'Italie, et le Gouvernement provisoire de 1848, ont fait frapper des monnaies en tout semblables à celles du système français.
Ducat effectif de 8 lire piccolis	4 18		0 3 2	12.74	826	
Lire, valant 20 sous (soldi). Le sou vaut 12 deniers (denari)=100 centimes. . .	0 83	0 87	0 0 8	4.83		
Pièces de 3 lire	2 60	2 61	0 2 0	12.99		
Pièces de 50 centimes et de 25 cent., en proportion.						
Ducat courant de 6 livres piccolis. . . .	3 24	3 24				(1) L'écu de la république Cisalpine (1800)=4 fr. 61 à Milan.
La monnaie de compte de Venise est la lire piccoli. Le ducat de banque=6 1/2 lire=5 fr. 02		0 51 1/4	0 0 5			L'écu de 6 livres de 1778, 1780, 1785=1 fr. 59 à Milan.
Ecu courant (thaler), valant 3 marcs ou 48 skillings	4 58	4 58	0 4 8	27.50	750	L'écu à la croix = 12 2/5 lire piccoli = 6 fr. 48 c.
Pièces de 2 marcs (32 skillings	3 05	3 05	0 3 0	18.32		L'écu de 10 lire (1797)=8 fr. 2c.

DÉSIGNATION des PAYS.	PAIR du CHANGE.	OR. DÉSIGNATION DES MONNAIES.	VALEUR RÉELLE.	VALEUR COURANTE	VALEUR ANGLAISE.	POIDS.	TITRE.	ARGENT ET CUIVRE. DÉSIGNATION DES MONNAIES.	VALEUR RÉELLE.	VALEUR COURANTE.	VALEUR ANGLAISE.	POIDS.	TITRE.	OBSERVATIONS.
			fr. c.	fr. c.	£ sh. d.	gr. c.	millim.		fr. c.	fr. c.	£ sh. d.	gr. c.	millim.	
LUBECK . . . . (Suite).								Pièces de 4 marc (48 skillings). 1 skilling = 12 deniers . . . . Pièces de 8, 4, 2 et 1 skilling, en proportion.	4 44 3/10	4 22 8/10	0 4 6	9.16	750	
MAROC.			10 43					Piastre (medios), valant 13 1/2 onces (ukas) ou 54 blankillos . . . . La monnaie de compte est la livre (mitikal) valant 10 onces (ukas) ou 40 blankillos ou 960 fluns.	5 23					
MEXIQUE. . . .														
MODÈNE (duché de)		Système monétaire français. (Voir *France*.)												
MONTEVIDEO . .		Once, valant 16 piastres fortes (patacons). Les pièces de 8, 4, 2 piastres, en proportion. 1 piastre	86 00 5 27			27.80 1.74	909 900	Piastre forte (patacon), valant 8 réaux. . 1 réal = 6 vintins (le vintin = 4 cuivres). Les pièces de 4 et 2 réaux, en proportion.	5 40 0 67	5 40 0 67		27.27 3.40	909	
NORWÉGE . . .		On ne frappe pas de monnaies d'or.						Rixdale d'espèce (species-rigsdaler), valant 120 skillings ou 5 orts ou marcs . Les pièces de 60, 24, 8, 4 et 2 skillings, en proportion pour la valeur seulement. La monnaie de compte se nomme écu d'espèce (speciés-daler).	5 62	5 62	0 4 4	28.88	875	
NOUV. GRENADE.		C'est le système monétaire français, sauf cette différence que l'unité monétaire est la piastre (peso) correspondant à notre pièce de 5 francs. La piastre se subdivise comme notre franc en 10 décimes ou 100 centimes.—Les monnaies d'or sont : le condor, du poids de 16 gr. 4, le demi-condor et le cinquième de condor.												
PARME et PLAISANCE (duché de)		C'est le système monétaire français, mais on permet encore la circulation des monnaies suivantes : Quadruple pistole, valant 16 1/2 ducats.. Les pièces de 2 et de 1 pistole, en proportion. Sequin, valant 2 1/3 ducats.	85 12 11 85		 0 9 5	28.57 3.76	873 916	Ducat, valant 21 livre . . . . Demi et quart de ducat, en proportion.	5 18			25.74	895	
PÉROU.		Monnaies espagnoles, mais rarement de poids. (Voir *Espagne*.)												

DÉSIGNATION des PAYS.	PAIR du CHANGE.	DÉSIGNATION DES MONNAIES. (OR.)	VALEUR RÉELLE.	VALEUR COURANTE.	VALEUR ANGLAISE.	POIDS.	TITRE.
			fr. c.	fr. c.	£. sh. d.	gr. c.	millièm.
PERSE.		Monnaie de la Compagnie des Indes (Voir *Indes orientales*).—Sauf que pour la monnaie de compte on se sert du toman, valant 50 abassis = 49 fr. L'abassis se subdivise en 2 mahmoudis, en 4 chayès, en 20 dinarbistis, en 40 kasbequis et en 200 dinars simples kasbequis = 0 d. 24 sterling ; 1 dinarbisti = 0 d. 432 ; un chayé = 2 d. 16 ; 1 mahmoudi = 4 d. 32 ; 1 abassi = 8 d. 64 ; 1 toman = 1 £ 16 sh. [illegible] et le toman sont des monnaies imaginaires.					
PORTUGAL. (Voir *Brésil*).		Le système décimal a été adopté en Portugal.					
		Portugaise (meia dobra) de 6,400 reis. .	45 00	45 27	1 9 10	14.33	917
		Demi-portugaise de 3,400 reis.	22 50	22 68	0 11 11	7.20	
		Dobra de 12,800 reis.		90 43	2 19 8		
		Couronne (coroa douro) de 5,000 reis. .	30 492	30 80	1 3 4	8.56	917
		Demi-couronne de 2,500 reis.	15 046	15 40	0 11 8	4.18	
		Cinquième de couronne et dixième de couronne, en proportion.					
		Un conto = 1,000,000 de reis (monnaie de compte).	6000 00		270 0 0		
PRUSSE.		Ducat au pied de l'empire, valant 2 rixdales 3/4	11 85	11 85	0 9 3	3.49	986
		Frédéric, valant 5 rixdales	20 78	21 25	0 16 4	6.68	
		Double frédéric	41 56	42 50	1 12 8	13.36	
		Demi-frédéric	10 39	10 [illegible] 1/2	0 8 2	3.34	903
RUSSIE.	A Paris : 399 fr. 90 c. pour 100 roubles d'argent.	Ducat à l'aigle aux ailes déployées . . .	11 78			3.49	979
		Ducat russe national (1810-1814).	11 74			3.48	
		Ducat frappé de 1763 à 1796.	11 55			3.47	
		Ducat depuis 1796 (ducat de Paul Ier). .	11 82		0 9 3	3.49	986
		Impériales, valant dix roubles, de 1755 à 1763.	52 32			16.57	917
		Impériales, valant 10 roubles, depuis 1763.	41 34	40 00	1 12 2	13.08	
		Demi-impériales	20 65	20 00	0 16 1	6.54	
		Roubles d'or.	4 13	4 00	0 3 2	1.30	

DÉSIGNATION DES MONNAIES. (ARGENT ET CUIVRE.)	VALEUR RÉELLE.	VALEUR COURANTE.	VALEUR ANGLAISE.	POIDS.	TITRE.	OBSERVATIONS.
	fr. c.	fr. c.	£. sh. d.	gr. c.	millièm.	
Teston, valant 100 reis.		0 62	0 0 [illegible] 1/2			
Quintuple teston, ou pièce de 400 reis. .		2 43	0 2 2			
Double teston		1 24	0 0 11			
Demi-teston		0 30	0 0 3			
Pièce de 120 reis.	0 60	0 61	0 0 [illegible]	3.03	917	
Le milreis ou 1,000 reis (coroa ou couronne)	6 0282	6 02	0 4 8	29.63		
Cruzade de 480 reis	2 89	2 89	0 2 3	14.688		
Id. de 1,000 reis	6 13	6 13	0 4 8			
Cruzade neuve de 480 reis	2 90	2 94	0 1 10 1/3	14.63	903	
1 tentem = 20 reas = 1 d. 1 sterling.						
1 testoon = 100 reas = 5 d. 6 —						
1 pataca = 320 reas = 17 d. 9 —						
1 cruzado = 400 reas = 22 d. 4 —						
1 selio ou nouveau cruzado = 400 reas.						
Thaler ou rixdale, ou encore écu courant, valant 24 gutgroschen ou 30 silbergroschen.	3 72	3 73	0 2 11	22.27	750	
La pièce de 12 gutgros. ou 15 silbergros.	1 86	1 86	0 1 [illegible] 1/2	11.13		
La pièce de 5 silbergroschen (1 silbergroschen = 12 deniers) (pfennigs) . . .	0 63	0 62	0 [illegible] 4 5/8	5.34	521	
1 silbergroschen	0 11	0 12	0 0 1 1/6	2.19	222	
Écu au pied de convention ou thaler (1838) de 30 à la livre	3 70			18.52	900	
Rouble argent, valant 100 kopecks. . . .	4 00	4 00	0 3 1 1/2	20.73	868	Depuis 1838, il y a des pièces en platine de 12, 6 et 3 roubles.
Rouble de 50 kopecks	2 00	2 00	0 1 6 3/4	10.36		
Pièces de 25, 20, 15, 10 et 5 kopecks, en proportion.						
Le poids et le titre du rouble ont été souvent modifiés ; mais sa valeur réelle n'a pas été sensiblement altérée.						
Il circule en Russie un papier-monnaie qui a subi une forte dépréciation. Le rouble papier, qui avait primitivement la même valeur que le rouble argent, ne vaut plus maintenant que 1 fr. 14 : soit 3 1/2 roubles papier pour 1 rouble argent.						

DÉSIGNATION des PAYS.	PAIR du CHANGE.	OR. DÉSIGNATION DES MONNAIES.	VALEUR RÉELLE.	VALEUR COURANTE.	VALEUR ANGLAISE.	POIDS.	TITRE.
			fr. c.	fr. c.	£. sh. d.	gr. c.	millim.
SARDAIGNE.		Le système monétaire français a été adopté en Sardaigne, mais il circule encore un grand nombre d'anciennes monnaies, dont voici les principales :					
		Genovine, valant 100 lire	85 39	100 00	3 18 0	28.17	911
		Genovine, valant 96 lire	79 29	96 00	3 14 8	25.12	
		Sequin	12 01			3.49	1000
		Les sous-multiples de ces pièces, en proportion.					
SAXE.		Pistole ou auguste, valant 5 thalers	20 77	19 30	0 15 2	6.08	903
		La double pistole	41 51	39 00	1 10 4	13.36	
		La demi-pistole	10 38	9 75	0 7 7	3.34	
		Ducat ou pied de l'empire	11 85			3.49	986
SUÈDE.		Ducat, valant 5 rixdales 18 skillings	11 70			3 48	970
SUISSE.		Système monétaire français (Voir *France*). Toutefois, les pièces de 20, 10 et 5 centimes sont formées d'un alliage particulier composé de cuivre, d'argent et de zinc; on n'a pas encore frappé de pièces d'or.					
TOSCANE.	A Paris : 83 fr. 129 c. pour 100 lire de Toscane.	Ruspone ou triple sequin, valant 40 lire ou 60 paulis	36 04	33 95	1 8 5	10.46	1000
		Sequin, valant 2 livournines (on n'en frappe plus)	12 01	11 98	0 9 3	3.19	
		Doppia ou pistole de Florence, valant 3 1/2 livournines	21 00	19 60	0 15 3	6.09	913
		Rosine ou pièce à la rose, valant 3 3/5 livournines	21 51	21 00	0 17 0	6.98	896
		Monnaie de 80 fl.		112 00		32.643	

ARGENT ET CUIVRE. DÉSIGNATION DES MONNAIES.	VALEUR RÉELLE.	VALEUR COURANTE.	VALEUR ANGLAISE.	POIDS.	TITRE.	OBSERVATIONS.
	fr. c.	fr. c.	£. sh. d.	gr. c.	millim.	
Ecu (scudo) de Sardaigne, valant 2 1/2 lire	4 70	2 50	0 4 9	23.59	896	A Cagliari on conserve encore le carlino ou er = 25 lire. = 49 fr. 32, et se divisant en 2 mezzo carlino et 5 doppietto.
Ecu de Savoie et de Piémont, valant 6 lire	7 08	6 00	0 4 6	35.10	900	(En vertu d'un décret impérial du 24 janvier 1832, les monnaies d'argent et de billon cessent d'avoir cours forcé dans les départements détachés du Piémont).
Ecu de Gênes et de la république ligurienne	6 57			33.24	889	
Les sous-multiples en proportion.						
La lire (lira nuova) valant 100 centesimo		1 00	0 0 11/3			
Rixdale, ou écu d'espèces, au pied de convention, valant 32 gutgroschen	5 19			28.05	833	
La demi-rixdale ou florin, le demi-florin, les pièces de 4, 2 et 1 gutgrosch, en proportion pour la valeur seulement.						
La rixdale ou reichsthaler, valant 1 1/2 florin ou 24 groschen = (le gros vaut 12 deniers) (pfennings)		3 90	0 3 0			
Nouvelle rixdale ou species daler, valant 48 skillings, depuis 1830	5 66	5 69	0 4 5	25.88	875	
Pièce de 32 skillings (double plott)	3 76	3 78	0 2 10	19.25		
Pièce de 24, de 12, de 6, de 3, en proportion.						
Pièce de 16 skillings	1 88	1 89	0 1 5	9.02	875	
Pièce de 8, de 4, de 2, en proportion.						
Pièce de 2 skillings	0 23	0 23	0 0 2	0.68		
La rixdale banco en papier ne vaut que 2 f. 12, environ.						
Livournine ou francescone, appelée aussi talaro, piastre à la rose, léopoldine, valant 4 florins ou 6 2/3 lire, ou 10 paulis (paoli)	5 64	5 60	0 4 0	27.34	917	
Les pièces de 5 paulis en proportion, ou franceschini	2 80	2 80	0 2 0	13.73		
Fiorino = 1/2 franceschino	1 40	1 40	0 1 0	6.87		
Pièces de 8 paulis	4 48	4 48	0 2 8 4/5	22 00		
Pièces de 2 paulis	1 12	1 12	0 0 11 1/5	5.50		
Dena = 10 lire	8 40	8 40	0 6 8	30.45	958	
Lire, valant 1 1/2 paul, ou 12 crazie, ou 20 sous (soldi), ou 60 quatrini, ou 108 centesimo. (Le sou = 12 deniers)	0 84	0 84	0 0 7 4/5	4.403		

DÉSIGNATION des PAYS.	PAIR du CHANGE.	OR. DÉSIGNATION DES MONNAIES.	VALEUR RÉELLE.	VALEUR COURANTE.	VALEUR ANGLAISE.	POIDS.	TITRE.
			fr. c.	fr. c.	£. sh. d.	gr. c.	millim.
TOSCANE. . . . (*Suite*).							
TURQUIE. . . .		Sequin zermahboub, valant 3 piastres depuis 1788	8 43			2.33	803
		Sequin fondoukli, valant 4 3/4 piastres. .	9 38			3.47	802
		Le demi-sequin (nisfie), et le quart de sequin (roubbie), en proportion.					
WURTEMBERG. .		Ce sont, à peu d'exceptions près, les mêmes monnaies qu'en Bavière.					
ZOLLVEREIN . .		(*Voir le tableau suivant.*)					

ARGENT ET CUIVRE. DÉSIGNATION DES MONNAIES.	VALEUR RÉELLE.	VALEUR COURANTE.	VALEUR ANGLAISE.	POIDS.	TITRE.	OBSERVATIONS.
	fr. c.	fr. c.	£. sh. d.	gr. c.	millim.	
En monnaie de billon, la crazia = 1 soldo 8 denari.	0 07	0 07		4.159	56	
Le quattrino = 4 deniers		0 013				
On comptait autrefois par écu, valant 7 lire = 5 fr. 88.						
Altmichlec, valant 60 paras ou 180 aspres.	3 33			28.88	550	
Piastre (grouch), valant 40 paras ou 120 aspres.	1 16	de 0 22 plus ou m. à 0 24	0 0 2 1/2	9.63	500	
La piastre de change ne vaut que 160 aspres.						
Une bourse ou mise est composée de 500 piastres.						
Les monnaies turques ont été tant de fois modifiées, qu'il est impossible d'en donner une évaluation exacte.						

ZOLLVEREIN

OU ASSOCIATION DES DOUANES ALLEMANDES.

Les États de l'Allemagne, à l'exception du Mecklembourg, Hambourg, Brême et Lubeck, ont conclu, le 24 janvier 1857, une convention monétaire, qui a apporté une plus grande concordance dans les diverses monnaies allemandes. Elles se règlent désormais :

1° Pour les États de l'Allemagne du Nord, d'après la valeur du thaler au pied de 30 thaler; 2° pour l'Autriche, d'après la nouvelle valeur d'Autriche, au pied de 45 florins; 3° pour les États de l'Allemagne du Sud, d'après la valeur de l'Allemagne du Sud, au pied de 52 1/2 florins.

La concordance de ces trois valeurs repose sur le système d'après lequel le poids monétaire, de même que le poids douanier, est divisé en livres de 500 grammes, pour chacune desquelles on compte 30 thaler de l'Union, 45 florins d'Autriche, et 52 1/2 florins valeur de l'Allemagne du Sud. — Pour terme moyen de ces trois valeurs concordantes de l'Allemagne, on a adopté le thaler de l'Union, comme monnaie ayant la même valeur dans tous les États allemands qui ont adhéré à la convention monétaire, de telle sorte que dans l'Allemagne du Nord il représentera 1 thaler, en Autriche 1 1/2 florin, et dans l'Allemagne du Sud 1 3/4 florin. On frappera en outre des pièces de 1/3 et 1/6 de thaler au pied de 30 thaler, de 1/2 et 1/4 florin au pied de 45 florins, et de 1/2 et 1/4 de florin au pied de 52 1/2 florins.

On fera de même frapper une monnaie d'or de l'Union, sous le nom de couronne et de demi-couronne d'or; la couronne à 1/50, la demi-couronne à 1/10 de la livre d'or fin.

Les monnaies au pied de 52 1/2 florins, dites de l'Allemagne du Sud, seront frappées par la Bavière, le Wurtemberg, les grands-duchés de Bade et de Hesse, les duchés de Saxe-Meiningen et Nassau, la principauté de Saxe-Cobourg, le territoire prussien de Hohenzollern, la principauté supérieure de Schwartzbourg-Rudolstadt, le landgraviat de Hesse-Hombourg, et la ville libre de Francfort.

Les monnaies au pied de 45 florins seront frappées par l'Autriche et la principauté de Lichtenstein.

Nous donnons ci-dessous le tableau des monnaies, tant anciennes que nouvelles, qui ont cours en Allemagne, avec la comparaison de leurs valeurs au cours moyen, en argent de France et d'Angleterre, ainsi que de l'Allemagne du Nord (Prusse), de l'Allemagne du Sud et de l'Autriche.

DÉSIGNATION DES MONNAIES.	ARGENT D'ANGLETERRE.			ARGENT DE FRANCE.		VALEUR DU NORD au pied de 30 th.		VALEUR DU SUD au pied de 52 1/2 fl.		VALEUR D'AUTRICHE au pied de 45 fl.	
	£	sh.	d.	fr.	c.	th.	silbergr.	fl.	kreutz.	fl.	couv. kr.
MONNAIES D'OR ANCIENNES.											
Ducat d'Autriche ou de Hollande, au pied de 20 fl. — 4 1/2 fl.		9	2	11	80	3	4 1/2	5	30	4	70
Pistole de Danemark, Hanovre, Brunswick — de 9 fl. 35 kr. à 9 fl. 45 kr.		16		20	57	5	15	9	36	8	23
Double pistole id.	1	12		41	14	11		19	12	16	45
MONNAIES D'OR NOUVELLES.											
Couronne d'or.	1	6	10	34	50	9	6	16	6	13	80
Demi-couronne d'or.		13	5	17	25	4	18	8	3	6	90
Double frédérik d'or de Prusse.	1	13	2/3	42	50	11	10	19	50	17	
Simple id.		16	6 1/3	21	25	5	20	9	55	8	50
Demi id.	»	8	3 1/6	10	62 1/2	2	25	4	57 1/2	4	25
MONNAIES D'OR ÉTRANGÈRES.											
Pièce de 10 florins de Hollande.		16	3	20	90	5	17	9	35	8	36
Pièce de 5 florins de Hollande.		8	1 1/2	10	45	2	23 1/2	4	52	4	18
Souverain d'Angleterre.		19	7	25	20	6	23	11	45	10	8
Pièce de 40 fr. (pièces de 20 et 10 en proportion).	1	11	1	40	30	10	22	18	48	16	10
MONNAIES D'ARGENT ANCIENNES.											
Écu de Brabant		4	6	5	78 4/7	1	16 2/7	2	42	2	30
Pièce de 20 kreutzer, au pied de 20 florins. (Nouveau coin).			7 5/6		84		6 3/7		25 1/2	»	34

DÉSIGNATION DES MONNAIES.	ARGENT D'ANGLETERRE.			ARGENT DE FRANCE.		VALEUR DU NORD au pied de 30 th.		VALEUR DU SUD au p. de 52 1/2 fl.		VALEUR D'AUTRICHE au pied de 45 fl.	
	£	sh.	d.	fr.	c.	th.	silbergr.	fl.	kreutz.	fl.	nouv. kr.
MONNAIES D'ARGENT NOUVELLES.											
Double thaler de l'Union.		5	10	7	50	2		3	30	3	
Thaler de l'Union.		2	11	3	75	1		1	45	1	50
1/3 de thaler.		»	11 2/3	1	25		10		35		50
1/6 de thaler.			5 5/6		62 1/2		5		17 1/2		25
Pièce de 2 florins, valeur d'Autriche.		3	10 2/3	5		1	10	2	20	2	
Pièce de 2 fl., valeur de l'Allemagne du Sud.		3	4	4	28 4/7	1	4 2/7	2		1	71 3/7
Florin, valeur d'Autriche, = 100 kreutzer		1	11 1/3		50		20	1	10	1	
1/4 de florin, valeur d'Autriche.			5 5/6		62 1/2		5		17 1/2		25
Florin, valeur du Sud.		1	8	2	14 2/7		17 1/7	1			85 5/7
1/2 florin id.			10	1	7 1/7		8 4/7		30		42 6/7
1/4 florin id.			5		53 4/7		4 2/7		15		21 3/7
Pièce de 10 nouveaux kreutzer			2 1/8		25		2		7		10
Pièce de 5 id. en proportion.											
Pièce de 6 kreutzer, valeur du Sud. (Pièce de 3 kreutzer, en proportion).			2	»	21 3/7	»	1 5/7		6		8 4/7
MONNAIES D'ARGENT ÉTRANGÈRES.											
Écu de 5 francs.		3	10 2/3	5		1	10	2	20	2	
Franc.			9 1/3	1			8		28		40
Shilling d'Angleterre.		1		1	28 4/7		10 2/7		36		51 3/7

Nous ne donnons-là que les monnaies ayant cours dans toute l'Allemagne; pour les monnaies anciennes, voir chaque pays et Francfort.

FIN DES TABLEAUX DES MONNAIES DE TOUS LES PAYS DU MONDE.

TABLEAU DES POIDS ET MESURES DES PRINCIPAUX ÉTATS DU MONDE

AVEC LEUR CONVERSION EN POIDS ET MESURES DE FRANCE ET D'ANGLETERRE.

(Les mesures de capacité se trouvent pages 202 et aux suivantes.)

NOMS des PAYS.	POIDS.		C. FRANÇAIS.	C. ANGLAIS.
			kil. gr. c.	
ANGLETERRE. . . .	La livre légale de commerce est la livre avoir du poids, qui est égale au poids de la dixième partie d'un gallon impérial d'eau distillée à la température de 62° Fahrenheit, sous la pression barométrique de 30 pouces anglais.			
	Livre (pound) (lb)	16 onces. 256 drachmes. 7,000 grains.	0.453.54	»
	Tonneau (ton)	20 quintaux. 80 quarters. 160 stones. 2,240 livres.	1015.94.00	»
	Quintal (cwt — hundredweight) . .	4 quarters. 8 stones. 112 livres.	50.80.00	»
	Quarter (qr)	2 stones. 28 livres.	12.70.00	»
	Stone.	14 livres	6.35.00	»
	Once (ounces) (oz)	16 drachmes. 437 1/2 grains.	0.028.35	»
			gr.	
	Drachmes (drams) = 27 11/32 grains		1.77	»
	Grain		0.0648	»
	La valeur de la stone varie suivant les objets qu'elle sert à peser, ainsi : Stone de viande = 8 liv. a. d. p. stone de laine = 14 liv. a. d. p. Stone de poisson = 8 » stone de fromage = 16 » Stone de verre = 5 » stone de chanvre = 32 »			
	Pour peser l'or, l'argent, les monnaies, les bijoux, les perles, la soie, le pain, les grains et les médicaments, on emploie la livre troy, comme il suit :			
	Livre troy (lb.).	12 onces. 240 deniers. 5760 grains. 115200 mites.	373.20	»
	Once (oz.)	20 deniers. 480 grains. 9600 mites.	31.10	»
	Denier ou pennyweight (dwt).	24 grains. 480 mites.	1.56	»
	Grain		0.065	»
	Mite ou vingtième		0.0032	»
	La mite se subdivisait autrefois en 24 doits, 576 perints, 13824 blancs ; aujourd'hui on divise le grain en dixièmes, centièmes et millièmes.			

MESURES DE LONGUEUR.		C. FRANÇAIS.	C. ANGLAIS.
		m.	
L'unité de mesure est le pied.			
Pied....... (foot).	12 pouces 120 lignes.	0.30479449	»
Pouce = 10 lignes		0.02539954	»
Ligne.		0.00253995	»
On subdivise quelquefois le pouce en 3 barleycorns ou grains d'orge ; les ouvriers le divisent aussi en 8 parties. La palme (palm) = 3 pouces. L'empan (span) = 3 palmes = 9 pouces. La main (hand) qui sert à mesurer la taille des chevaux = 4 pouces.			
		m.	
Coudée (cubit) = 1 1/2 pied.		0.4572	»
Verge...... (yard).	2 coudées. 3 pieds.	0.9144	»
Toise...... (fathom).	2 verges. 4 coudées. 6 pieds.	1.8288	»
Perche..... (pole ou rod).	2 3/4 toises. 5 1/2 verges. 11 coudées. 16 1/2 pieds.	5.0294	»
Chaîne de 100 links.... (chain.).	4 perches. 11 toises. 22 verges. 44 coudées. 66 pieds.	20.1164	»
Stade...... (furlong)	10 chaînes. 40 perches. 110 toises. 220 verges. 440 coudées. 660 pieds.	201.1644	»
Mille légal (mile).	8 stades. 80 chaînes. 320 perches. 880 toises. 1760 verges. 3520 coudées. 5280 pieds.	1609.3	»
Lieue...... (league).	3 milles. 24 stades. 240 chaînes.	4827.9	»

MESURES DE SUPERFICIE ET DE SOLIDITÉ.		C. FRANÇAIS.	C. ANG.
		h. a. m.c.	
Pied carré.		0.093	»
Yard carré = 9 pieds carrés.		0.836	»
Pole ou Rod carré.....	30 1/4 yards car. 272 1/4 pieds car.	25.292	»
Chain......	16 pole carrés. 484 yards carrés. 4356 pieds carrés.	400.467	»
Rood	2 1/2 chains. 40 pole carrés. 1210 yards car. 10890 pieds car.	10.1.168	»
Acre	4 roods. 10 chains. 160 pole carrés. 4840 yards car. 43560 pieds car.	40.4.671	»
		h. a. m.c.	
Yardland ...	30 acres. 120 roods. 300 chains. 4800 pole carrés. 145200 yards car. 1306800 pieds c.	12.1.461	»
Hide	3 1/3 yardsland. 100 acres. 400 roods. 1000 chains. 16000 pole carrés. 484000 yards car. 4356000 pieds c.	40.4.671	»
La valeur du yardland, que nous avons indiquée ci-dessus comme étant de 30 acres, varie, suivant les localités, entre 15 et 40 acres.			
MESURES DE SOLIDITÉ.		m. dc. m.c. c.	
Yard cube = 27 pieds cubes = 46656 pouces cubes. . .		764.5134	»
Pied cube = 1728 pouces cubes.		28.3153	»
Pouce cube = 1000 lignes cub.		00.0163	»
Tonneau d'encombrement = 42 pieds cubes.		1.189.200.0	»
On compte généralement le tonneau de chargement des navires pour 40 pieds cubes.		1.132.600.0	»

NOMS des PAYS.	POIDS.		C. FRANÇAIS.	C. ANGLAIS.
ANGLETERRE. . . . (Suite.)	Les sous-multiples de l'once varient suivant les objets, ainsi : Pour l'or, l'once = 24 carats de 4 grains ou 16 quarts. Pour les perles = 30 grains. Pour les pierreries = 151 1/2 carats de 4 grains. Pour les médicaments = 8 drams de 3 scrupules de 20 grains. Pour la vente des charbons on se sert de poids spéciaux. La keel de Newcastle est évaluée à 16 5/8 chaldrons de Londres ; le chaldron s'estime à 25 1/2 quintaux, soit 1295 kilog. Le poids légal pour le charbon est maintenant le tonneau de 10 sacks, ou de 20 quintaux, soit 2240 livres avoir-du-poids ou 1016 kilog. (En quelques villes on évalue la keel à 21 tonneaux.)			
			gr.	grains.
ABYSSINIE (Afrique).	Rottolo ou liter.	12 wakeas. 10 mochas. 120 drachmes.	312.	4800.
	Mocha	1 1/5 wakea. 12 drachmes.	31.2	480.
	Wakea = 10 drachmes.		26	400.
	Drachme.		2.6	40.
AIX-LA-CHAPELLE. .	Voyez *Prusse*. — ALEXANDRIE. . . Voyez *Égypte*. — ALICANTE. . . Voyez *Espagne*.			
ALEP (Syrie)	Voyez *Syrie*. — ALGER. . . . . . Voyez *France*. — ALTONA. . . . Voyez *Danemark*.			
			k.	lbs.
ARABIE.	Bahar = 10 maunds = 400 frésils = = 200 rottoli.	à Djeddah.	83.0459	183.18
		à Moka.	199.228	440.
	Le bahar de café à Moka = environ		223.	492.

MESURES DE LONGUEUR.		C. FRANÇAIS.	C. ANGLAIS.	MESURES DE SUPERFICIE ET DE SOLIDITÉ.	C. FRANÇAIS.	C. ANGLAIS.
		m.				
Lieue . . . . (league).	960 perches. 2640 toises. 5280 verges. 10560 coudées. 15840 pieds.	4837.9	»			
Le mille usuel n'est compté que pour 5000 pieds.		1524.	»			
La perche des forêts (woodland pole) = 18 pieds.		5.4863	»			
La perche de plantation (forest pole) = 21 pieds.		6.4007	»			
On se sert encore pour mesurer les étoffes de l'ancienne aune, et quelquefois de l'aune française (non celle de Paris, mais celle de quelques prov.).						
Aune française. . . . . (frenchell).	1 1/5 aune. 1 1/2 verge. 6 quarts. 24 ongles. 54 pouces.	1.372	»			
Aune . . . . . . (ell).	1 1/4 verge. 5 quarts. 20 ongles. 45 pouces.	1.143	»			
Verge. . . . . . (yard).	4 quarts. 16 ongles. 36 pouces.	0.91438	»			
Quart. . . . . . (quarter.)	4 ongles. 9 pouces.	0.22860	»			
Ongle (nail) = 2 1/4 pouces.		0.05715	»			
Pouce (inch).		0.02540	»			
		m.	pouces.			
Pik (aune)		0.683	26.8			

— AMÉRIQUE. . . . . . . Voyez *États-Unis*. — ANCONE. . . . . . Voyez *États romains*.

— AMSTERDAM . . . . . . Voyez *Pays-Bas*. — ANVERS. . . . . . Voyez *Belgique*.

MESURES DE LONGUEUR.	C. FRANÇAIS.	C. ANGLAIS.	MESURES DE SUPERFICIE ET DE SOLIDITÉ.	C. FRANÇAIS.	C. ANGLAIS.
	m.	pouces.			
Cobido ou icovd.	0.4826	19.			
Guz ou goss.	0.6310	25.			

NOMS des PAYS.	POIDS.	C.FRANÇAIS.	C. ANGLAIS.
		kil.	lbs.
ARABIE. . . . . . (*Suite.*)	Mound = 10 frésils = 20 rottoli . . { à Djeddah.	8.3046	18.318
	{ à Moka.	19.9328	44.
	Frésil = 2 rottoli . . . . { à Djeddah.	0.8305	1.832
	{ à Moka.	1.9933	4.4
	Rottolo ou rottel = 15 wakieh . . . } à Djeddah.	gr. 415.2298	0.9159
	Id. = 144 derhem. . . }		
	Wakiah (once) = 9 3/5 derham.	27.682	grains. 427.4
	Derhem	2.884	44.5
ARCHANGEL. . . .	Voyez *Russie*. — ATHÈNES . . . . . . Voyez Grèce.		
ARAGON	Voyez *Espagne*. — AUGSBOURG. . . . . . . Voyez *Bavière*.		
		kil. gr.	lbs.
AUTRICHE	Livre. . . . . = { 2 marcs. 32 loths. 128 quentchens. 512 pfennigs. 1024 hellers. 65536 richtpfennigtheil. }	0.560.012	1.23470
	Stein = 20 livres	11.200.24	24.6952
	Quintal = 5 stein = 100 livres.	56.001.2	123.4760
	Saum = 2 3/4 quintaux. . . . . . } 275 livres.	154.003.3	339.5590
	Id. = 13 3/4 stein. . . . . . . }		
	Karch. = 1 5/11 saum. . . . . . . } 400 livres.	224.004.8	493.9040
	id. = 4 quintaux. . . . . }		
	id. = 20 stein. . . . . }		
	Tonneau ou last = 5 karch. . . . . } 2,000 livres.	1.120.024.0	2469.5200
	id. = 7 3/11 saum . . }		
	id. = 20 quintaux. . . }		
	id. = 100 stein. . . . }		
	Marc = 16 loths = 64 quentchens = 256 pfennigs = 512 hellers	0.280.006	0.61735
	Loth = 4 quentchens = 16 pfennigs = 32 hellers.	0.017.500	0.03859
	Quentchen = 4 pfennigs = 8 hellers	0.004.375	0.00965
	Pfennig = 2 hellers = 256 richtpfennigtheil	0.001.093	0.00234
	Heller = 128 richtpfennigtheil	0.000.547	0.00144
	Ducat de 60 grains	0.003.490	0.00838
	Carat d'or = 1/24 de marc	0.011.667	0.02572
	Carat de diamants.	0.000.206	0.00043
	Livre médicinale (voir *Prusse*).	0.420.000	0.92605
		kg.	lbs.
BADE	Pfund (livre) = 10 zehnlinge = 100 centas = 1000 decas = 10000 as	0.500	1.1029
	Zehnling = = 10 centas = 100 decas = 1000 as.	0.050	0.11029
	Centas = = 10 decas = 100 as.	0.005	0.01103
	Decas = = 10 as.	gr. 0.5	0.00110
	As.	0.05	0.00011

MESURES DE LONGUEUR.	C.FRANÇAIS.	C. ANGLAIS.	MESURES DE SUPERFICIE ET DE SOLIDITÉ.	C.FRANÇAIS.	C. ANGLAIS.
	km.	milles.			
Baryd = 4 farsakh	19.3116	12.			
	m.	pieds.		ares.	p.c.
Pied = 12 pouces = 144 lignes = 1728 punckte. .	0.3161	1.0368	Joch. . . . { 3 metzes. 576 ruthes carrés 1600 klafters car. }	57.7744	61955.436 acre. ou 1.4223
Toise ou klafter. { 6 pieds. 72 pouces. }	1.897	6.2239	Metze . . . { 192 ruthes carrés 533 klafters c. 1/3 }	19.2580	p.c. 20651.812
Perche métrique ou ruthe. { 1 2/3 toise. 10 pieds. 120 pouces. }	3.10	10.1904	Ruthe carré = 2 klafters carrés 7/9	m.c. 10.0302	107.5632
			Klafter carré	3.0109	28.72245
Aune.	0.7792	2.5624	Pfund.	ares. 2.98	3207.7614
Lachter des mines = 1 klafter.			MESURES DE SOLIDITÉ.		
Striche, en usage pour le recrutement = 4/3 de ligne.			Klafter de bois	stères. 3.41	0.120427
Mille ou double lieue { 2400 ruthes. 4000 klafters. 24000 pieds. 288000 pouces. }	k. m. 7.586.00	milles. 4.7142	Stubich de charbon	déc. 123.	4.343868
	m.	p.	MESURES DE SUPERFICIE.	m.c.	p.c.
Fuss (pied). { 10 pouces. 100 lignes. 1000 points. }	0.300	0.9843	Perche carrée.	9.0000	96.8787
			Viertel = 400 perches carrées.	ares. 9.	9687.870
Zoll (pouce) { 10 lignes. 100 points. }	0.030	0.0984	Morgen (arpent). { 4 viertel. 400 perches car. }	36.	38751.480

NOMS des PAYS.	POIDS.	C. FRANÇAIS.	C. ANGLAIS.
		gr.	lb.
BADE. (*Suite.*)	Dans la pratique, la livre se divise en :		
	Pfund ou livre. 2 mark — 1 mark = 2 vierling . . . . . =	250.	0.5514
	4 vierling — 1 vierling = 4 unzen . . . . . =	125.	0.757
	16 unzen — 1 unze = 2 loth . . . . . =	31.25	0.0689
	32 loth — 1 loth = 4 quentchen . . . . =	15.625	0.0345
	128 quentchen — 1 quentchen = 4 pfennige . . . . =	3.90625	0.0086
			grains.
	512 pfennig — 1 pfennig = 4 kerat . . . . . =	0.97656	15.0784
	2048 karat — 1 karat = 4 gran . . . . . =	0.24414	3.7636
	8192 gran — 1 gran = 4 granchen . . . . =	0.06103	0.9411
	32768 granchen — 1 granchen = 4 richtheile . . . . =	0.01526	0.2333
	131072 richtheile — 1 richtheile . . . . =	0.00381	0.0588
		kg.	lbs.
	Le centner (quintal) = 100 pfund	50.	110.2879
	Poids médicinal, divisé comme en Prusse	0.357.78	0.7892
	BARBADES (îles). . . . Voyez *Indes occidentales*. — BARCELONE. . . . . Voyez *Espagne*.		
		kg.	lb.
BAVIÈRE.	Centner = 5 stein = 102400 heller	56.	123.2443
	Stein = 20 livres = 20480 —	11.20	24.0168
		gr.	
	Livre = 16 onces = 1024 —	360.	1.2324
	Once = 2 loths = 64 —	35.	0.0770
			grains.
	Loth = 4 quentchen = 32 —	17.50	269.6875
	Quentchen = 4 pfennig = 8 —	4.38	67.3968
	Pfennig = 2 heller = 2 —	1.094	16.8492
	Heller	0.547	8.4246
	La livre de Bavière est seule légale depuis 1811.	gr.	lb.
	L'anc. liv. forte (frogngewicht) pour le commerce en gros = 33 1/4 loth.	491.2	1.0811
	L'ancienne livre légère (kramgewicht) pour le commerce de détail = 2 marcs 3/8	472.7	1.0427
	Livre de douane (Voir *Bade*).		
	Livre ancienne de Nuremberg (mêmes divisions que la livre médicinale)	357.85	grains. 0.7886
	Livre médicinale, depuis 1811, se divise en :		lb.
	12 onces = 5760 grains	360.	0.79407
			grains.
	1 once = 8 drachmes = 480 —	30.	463.209
	Drachme = 3 scrupules = 60 —	3.75	57.9012
	Scrupule = 2 oboles = 20 —	1.25	19.3004
	Obole = 10 —	0.625	9.6502
	Grain	0.0625	0.965
	Marc de Cologne (étalon des monnaies d'Allemagne) :		lb.
	Marc = 8 onces = 65536 richtpfennigtheil	233.86	0.51557
			grains.
	Once = 2 loths = 8192 —	29.23	451.12
	Loth = 4 quentchen = 4096 —	14.62	225.56
	Quentchen = 4 pfennig = 1024 —	3.654	56.4
	Pfennig = 2 heller = 256 —	0.913	14.1
	Heller = 8 1/2 aeeschen = 128 —	0.457	7.05
	Aeeschen = 15 1/7 —	0.0537	0.829
	Richtpfennigtheil	0.0036	0.054

MESURES DE LONGUEUR.	C. FRANÇAIS.	C. ANGLAIS.
	mèt.	p.
Linie (ligne).	0.003	0.0098
Punckt (point)	0.0003	0.0010
Aune ou elle = 2 pieds. . .	0.60	1.9685
Ruthe (perche) . . . { 5 aunes. 3/5 klafter. 10 pieds.	3.000	9.8427
Klafter (toise) . . . { 3 aunes. 6 pieds.	1 800	2.9529
	kilom. m.	
Meile (mille) = 2 lieues ou wegstunde	8.888.800	29163.2568
Wegstunde = 1 1/2 mille allemand	4.444.400	14581.6284

MESURES DE SUPERFICIE ET DE SOLIDITÉ.	C. FRANÇAIS.	C. ANGLAIS.
	m. c.	p. c.
MESURES DE SOLIDITÉ.		
Pied cube.	0.027	0.9535
Klafter (corde) = 144 pieds cubes	3.888	137.3086

— BALE. . . . . Voyez *Suisse*. — BATAVIA. . . . . Voyez *Java*.

	m.	p.
Ruthe (perche) . . . { 10 pieds. 120 pouces. 1440 lignes.	2.9186	9.5756
Pied . . . . { 12 pouces. 144 lignes.	0.2919	0.9576
Pouce = 12 lignes.	0.024322	0.0798
Ligne.	0.002027	0.00665
On divise aussi le pied en 10 pouces à 10 lignes.		
Dans la Bavière rhénane :		
Pied	0.333	1.0936
Aune	1.20	3.9361
Aune légale de Bavière = 2 pieds 10 pouces 1/4. . . .	0.833	2.7330
Ancienne aune de mercier . .	0.6095	1.9997
Ancienne aune pour toile et futaine	0.5924	1.9367
Ancien pied d'ouvrier	0.2962	0.9718
	kilom.	milles.
Lieue d'Allemagne de 15 au degré.	7.4089	4.6030

	ares.	p. c.
MESURES DE SUPERFICIE.		
Morgen . . . { 400 ruthes carrés. 40000 pieds car.	34.0727	36676.8765
	m. c.	
Ruthe carré = 100 pieds carrés.	8.5182	91.692
Pied carré.	0.0851818	0.9169
Le morgen, appelé juchart ou tagwerk, est, depuis 1809, la mesure légale de Bavière.		
MESURES DE SOLIDITÉ.		
Pied cube.	0.0248	0.8758
	stères.	
Klafter = 126 pieds cubes. . .	3.13	110.5390
Dans la Bavière rhénane, le klafter.	3.38	126.4312

NOMS des PAYS.	POIDS.	C. FRANÇAIS.	C. ANGLAIS.
BAVIÈRE. . . . . . (Suite.)	Le marc se divise aussi en 4020 as. ducats :		
	Pour l'évaluation du titre des matières d'or, le marc se divise en 24 parties appelées carats, et le carat en 12 grains.		
	Pour l'évaluation du titre de l'argent, le marc se divise en 16 loths, et le loth en 18 grains.		
	Le carat qui sert à peser les diamants, les perles et les pierres fines = 4 grains = ...	gr. 0.205387	
	Le grain se subdivise en demies, quarts, huitièmes, trente-deuxièmes et soixante-quatrièmes.		
BELGIQUE.	Les poids et les mesures sont légalement ceux de France. Cependant, à Anvers, on continue dans la pratique à faire usage de la plupart des anciennes mesures. Nous donnons celles qui ne sont pas encore tombées en désuétude :		
	Livre . . . . { 16 onces. 32 loths. 256 mains.	470.1724	lb. 1.037086
	Once. . . . . { 2 loth. 16 mains.	29.3858	0.064818
	Loth = 8 mains	14.6929	0.032409
	Main ou seizième.	1.8366	0.004051 grains. ou 28.357
	Pierre ou stein = 8 livres	kg. 3.7614	lbs. 8.29609
	Quintal . . . . { 12 1/2 stein. 100 livres.	47.0172	103.70865
	Schippond . . . . { 37 1/2 stein. 3 quintaux. 300 livres.	141.0517	311.12595
	Last ou charge. . . . . { 1 1/3 schippond. 4 quintaux. 50 stein. 400 livres.	188.0689	414.83460
	Chariot ou foudre = 165 livres.	77.5784	170.14927
	TONNEAU :		
	1° Le tonneau pour marchandises lourdes est	1000.	2205.738
	Le last pour chargement de navires = 30 hectolitres = 36 sacs d'Amsterdam, et il pèse 2310 kil. de froment et 2075 kil. de seigle.		quintaux.
	On emploie aussi le tonneau anglais.	1015.94	20.
	Le last pour marchandises lourdes = 2 tonneaux	2000.	
	2° Le tonneau d'encombrement pour marchandises légères = 40 pieds cubes anglais = 1.1326 mètres cubes = 0.7867 du tonneau français, qui est de 42 pieds cubes.		
	3° Le tonneau de grains vaut 15 hectolitres, comme en France.		
	4° Le tonneau des liquides vaut : pour le genièvre en pipes, 9 hectolitres; pour le genièvre en caisse, 25 caisses de 12 bouteilles.		
	Poids pour l'or et l'argent : voyez *Hollande*.		

MESURES DE LONGUEUR.	C. FRANÇAIS.	C. ANGLAIS.
Pied. . . . { 11 pouces. 121 lignes.	mèt. 0.2866	0.94096
Pouce = 11 lignes.	0.02607	0.085542
Linie (ligne).	0.00237	0.007776
Aune de laine.	0.6844	2.24545
Aune de soie	0.6491	2.12963
Aune de Brabant = 16 tailles.	0.6956	2.28249
Taille.	0.0435	0.14264

MESURES DE SUPERFICIE ET DE SOLIDITÉ.	C. FRANÇAIS.	C. ANGLAIS.
Pied carré	m. c. 0.08225	p. c. 0.88541
Verge carrée = 400 pieds car.	32.9017	354.16269
Journal . . { 100 verges car. 40000 pieds car. .	ares. 32.9017	35416.2693 acres. ou 0.813045
Bonnier . . { 4 journaux. . . 400 verges car. 160000 pieds car.	131.6068	3.25215
Le bonnier de Bruxelles . . .	81.14	2.006
MESURES DE SOLIDITÉ.		
Wis (corde) pour les bois de chauffage, est un cube de 3 pieds de long et de haut et de 3 pieds de bûche = 27 pieds cubes	stèr. 0.536944	c. p. 22.49431

NOMS des PAYS.	POIDS.	C. FRANÇAIS.	C. ANGLAIS.
	BENGALE . . . . Voyez *Indes occidentales*. — BERGEN . . . . Voyez *Suède et Norwége*.		
	BIRMAN. . . . . Voyez *Asie*. — BOHÊME. . . . Voyez *Autriche*.		
	BOSTON. . . . . Voyez *États-Unis*. — BORDEAUX. . . . Voyez *France*.		
		kg.	lb.
BRÊME.	Pfund (livre). . . . . { 2 marks. 16 onces. 32 loths. 128 quentchen. 512 orth.	0.498.5	1.0990
	Mark . . . . { 8 onces. 16 loths. 64 quentchen. 256 orth.	0.249.25	0.5498
		gr.	grains.
	Once . . . . { 2 loth. 8 quentchen. 32 orths.	31.15625	481.0618
	Loth. . . . . { 4 quentchen. 16 orth.	15.5782	240.5309
	Quentchen — 4 orth	3.8945	60.1327
	Orth.	0.9736	15.0331
		kg.	lbs.
	Centner ou quintal commercial = 116 livres	57.826	127.5502
	Schiffslast = 2 tonnen = 4000 —	1994.00	4398.2816
	Tonne = 2000 —	997.00	2199.1408
	Heinflachs (stein de lin) = 20 —	9.970	21.9911
	Stein (laine et plume) = 10 —	4.985	10.9957
	Wage de fer = 120 —	59.820	131.9465
	Pfundschwer (livre lourde) = 300 —	149.550	329.8714
	Liespfund = 14 —	6.979	15.3940
	Schiffspfund = 22 liespfund = 308 —	152.538	338.6677
	Pour l'or et l'argent, on emploie l'ancien mark de Cologne. Pour les poids d'essai voyez *Berlin*.		
	Pour la pharmacie, on emploie les anciens poids de Nuremberg.		
	D'après une convention entre Hambourg, le Hanovre, le Brunswick, Oldenbourg, Schaumbourg-Lippe et Brême, une nouvelle unité de poids, basée sur le système décimal avec la nomenclature de Prusse, est en usage depuis 1858 (1er juillet).		
	Elle se décompose ainsi :	gr.	lb.
	Pfund nouveau. . . . . { 10 neuloth. 100 quentchen. 1000 demi-grammes.	500.	1.10288
	Neuloth . . . . { 10 quentchen. 100 demi-grammes.	50.	0.11029
	Quentchen = 10 demi-grammes	5.	0.01103
	Demi-gramme	0.5	0.00110
	Le 1/4 pfund = 25 quentchen.	125.	0.27572
	Le 1/8 pfund = 125 demi-grammes.	62.5	0.13786
		kg.	lbs.
	Le centner nouveau = 100 pfund.	50.	110.28790

— BERLIN . . Voyez *Prusse*. — BERMUDAS . . Voyez *Indes occidentales*. — BERNE. . . Voyez *Suisse*.
— BOLOGNE . Voyez *États romains*. — BOMBAY. . . . Voyez *Indes orientales*. — BONN . . . Voyez *Prusse*.
— BOTZEN . . Voyez *Tyrol*.

MESURES DE LONGUEUR.	C. FRANÇAIS.	C. ANGLAIS.
	mèt.	p.
Fuss (pied) = 12 zoll. . . .	0.28935	0.94935
Zoll (pouce).	0.02411	0.07911
Le fuss se divise aussi en 10 zoll décimaux.		
Elle (aune) de Brême = 2 pieds	0.57870	1.89866
Elle de Brabant = 1 1/5 aune de Brême.	0.69444	2.27841
Klafter (toise) { 3 aunes (de Brême) 6 pieds.	1.73610	5.69598
Ruthe (perche) { 2 klafter 2/3. 8 aunes. 16 pieds.	4.62960	15.18928
Ruthe de terrassement { 3 klafter 1/3. 10 aunes. 20 pieds.	5.787	18.98657
Pour le fil :		
Faden (brasse) = 3,75 aunes.	2.1701	8.11996
Gebind (écheveau) = 90 faden.	195.3112	640.79674
Lop ou lopf (pièce) = 10 gebind.	1953.1125	6407.9674
	kil. m.	milles.
Meile (mille) = 2000 pieds du Rhin	6.277.236	3.9006

MESURES DE SUPERFICIE ET DE SOLIDITÉ.	C. FRANÇAIS.	C. ANGLAIS.
MESURES DE SOLIDITÉ.	ares.	acres.
Viertelpfund Koolsaat = 1 ruthen carrés.	2.571963	0.06343
Morgen = 120 ruthen carrés.	25.7198354	0.6343
MESURES DE SUPERFICIE.	m. cb.	p. cb.
Pied cube.	0.02422	0.855565
Faden = 72 pieds cubes . .	1.744143	61.6007102
Reep	2.45	86.5242

NOMS des PAYS.	POIDS.	C. FRANÇAIS.	C. ANGLAIS.
		gr.	lbs. [illegible]
BRÊME. . . . . . . (Suite.)	Pour la pharmacie, on a :		[illegible]
	L'unze = 8 drachmes = 24 scrupelen = 480 granen. . . .	30.	0.06617
	La drachme = = 3 scrupelen = 60 —	3.75	0.00827
	Le scrupel = 20 —	1.25	grains. 19.2957
	Le gran	0.0625	0.9648
	Pour les pierres précieuses, on conserve le karat de Hollande . .	0.205894	»
	TONNEAU :	kg.	lbs.
	Le last de harengs, sel et charbon de terre = 12 tonnes.	11964.0	26389.6896
	Le last de harengs saurs à 20 stroh (paquets) de 125 pièces = 2500 pièces.		
	Le last de sel = 4000 pfund	1994.	4398.2846
	La tonne de beurre à cercles larges = 300 pfund.	149.45	329.88
	Id. à cercles droits = 220 pfund.	109.67	241.912
	Le zebaling de peaux = 40 pièces.		
	Le riem (rame) de papier d'emballage = 2 ries (ramettes).		
BRÉSIL.	Livre . . . . { 2 marcs. 16 onces. 128 oitavas. 384 scrupulos. 9216 grains.	0.4587	1.01186
	Marc . . . . { 8 onces. 64 oitavas. 192 scrupules. 4608 grains.	0.2293	0.50593
	Once . . . . { 8 oitavas. 24 scrupules. 576 grains.	0.287	0.06324
	Oitava. . . . . { 3 scrupules. 72 grains.	0.0036	0.007905
	Scrupulo = 24 grains	0.0012	0.002635
	Grains.	0.00005	0.000109
	Arrobe du Brésil.	11.484	
	Arrobe de Portugal = 32 livres.	14.688	32.3795
	Quintal . . . . { 24 arrobes. 128 livres.	58.7136	129.508
	Tonneau . . . . { 14 quintaux. 56 arrobes. 1792 livres.	821.9884	1813.252
BRUNSWICK	Poids (comme en *Prusse*), avec cette différence que le centner (quintal) = 100 pfund = 10/11 centner de Prusse = 1 centner de Hanovre = 93.5422 zollpfund = 46 kilog. 7711.	46.7711	103.123
	Le schiffslast (tonneau) = 40 centner, est le même que celui de Prusse ou de Hanovre	1870.844	4125.924
	Dans les brasseries, on emploie le centner de Prusse.		
	L'argent est au titre de 12 loth.		

MESURES DE LONGUEUR.	C. FRANÇAIS.	C. ANGLAIS.	MESURES DE SUPERFICIE ET DE SOLIDITÉ.	C. FRANÇAIS.	C. ANGLAIS.
	mèt.	pieds.		m. c.	p. c.
			MESURES DE SUPERFICIE.		
Pé (pied). . { 12 pouces. 144 linhos. 1440 pontes.	0.3261	1.0698	Brasse ou braca carrée . . .	4.8347	32.0418
Pollegada (pouce) { 12 linhos. 120 pontes.	0.02718	0.0891	Goiva = 4840 varas carrées .	ares. 35.3011	62039.
			Vara carrée	m. c. 0.0483	0.5203
Linhos = 10 pontes.	0.002268	0.0074			
Ponte.	0.000227	0.0007			
Palmo ou span = 2/3 de pied.	0.2474	0.7183			
Covado. . . { 2 pieds. 3 palmos.	0.5522	2.1399			
Varo. . . . { 1 2/3 covados. 3 1/3 pieds. 5 palmos.	1.0870	3.5665			
Braca (brasse) { 2 varas. 3 1/3 covados. 6 2/3 pieds. 10 palmos.	2.1740	7.1327			
Passo geometrico = 1 1/2 varo.	1.6305	5.3497			
Estadio = 117 11/20 bracas.	255.1421	837.0389			
Milha (mille) = 8 estadios. .	2041.1368	mille. 1.2682			
Legoa (lieue) = 3 milha. . .	6123.4104	3.8047			
			MESURES DE SUPERFICIE.	m. c.	
	m.	p.			
Pied (fuss) = 12 pouces = 144 lignes = ...	0.28533	0.9358	Ruthe (perche) carré = 30720 p. c..	20.8463	25904.
Pouce (zoll) = 12 lignes . .	0.02377	0.0780			acres. ou 0.62
Ligne (linie) = ...	0.00198	0.0065	Arpent ava-ble. . . . (Feld mor-gen). { 2 vorling. 120 ruthen car. 0.97977 morgen de Prusse.	ares. 25.04384	acres. 74.112
Aune (elle) = 2 pieds . . .	0.57047	1.8717			
Ruthe (toise) = 16 pieds = 8 aunes.	4.566	14.9728			

NOMS des PAYS.	POIDS.	C. FRANÇAIS.	C. ANGLAIS.
BRUNSWICK .... (*Suite.*)	On emploie aussi zoll gewicht (poids de douane) usité dans le Zollverein.		
	Depuis le 1er juillet 1858, le Brunswick est convenu avec Hambourg, le Hanovre, Brême, d'employer une nouvelle unité de poids, pfund, pesant 0.500 kilog.		
	Le last (tonneau) de harengs = 12 tonnen.		
	Id. de sel et de beurre = 18 tonnen.	kg.	lb.
	La tonne de beurre à grands cercles = 230 pfund.	107.5735	237.176
	La tonne de beurre à petits cercles = 224 pfund.	104.7672	230.989
	Le pack de drap (ballot) contient 10 pièces de 32 tuch (coupons) à 32 ellen (4m 018).		
	Les marchandises pesantes se vendent par pfund au centner.		
	L'huile de navette par pipe de 820 pfund	383.52	845.584

BRUXELLES. . . . Voyez *Belgique*. — BUENOS-AYRES . . Voyez *Confédération Argentine*.

CAIRE (le) . . . . Voyez *Égypte*. — CALCUTTA . . . . Voyez *Indes orientales*.

CANARIES (îles). . . Les poids et les mesures sont les mêmes que ceux d'Espagne ; mais quelques-uns d'entre

		kg.	lbs.
CANDIE (île)	Cantar ou cantaro .... { 44 okeu. 100 rottoli. 47500 dramm.	52.768	116.348
	Oka .... { 2 3/23 rottoli. 400 dramm.	1.1993	2.644
	Rottol ou rottolo = 176 dramm.	0.3277	1.4635
	Dramm	0.002998	0.0067
	Pratiquement, on compte les poids de l'île Candie, quoique un peu plus lourds, comme égaux à ceux de Constantinople.		
CANTON	Voyez *Chine*.		

MESURES DE LONGUEUR.	C. FRANÇAIS.	C. ANGLAIS.	MESURES DE SUPERFICIE ET DE SOLIDITÉ.	C. FRANÇAIS.	C. ANGLAIS.
		p.		ares.	acres.
Pour l'exploitation des mines:			MESURES DE SUPERFICIE.		
Le lachter = 80 pouc. 8 1/2 lignes { 8 spann. 80 lachterzoll. 800 primen. 8000 sekunden.	1.9193	6.2952	Vorling	12.50792	37.036
			Morgen forestier (Waldmorgen). { 160 ruthen car. 1.3064 morgen de Prusse.	33.33415	98.816
Le spann = 10 lachterzoll = 100 primen ...... = 1000 sekunden.	0.2399	0.7869	MESURES DE SOLIDITÉ.		
Le lachterzoll = 10 primen = 100 sekunden	0.02399	0.0787	Pied (fuss) cube.	d. c. 23.23698	p. c. 1.021631
Le primen = 10 sekunden. .	0.0024	0.0079	Pour le bois, malter, = 80 pieds cubes	m. c. 1.858957	81.730915
Le sekunden	0.0002	0.0008	Pour le charbon, karre ou charrette = 100 p. c. . .	2.323696	102.163648
Mille (meile) { 1923 ruthen. 7221,5 lachter. 26000 pieds.	7419.422	mil. 6.7140	Pour les minerais et la houille. { mesure ou mass = 2 pieds cubes	d. c. 46.473918	2.043263
Pour le fil :			Pour pierres, sable ou terre . { schachtruthe.	m. c. 3.95	210.430
La brasse (faden) = 3 3/4 ellen	2.140	p. 7.0189			
Lopp de marchand. . . (kaufloop). { 10 gebind. 900 faden. 3375 ellen.	1926.000	6317.010			
Le gebind (écheveau) = 90 faden	192.600	631.701			
Lopp de fabrique . . (Werklopp) { 10 gebind. 1000 faden. 3750 ellen.	2140.000	7018.900			
Le gebind = 100 faden . . .	214.000	701.890			
Bund = 20 lopp. { de marchand. .	38520.000	126340.200			
de fabrique . .	42800.000	140378.000			

— CADIX. . . . . . Voyez *Espagne*.

— CANADA . . . . . Voyez *Angleterre* et *États-Unis*.

eux sont un peu variables et ont subi une dépréciation dans leur valeur.

	m.	pouces.			
Aune (pik)	0.63778	25.11			

NOMS des PAYS.	POIDS.	C. FRANÇAIS.	C. ANGLAIS.
CAP DE BONNE-ESPÉRANCE.	Depuis 1848, les poids et mesures sont légalement les mêmes qu'en Angleterre: mais admet, pour le calcul de ces mesures, les rapports suivants :		
		kg.	lbs.
	92 pond de Hollande = 100 pounds anglaises . . . . (Le rapport réel est 91.80 poond = 100 pounds.)	45.3544	100.
	Pour le chargement des navires, on emploie la tonne, qui vaut 2000 pounds.	907.088	2000.
	Pour les transports sur terre, la tonne anglaise = 20 cwts (hundredweight) ou quintaux	1015.94	2240.
	Pour les marchandises, la tonne = 40 pieds cubes.		
CAP VERT (îles du) (Atlantique).	Voyez *Portugal*. — CASSEL. Voyez *Hesse Cassel*. — CASTILLE. . . Voyez *Espagne*.		
CEYLAN (île). . . . (Colombo)	Les mesures de l'île Ceylan étant de valeurs variant avec l'espèce de marchandises, nous		
		kg.	lbs.
	Candy ou babar	247.2	347.
	Gabrs ou garce.	4198.	9256.3
	TONNEAU :		
	Pour le café . . . . . . { en tonneau = 16 cwt. (hundredweight)	812.8	1792.
	{ en sac = 18 cwt.	914.4	2016.
	Pour la canelle = 800 lbs.	362.8	800.
	Cable = 22 cwt.	609.6	1344.
	Huile de coco = 252 gallons anciens = 210 environ gall. imp.		
	Graphite et bois d'ébène = 20 cwt.	1016.0	2240.
CHRISTIANA	Voyez *Norwége*.		
CHILI	Le système métrique français est en usage au Chili. Quant aux anciens poids et mesures, ce sont ceux de l'Espagne.		
		gr.	lbs.
CHINE	Catty ou kin (livre). . . . . { 16 taëls. 160 mace. 1600 fen. 16000 li. }	604.78	1 1/3.
			grains.
	Taël ou liang (once) . . . . { 10 mace. 100 fen. 1000 li. }	37.799	583.
	Mace ou tsien . . . . { 10 fen. 100 li. }	3.780	58.3
	Fen ou candareen = 10 li.	0.378	5.83
	Li ou cash.	0.038	0.583
		kg.	lbs.
	Tan ou picul (quintal) = 100 catties	60.478	133.333
	Le fen dit sse-ma, pour peser l'argent, vaut :	gr.	grains.
	A Canton	0.375	5.790
	A Shang-Haï.	0.343	5.296
	A Pékin	0.273	4.200
COBLENTZ	Voyez *Prusse*.		
COCHINCHINE. . . .	Mêmes poids qu'en *Chine*.		

MESURES DE LONGUEUR.	C. ANGLAIS.	C. FRANÇAIS.	MESURES DE SUPERFICIE ET DE SOLIDITÉ.	C. FRANÇAIS.	C. ANGLAIS.
généralement on se sert encore des anciennes mesures de Hollande et des anciennes mesures anglaises; on					
	mèt.	pouces.		ares.	
1 ell = 27 zoll (pouce) du Rhin	0.70622	27.756	MESURES DE SUPERFICIE.		
1 yard = 37 17/20 zoll du Rhin	0.99	38.910	Morgen = 2 acres anglais.	80.9342	
3 yards = 4 ells.			Le rapport réel est 49.71 morgen = 100 acres.		
Le rapport réel est de 129 9/27 ells = 100 yards.					
ne donnons que des nombres approximatifs, sans répondre toutefois de leur complète exactitude.					
				m. c.	p. c.
Mesures anglaises.			MESURES DE SUPERFICIE. Mesures anglaises.		
			MESURES DE SOLIDITÉ. Mesures anglaises.		
			Le bois de charpente se vend par ton. de 50 p. c. . . .	1.416	50.
	mèt.	pouces.		m. c.	p. c.
Covid ou cobro, ou chik ou tchi = 10 tsuns = 100 fans. .	0.3581	14.1	MESURES DE SUPERFICIE.		
Tsun = 10 fans.	0.0358	1.41	King	24.43	262.9719
				ares.	
Fan.	0.0036	0.141	Fen = 100 kings.	24.43	26297.1849
		pieds.			
Cheung (brasse) = 10 chik .	3.581	11.75			
Yan . . . . { 10 cheungs. 100 chiks. }	35.81	117.5			
		pouces.			
Chik ou tchi (pieds) des ingénieurs	0.3226	12.70			
Id. itinéraire.	0.3091	12.17			
Id. de Pékin	4.3333	13.12			
Id. de Canton (de commerce)	0.3734	14.70			
Id. Impérial	0.3203	12.612			
Id. de Chi-ma	0.324	12.757			
		pieds.			
Li (mille) = 1800 tchi itinéraires.	556.4	1826.			
		pouces.			
Covid.	0.381	15.	Voir *Chine*.		

NOMS des PAYS.	POIDS.	C. FRANÇAIS.	C. ANGLAIS.
	COLOGNE. . . . . . Voyez *Prusse et Bavière*. — CONSTANTINOPLE . . . . Voyez *Turquie*.		
	CUBA. . . . . Voyez *Indes occidentales*. — DANTZIG . . . . Voyez *Prusse*.		
		gr.	lbs.
CONFÉDÉRATION ARGENTINE.	Libbra (livre) . . . . { = 2 marcos. 16 onzas. 256 adarmes. 9216 granos.	459.367	1.013353
	Marco . . . . { 8 onzas. 128 adarmes. 4608 granos.	229.683	0.506626
			grains.
	Onza . . . . { 16 adarmes. 576 granos.	28.7104	443.2979
	Adarme = 36 granos.	1.7944	27.7061
	Grano	0.0498	0.7696
		kg.	lbs.
	Arroba = 25 libbras	11.484175	25.3318
	Quintal . . . . { 4 arrobes. 100 livres.	45.9367	101.3252
	Tonelada (tonne) . . . . { 20 quintales. 80 arrobes. 2000 livres.	918.734	2025.5049
	En pratique on compte le quintal = 46 kilog.		
	Poids pour l'or et l'argent.	gr.	grains.
	Marco = 50 castellanos.	229.684	3546.3924
	Castellano	4.59368	70.9279
	Poids d'essai. (V. *Espagne*.)		
	Poids de pharmacie :		
	Libbra = 12 onzas = 96 drach. = 288 escrup. = 576 ovalos = 6912 granos .	344.525	5319.5714
	Onza = 8 » = 24 » = 48 » = 576 »	28.7104	443.2981
	Drachme = 3 » = 6 » = 72 »	3.5888	55.4123
	Escrupulo = 2 » = 24 »	1.1962	18.4707
	Ovalo = 12 »	0.5981	9.2353
	Grano	0.0499	0.7696
		gr.	lb.
DANEMARK	Pund (livre) . . . . { 16 unzer. 32 lod. 128 quintins. 512 ort. 8192 es. 65536 gran.	500.	1.1029
			grains.
	Unzer = 2 lod = 8 quintins = 32 ort = 512 es = 4096 gran. . .	31.25	482.5
	Lod = 4 » = 16 » = 256 » = 2048 »	15.625	241.2
	Quintin = 4 » = 64 » = 512 »	3.90625	60.3
	Ort = 16 » = 128 »	0.97656	15.07
	Es = 8 »	0.061035	0.94
	Gran	0.007629	0.12
		kg.	lbs.
	Centner (quintal) = 100 pund.	50.	110.2879
	Bismarpund = 12 pund (pour voiture)	6.	13.2345
	Vog = 2 bismarpund	18.	39.7033
	Lispund = 16 pund	8.	17.6464

— COPENHAGUE. . . Voyez *Danemark*. — CRACOVIE. Voyez *Pologne*. — CRÉMONE. Voyez *Lombardie*.
— DEMERARA . . . . Voyez *Indes occidentales*. — DAMAS . . Voyez *Syrie*.

MESURES DE LONGUEUR.	C. FRANÇAIS.	C. ANGLAIS.
	mèt.	pieds.
Pié (pied). . { 12 pulgadas. 144 lineas. 1728 puntos.	0.28867	0.947097
Pulgalda . . { 12 lineas. 144 puntos.	0.02406	0.078924
Linea = 12 puntos	0.002005	0.006577
Punto.	0.0001667	0.000631
Palmo = 3/4 de pié.	0.21650	0.710323
Vara. . . . { 3 pieds. 4 palmos.	0.86600	2.841291
Braza . . . { 2 varas. 6 piés. 8 palmos.	1.73109	5.682582
Cuadra = 150 varas.	129.897	426.1936
Legua (lieue) { 40 cuadras. 6000 varas.	5196.	17047.744
Legua maritima = 1/60 degré.	5555.55	18227.364
	m.	p.
Fod (pied) . { 12 tommer. 144 linier.	0.31385	1.0298
		pouces.
Tommer (pouce) = 12 linier.	0.02615	1.03
		pied.
Linier. (ligne)	0.00218	0.09
Alen (aune) = 2 fod . .	0.62770	2.05 5
Alen (pour tissus) = 2 fod . .	0.62771	2.0595
Rode (verge) = 12 fod. .	3.76620	12.3570
Fawn (corde) = 6 fod . .	1.88260	6.1758
Kobetlaugde (cable) = 100 fawn.	188.260	617.88
		milles.
Mül (mille) = 24000 fod.	7432.585	4.6807

MESURES DE SUPERFICIE ET DE SOLIDITÉ.	C. FRANÇAIS.	C. ANGLAIS.
MESURES DE SUPERFICIE.	ares.	
Monzana ou suerte de chacra (pour les domaines) = 10000 varas carrées.	147.	3.6826
Suerte de chacra (pour les champs) = 10000 varas carrées.	75.	1.8333
La suerte de chacra vaut aussi 250000 varas carrées.	1875.	46.3339
Suerte de estancia (pour les pâturages) ou legua quadrada = 27000 varas carrées.	202.50	5.0041
MESURES DE SUPERFICIE.	m. c.	p. c.
Fod carré.	0.0985	1.0605
	ares.	
Tonne de semence ou tonne géométrique, ou tonne rhénane = 56000 fods carrés.	56.16	59393.
Tunne harticorn, mesure très-variable.		
MESURES DE SOLIDITÉ.	st.	p. c.
Favn = 72 pieds cubes. . . .	2.226	78.613
Favn forestier.	2.612	92.245

NOMS des PAYS.	POIDS.	C. FRANÇAIS.	C. ANGLAIS.
		kg.	lbs.
DANEMARK. . . . . [*Suite.*]	Skippund (pour navire). . . . . { 20 lespund. / 320 pund.	160.	352.928
	Commerce laest (last de commerce) = 5200 pund	2600.	5715.080
	Pour l'or et l'argent :	gr.	
	Pund (dit de Cologne) se subdivise en.	470.5882	1.38
	2 marks 1 mark = 16 lod.	235.2941	grains. 3632.
	32 lods 1 lod = 1 1/2 karat = 4 quintins. . . .	14.7059	227.06
	48 karats 1 karat = 2 2/3 quintins = 4 gran.	9.8039	75.7
	128 quintins 1 quintin = 1 1/2 gran = 4 ort	[illegible]	[illegible]
	192 gran 1 gran = 2 2/3 ort = 3 gran	2.4509	18.9
	512 ort 1 ort = 1 1/8 gran	0.9191	14.06
	576 gran 1 gran	0.8169	6,3
	Le poids d'essai est le mark qu'on divise en 24 karats à 12 grains pour l'or, et en 16 lod à 18 grains pour l'argent.		
		gr.	lb.
DEUX-SICILES. . . . 1° NAPLES.	Libbra (livre)	320.76	0.8394
	Elle se subdivise, pour les métaux précieux, ainsi :		
	12 onces = 120 dammes = 360 trappesis = 720 oboles = 7200 granis.		grains.
	Once = 10 » = 30 » = 60 » = 600 »	26.73	412.5
	Dammo = 3 » = 6 » = 60 »	2.673	41.25
	Trappesi ou scrupule = 2 » = 20 »	0.891	13.75
	Obole de 11 grains = 10 »	0.4455	6.875
	Grani ou acino.	0.04455	0.6875
	Livre d'argent = 12 danaris.		
	Once d'or = 24 carats.		grains.
	Carat de pierres précieuses	0.2056	3.17
	Rotolo grosso = 33 1/3 onces = 2 livres 7/9	891.	lb. 1.9643
	Rotolo piccolo = 18 » = 1 1/2	481.14	1.0607
	Cantaro grosso. . . . . { 100 rottolis grossi. / 277 7/9 livres. / 3333 1/3 onces.	kg. 89.100	196.43
	Cantaro piccolo. . . . . { 66 2/3 rottolis piccoli. / 100 livres. / 1200 onces.	32.076	83.94
	Salmi d'huile = 207 3/11 rottoli grossi	184.680	407.146
	Tomoli de blé = 45 3/5 »	40.6296	89.572
	Tonne . . . . { 5 1/2 salmis d'huile. / 25 tomoli de blé. / 1140 rottoli grossi.	1015.740	2239.302
2° SICILE . . .	Libbra (livre) . . . . { 12 onces. / 48 quarts. / 96 dragmes.	gr. 317.37	0.7
	Once . . . . { 4 quarts. / 8 dragmes.	26.45	0.0583
	Quart = 2 dragmes	3.80625	grains. 102.08
	Dragme	1.90312	51.04
	Rotolo = 30 onces = 2 1/2 livres	793.42	lb. 1.75

MESURES DE LONGUEUR.	C. FRANÇAIS.	C. ANGLAIS.	MESURES DE SUPERFICIE ET DE SOLIDITÉ.	C. FRANÇAIS.	C. ANGLAIS.
	m.	p.		m. c.	p. c.
			MESURES DE SUPERFICIE.		
Palmo . . { 10 décimes. / 12 oncie. / 60 minuti.	0.26455	0.8652	Canna carrée = 100 palmi car.	6.9986	75.3350
Decimo . . { 6/5 oncie. / 6 minuti.	0.02645	0.0865	Moggio. . . { 100 canne carrés / 10000 palmi car.	ares. 6.9986	7533.5030
Oncio = 5 minuti.	0.02205	0.0721	MESURES DE SOLIDITÉ.	st.	p. cb.
Minuti	0.00441	0.0144	Cana (pour le bois)	2.37	83.6989
Pertica ou passo = 7 palmi. .	1.8519	6.0564			
Canna . . . { 1 3/7 passo. / 10 palmi.	2.64554	8.6520			
Catena (chaîne). . { 4 9/10 cannas. / 7 passi. / 49 palmi.	12.96295	42.3948			
Miglio = 1000 passi.	1851.85	mille. 1.1470			
	m.	p.			
Palmo.	0.258	0.846			
Passetto = 2 palmi.	0.516	1.692			
Canna . . . { 4 passetti. / 8 palmi.	2.064	6.771			
Catena. . . { 4 canna. / 16 passetti. / 32 palmi.	8.256	27.084			

NOMS des PAYS.	POIDS.	C.FRANÇAIS.	C. ANGLAIS.
		kg.	lbs.
2° SICILE. . . . . . (*Suite.*)	Cantaro . . . . { 100 rotolis. 250 livres. 3000 onces.	79.342	175.
	Last. . . . . { 25 cantari. 2500 rotolis. 6250 livres. 75000 onces.	1983.55	4375.
	Rotolo *grosso* = 33 onces	872.77	1.925
MAYENCE	Voyez *Saxe*.		
ÉGYPTE	L'unité de poids est le drachme, appelé aussi dirchm ou dramm, et dont la valeur varie de 3 gr. à 3 gr. 10	gr.	lbs.
	Les valeurs ordinaires sont 3 gr. 068 et 3 gr. 0884.	3.0884	0.0068123
	L'uckia = 12 dirchm.	37.06	0.081748
	Rottolo. . . . . { 12 uckieh. 144 dirchm.	444.73	0.980471
	Le rottolo varie de poids suivant les marchandises; il y a quatre espèces de rottoli :		
	Rottolo forforo.	423.85	0.934411
	Rottolo zaidino.	605.404	1.333378
	Rottolo mina.	736.929	1.569602
	Rottolo zauro	958.547	2.113323
	On fait encore usage du :		
	Rottolo du gouvernement = 180 drachmes	555.91	1.226207
	Rottolo d'Alexandrie = 105 »	324.28	0.715286
	Grand rottolo d'Alexandrie = 312 »	963.58	2.125426
	Rottolo du Caire = 150 »	463.26	1.021329
	Grand rottolo du Caire = 324 »	1000.66	2.207473
	(Pour ces 5 dernières valeurs, nous avons pris la drachme = 3 gr. 0884.)		
	100 rottoli = 1 cantaro.		
	Dans le commerce, on se sert maintenant de l'oke ou oka, dont voici le multiple et les subdivisions :	kg.	
	Cantaro = 36 okas = 14400 drach. = 230400 carats = 921600 grains.	44.179	97.448616
	Oka = 400 » = 6400 » = 25600 »	1.2272	2.705900
	Drachme = 16 » = 64 »	gr. 3.068	0.006767
	Kirat ou karat = 4 »	1.917	0.000423
	Grain	0.4792	0.000106
	Il y a plusieurs espèces d'okas:		
	Oka ou ucka légal = 400 drachmes.		
	Oka du commerce = 426 »		
	Oka d'Alexandrie pour le sucre raffiné = 412 drachmes.		
	Il y a de même plusieurs espèces de cantaros :		
	Arachide cantaro de 54 okas.		
	Café moka et poivre » 37 »		
	Chanvre » 44 »		
	Coton » 43 2/3 »		
	Étain » 36 1/2 »		
	Laine et plomb » 78 »		

MESURES DE LONGUEUR.	C.FRANÇAIS.	C. ANGLAIS.	MESURES DE SUPERFICIE ET DE SOLIDITÉ.	C.FRANÇAIS.	C. ANGLAIS.
	m.	p.			
Corda . . . { 4 catenas. 16 canne. 64 passetti. 496 palmi.	33.024	108.016			
Miglio = 5760 palmi.	1486.1	4872.96			
Pik de Turquie, divaâ istambuhi, ou pic de Stamboul, pour draps et étoffes de soie d'Europe.	mèt. 0.677	pieds. 2.2212	MESURES DE SUPERFICIE.	ares.	
			Kirat carré.	1.838	»
			Feddahn (légal)	44.391	»
			Feddahn (usuel)	59.290	»
Pik bendasch pour étoffes de coton et de fil	0.6381	2.0045			
Pik belledi ou pik massri pour les étoffes de laine de Syrie et les toiles peintes. . . .	0.5775	1.8947			
Pik mebendasch pour les travaux d'architecture. . . .	0.7670	2.5164			
Pik mekias pour les travaux en rivières et l'étiage du Nil.	0.5407	1.7740			
Chacune de ces mesures se divise en 4 rub et 24 kirat.					
AU CAIRE.					
Le kasab (toise) = 6 2/3 pik beledi.	3.850	12.6815			
Les koptes pour la fixation des impôts le comptent = 6 1/3 pik beledi	3.6575	11.9999			
Kirat pour travaux de terrassement = 1/5 kasab . . .	0.770	2.5263			

NOMS des PAYS.	POIDS.	C. FRANÇAIS.	C. ANGLAIS.
ÉGYPTE (Suite.)	Le cantaro ordinaire d'Alexandrie est compté comme valant 44 oken.		
	Pour les bois de construction :		
	Le abeki = 110 oken.		
	Pour l'écaille :		
	Le man ou maund = 324 drachmes.		
	Pour l'or et l'argent, la pharmacie:	gr.	grains.
	Le drachme = 24 kirats = 96 kommhah = 388 habbeh	3.0884	47.683641
	Kirat = 4 » = 12 »	0.1286	1.986910
	Kommhah = 3 »	0.03215	0.446727
ELSINORE	Voyez *Danemark*.		
ESPAGNE	En Espagne, le sytème légal des poids et mesures est depuis 1859 le système métrique français nous donnons ici les anciennes mesures qui existent encore :		

		gr.	lbs.
1° Madrid (Castille).	Libbra (livre) { 2 marcos. 16 onzas. 128 ochavas. 256 adarmes. 768 tomines. 9216 granos. }	460.092	1.0144
	Marco (marc) { 8 onzas. 64 ochavas. 128 adarmes. 384 tomines. 4608 granos. }	230.0460	0.5072
	Onza (once) { 8 ochavas. 16 adarmes. 48 tomines. 576 granos. }	28.7552	0.0634
			grains.
	Ochava = 2 adarmes = 6 tomines = 72 granos	3.5944	55.5
	Adarme = 3 » = 36 »	1.7972	27.7
	Tomin = 12 »	0.5990	9.2
	Grano	0.0499	0.73
		kg.	lbs.
	Arroba = 25 livres	11.5023	25.360
	Quintal { 4 arrobas. 100 livres. }	46.0092	101.440
	Grand quintal { 6 arrobas. 150 livres. }	69.0138	152.160
	Tonne { 20 quintaux. 80 arrobas. 2000 livres. }	920.1840	2028.80

MESURES DE LONGUEUR.	C. FRANÇAIS.	C. ANGLAIS.	MESURES DE SUPERFICIE ET DE SOLIDITÉ.	C. FRANÇAIS.	C. ANGLAIS.
	mèt.	pieds.	MESURES DE SUPERFICIE.	m. c.	p. c.
Vara { 3 pieds ou piés. 4 palmos. 36 pulgadas. 48 dedos. 432 lineas. 5184 puntos. }	0.835	2.73955	Estadal carré = 16 varas car.	11.1556	120.081
			Cuartillo { 12 estadales car. 192 varas carrées }	133.8672	1440.972
			Celemine { 4 cuartillos. 48 estadales car. 768 varas carrées }	535.4688	5763.888
Pié (pied) { 1 1/3 palmo. 12 pulgadas. 16 dedos. 144 lineas. 1728 puntos. }	0.27833	0.91318	Fanegada { 12 celemines. 48 cuartillos. 576 estadal. car. 9216 varas car. }	ares. 64.2363	acres. 1.5879
Palmo { 9 pulgadas. 12 dedos. 108 lineas. 1296 puntos. }	0.20873	0.68489	Yugada { 50 fanegadas. 600 celemines. 2400 cuartillos. 28800 estad. car. 460800 var. car. }	3212.8150	79.3932
Pulgada (pouce) = 1 1/3 dedos = 12 lineas = 144 puntos.	0.0232	pouces. 0.91348			
Dedo (doigt) = 9 lineas = 108 p.	0.0174	0.68484			
Linea (ligne) = 12 puntos	0.0019	0.07609			
Punto (point)	0.0002	0.00634			
Passo (pas) = 5 pieds	1.39166	pieds. 4.56590			
Brasse (toise) ou estado = 6 p. = 2 varas.	1.67	5.47910			
Estadal { 4 varas. 12 pieds. }	3.34	11.95820			
Corda = 33 palmos = 8 1/4 var.	6.889	2.6043			
Legua (lieue)	6680.00	mille. 4.1508			

		gr.	lbs.
2° Alicante (Valence).	Les poids et mesures des provinces diffèrent généralement en Espagne des mesures légales de Castille, nous mentionnons ci-dessous les différences les plus notables.		
	Trois sortes de livres :		
	Libra grueza ou mayor (livre lourde), pour amandes, riz, soude, soie, etc. = 18 onzas	538.	1.1757
	Libra subtil (livre légère), pour les épices = 12 »	355.3	0.7837

MESURES DE LONGUEUR.	C. FRANÇAIS.	C. ANGLAIS.
	m.	p.
Braza { 2 varas. 8 palmos. 72 pulgadas. }	1.624	5.984

NOMS des PAYS.	POIDS.	C. FRANÇAIS.	C. ANGLAIS.
		gr.	lbs.
2° Alicante (Valence) (*Suite.*)	Libra, pour le cacao et le chocolat = 16 onzas.	473.8	1.0450
	L'onza se subdivise ainsi :		
	Onza = 4 cuartos = 8 ochav. = 16 adarmes = 48 tomines = 576 grains.	29.611	0.0653
	Arroba { 24 libras gruesas. 36 libras sutiles. 27 libras de cacao.	kg. 12.792	28.2168
	Arroba granesa (pour les grains) = 20 libras gruesas	10.660	23.5140
	Quintal = 4 arrobas	51.168	112.8772
	Pour le chargement des navires, on compte par last = 2 pipas de liquide = 20 arrobes de marchandises lourdes.		
3° Barcelone (Catalogne)	Libra	gr. 401.	lbs. 0.8845
	Quintal = 4 arrobes = 104 libras.		
	Charge = 3 quintales.		
4° Cadix (Andalousie)			
5° Saragosse (Aragon)	Libra = 256 adarmes	gr. 467.	lbs. 1.030
	Adarme	1.8229	grains. 28.146
	Aroba = 25 libras	kg. 11.67	lbs. 25.733
6° Valence (Valence).	Arobe	12.780	28.190
	Arobe granesa	11.360	25.057

ÉTATS ROMAINS... Les poids et mesures des États romains sont légalement les poids et mesures du

		C. FRANÇAIS.	C. ANGLAIS.
		gr.	lbs.
1° Rome.	Libbra (livre) { 12 oncias. 288 denari. 6912 grani.	339.073	0.7477
	Oncia (once) { 24 denari. 576 grani.	28.256	grains. 436.2
	Denari (denier) = 24 grani	1.177	18.2
	Grano (grain)	0.0490	0.8
	Decina = 10 livres	kg. 3.391	lbs. 7.477
	Centinajo ou cantaro piccolo { 10 decina. 100 libbra.	33.907	74.77
	Migliajo ou Cantaro grosso { 10 centinaji. 100 decina. 1000 libbra.	339.073	747.7
	Rubbio de blé = 640 libbra	217.007	478.528

MESURES DE LONGUEUR.	C. FRANÇAIS.	C. ANGLAIS.	MESURES DE SUPERFICIE ET DE SOLIDITÉ.	C. FRANÇAIS.	C. ANGLAIS.
	mèt.	pieds.			
Vara { 4 palmos. 36 pulgadas.	0.912	2.992			
Palmo = 9 pulgadas	0.228	0.748			
Pulgada	0.253	0.083			
	m.	p.			
Palme	0.194	0.6365			
Cana = 8 palmes	1.552	5.0920			

système métrique français ; toutefois les mesures locales mentionnées ci-dessus continuent à être en usage :

Pour le Commerce :	mèt.	pieds.	MESURES DE SUPERFICIE.		
Pié (pied)	0.29758	0.966			
Passo (pas) = 5 pieds	1.48790	4.830		ares	ares.
Canna (ou aune) mercantile = 2 palmi = 21 partie.	1.993	6.539	Rubbio { 4 quartes. 16 scorzis. 32 quartuccis. 224 latenas car. 7406 cannas des architect. car.	368.96	9.1175
Palmo = 3 partie's	0.244	0.817			
Braccio de mercanto	0.670	2.361			
Braccio pour la toile	0.635	2.083			
Pour architectes :			Quarte { 4 scorzis. 8 quartuccis. 56 catenas car. 1851.5 cannas car.	92.24	2.279
Canna. Passi. Pieds. Palmi. Oncias. Minutes. Decimi.					
Canna = 3 1/3 = 7 1/2 = 10 = 120 = 600 = 1200	2.2349	7.3226	Scorzi { Quartuccis. 14 catenas car. 462875 cannas c.	23.06	0.5698
Passo = 2 1/4 = 3 = 36 = 180 = 360	0.6608	2.1960			
Pieds = 1 1/3 = 16 = 80 = 160	0.2976	0.976	Quartucci { 7 catenas car. 231437.5 cann. c.	11.53	0.2849
Palmo = 12 = 60 = 120	0.2232	0.732			
Oncia = 5 = 10	0.0186	0.061	Catena carrée = 33 1/16 canna carrée	1.65	0.0407
Minute = 2	0.0037	0.012		m. c.	p. c.
Decimo	0.0019	0.0061	Canna carrée	4.982	53.6277
Stajoli = 1 17/40 canna					
Catena (chaîne) { 3 3/4 canna. 10 stajoli.	12.8332	42.119			
Miglio = 5000 pieds	1488.00	mille. 0.917			
Canna d'ara (d'autel) = 9 palm.	1.125	p. 3.691			
Braccio d'ara	0.75	2.461			

NOMS des PAYS.	POIDS.	C. FRANÇAIS.	C. ANGLAIS.
		kg.	lbs.
2° Ancône	Centinajo = 4 rubbi = 100 libbra = 1200 onças = 9600 gramma.	33.	72.7700
	Rubbio = 25 » = 300 » = 2400 »	8.25	18.1935
	Libbra = 12 » = 96 »	gr. 330.079	0.7277
	Onça = 8 »	27.506	0.0607
	Dramma.	3.438	0.0076
	Cantaro . . . . { 6 rubbi. 150 libbra.	kg. 49.51	109.1550
	Tonnellata di mare . . . . { 20 cantaro. 120 rubbi. 3000 libbra	990.24	2183.1000
3° Bologne.	Peso = 25 libbra = 300 onça = 4800 ferlini = 48000 carati = 192000 gra.	9.04825	19.941
	Libbra = 12 » = 192 » = 1920 » = 7680 »	gr. 361.88	0.798
	Onça = 16 » = 160 » = 640 »	30.154	grains. 465.7
	Ferlino = 10 » = 40 »	1.8846	29.1
	Carato — 4 »	0.18846	2.9
	Grano	0.04711	0.7
	On emploie pour l'or et l'argent la même libbra divisée en 12 onces de 8 ottava ou double ferlino.		
	Ottava = 2 ferlini = 20 carati = 80 grani	60.308	58.2
	Pour la joaillerie :		
	L'onça ou once de Hollande, se divisant ainsi :		
	Onça = 16 ferlini = 160 carati = 640 grani = 640 as de Hollande.	30.7608	474.93
	Ferlino = 10 » = 40 » = 40 »	1.92253	29.7
	Carato = 4 » = 4 »	0.192253	2.97
	Grano = 1 »	0.048063	0.74
ÉTATS-UNIS	Aux États-Unis, et généralement dans toute l'Amérique, les poids et mesures sont les pour les matières sèches, on emploie le vieux bushel de Winchester = 7.73556 gallons		
FINLANDE	Voyez *Russie*. — FLANDRES. . . . Voyez *Belgique*. — FLORENCE. . . . Voyez *Toscane*.		
		gr.	grains.
FRANCE	Gramme (unité)	1.	15.44
	Décagramme = 10 grammes	10.	154.4
	Hectogramme = 10 décagrammes = 100 grammes	100	lbs. 0.22057
	Kilogramme = 1000 »	1000.	2.2057
	Myriagramme = 10000 »	10000.	22.057
	Décigramme = 1/10 gramme	0.1	grains 1.5440
	Centigramme = 1/100 »	0.01	0.1544
	Milligramme = 1/1000 »	0.001	0.0154
	Le gramme est le poids d'un centimètre cube d'eau distillée dans le vide, à la température de 4° centigrade (maximum de densité (ou 39° Fahrenheit).		
	1 pouce cube (anglais) d'eau distillée dans le vide, au maximum de densité, pèse 253 grains 00757386.		
	1 pouce anglais valant 0m.02539954 de France, on en tire pour le kilogramme la valeur : lbs 2.2057580324, ou 1 lb = 0.4535588 kg		

MESURES DE LONGUEUR.	C. ANGLAIS.	C. FRANÇAIS.	MESURES DE SUPERFICIE ET DE SOLIDITÉ.	C. FRANÇAIS.	C. ANGLAIS.
	mèt.	pieds.		ares.	acres.
Pertica = 10 pieds	3.9070	12.82	MESURES DE SUPERFICIE.		
Piede (pied).	0.3907	1.282	Soma ou rubio grande. . . .	129.7495	3.21
Braccio (brasso).	0.6434	2.1/9	Rubbio modio.	106.8524	2.62
Canna = 8 palmi	1.944	6.768	Rubbio piccolo	95.4041	2.36
Palmo	0.243	0.797			
Piede = 12 onces	0.3804	1.247			
Onca (pouce)	0.031675	0.104			
Passo = 5 piedi	1.9005	6.235			
Pertica = 10 piedi = 2 passi.	3.801	12.471			
Braccio.	0.640	2.100			
Braccio { pour la toile.	0.519	1.703			
Braccio { pr étoffes de soie.	0.595	1.951			

mêmes qu'en Angleterre, sauf les mesures de capacité, qui sont les anciennes mesures anglaises. Ainsi impériaux = 0.96944 bushels impériaux, et pour les liquides, l'ancien gallon à vin = 0.83311 gallon impérial.

	mèt.	pieds.	MESURES DE SUPERFICIE.	ares.	yards. c.
Mètre.	1.	3.2809	Mètre carré ou centiare . . .	0.01	1.1960
Décamètre = 10 mètres.	10.	32.809	Are = 100 centiares (unité).	1.	119.6033
Hectomètre = 100 »	100.	328.09	Hectare = 100 ares	100.	acres. 2.4711
Kilomètre = 1000 »	1000.	milles. 0.62138	MESURES DE SOLIDITÉ.	m. c.	p. c.
Myriamètre = 10000 »	10000.	6.2138	Stère (mètre cube)	1.	35.3156
Décimètre = 1/10 »	0.1	pouces. 3.93708	Décastère = 10 stères . . .	1000.	353.1658
Centimètre = 1/100 »	0.01	0.3937	Décistère = 1/10 stère . . .	0.001	3.5347.
Millimètre = 1/1000 »	0.001	0.03937			

FRANCE.

N. B. — 1 kilogramme = 2 1/5 lbs, avoir du poids; 100 kilogrammes = 220 6/13 lbs, avoir du pois; 1 mètre = 39 3/10 inches; 1 mètre (cube) = 2 3/4 imperial bushels; 1 mètre = 39.371 inches; 1 centimètre = presque 4/10 d'un inch; 1 millimètre = 1/25 d'un inch, donc 5 millimètres = 1/5 d'un inch; 1 millimètre = 0.039371 d'un inch, donc 5 millimètres = 0.196855 d'un inch; 1 hectogramme (argent ou or) = 3 oz 4 dwt 7 gr. troy; 1 hectolitre (grains) = 35 3/10 pieds cubes.

— Pour les autres conversions des mesures françaises et anglaises, voir l'appendice.

NOMS des PAYS.	POIDS.	C. FRANÇAIS.	C. ANGLAIS.
		gr.	lbs.
FRANCFORT-SUR-LE-MEIN.	Depuis le 12 février 1858, l'unité de poids légale est la livre de douane (zollpfund) = 500 grammes.		
	Zollpfund = 32 loth = 128 quinto = 512 richtpfennig	500.	1.1029
	Loth = 4 » = 16 »	15.625	0.0345
	Quent = 4 »	3.906	0.0086
	Richtpfennig	0.9765	0.0021
	(Voir *Brême* et *Prusse*.)	kg.	lbs.
	Centner (quintal) = 100 zollpfund.	50.	110.2879
	Schiffslast (charge de roulage) = 40 centner = 4000 pfund . . .	2000.	4.4416
		gr.	grains.
	Pour la joaillerie. . . . . le carat de Hollande.	0.205891	3.47906453
	le carat local de Francfort.	0.205833	3.1750781
	Nous donnons ici les anciens poids que le commerce n'a pas encore abandonnés, et ceux qui servent à évaluer les monnaies frappées avant la convention monétaire de 1858, lesquelles ont cours forcé jusqu'en 1862.		
	POIDS DE COMMERCE. — Deux sortes de poids :		
	1° Leichtgewicht (poids léger) pour le commerce en détail.		
	2° Schwergewicht (poids lourd) pour le commerce en gros ; ne servant que comme poids de compte, mais n'existant pas comme poids réel.		
	Le leichtpfund se divise ainsi :		lbs.
	Pfund = 2 mark = 16 onc. = 32 loth = 128 quentch. = 512 pf. = 1024 heller.	467.744	1.0317
	Mark = 8 » = 16 » = 64 » = 256 » = 512 »	233.855	0.5158
			grains.
	Once = 2 » = 8 » = 32 » = 64 »	29.232	451.3
	Loth = 4 » = 16 » = 32 »	14.616	225.6
	Quentchen = 4 » = 8 »	3.654	56.4
	Pfennig = 2 »	0.913	14.1
	Heller	0.457	7.
			lbs.
	Le schwerpfund se divise en demis, quarts, seizièmes, etc. . . .	505.128	1.1142
		kg	
	Centner (quintal). . . . . 100 livres lourdes (schw.) / 108 livres légères (leicht.)	50.513	111.419
	Le waage eisen (balance de fer) = 120 leichtpfund.	56.125	123.804
	Schiffpfund (pour transports terrestres, = 3 centner	151.539	334.257
	Tonne = 20 centner.	1010.26	2228.38
	Last, pour chargement de navires = 2 tonnen = 40 centner. .	2020.52	4456.76
		gr.	
	Le pfund, à la balance de la ville = 33 loth, pour les beurres et la viande.	482.328	1.0635
	Pour les poissons frais = 35 loth.	511.560	1.1280
	Poids de pharmacie (voir *Prusse*).		
	Poids d'essais :		
	Mark de Prusse, divisé en 24 carats ou 16 loth.		
	JOAILLERIE. — Deux sortes de poids :		
	1° Kronen gewicht (poids de couronne), pour l'or travaillé et contrôlé à l'indication du titre :		grains.
	1 mark — 69 1/2 kronen ; la krone =	3.3648	51.9
	2° Ducaten gewicht, pour les monnaies d'or non tarifées, usées, et n'ayant pas le poids légal :		
	Mark = 67 ducats = 4020 as. ducats	233.8434	3610.6
	Ducat = 60 »	3.4904	53.9
	As. ducat	0.05817	0.9

MESURES DE LONGUEUR.	C. FRANÇAIS	C. ANGLAIS.
	mèt.	pieds.
Fuss, schuh ou werkshuh (pied) { 12 zoll. 2/7 mètre dans la pratique. 144 linien.	0.28464	0.934
Zoll (pouce).	0.02371	0.079
Linie (ligne).	0.00181	0.004
Elle (aune) pour les tissus du nord et de l'est de l'Allemagne = 6/11 de mètre dans la pratique	0.5473	1.795
Brabanterelle (locale), pour les tissus de l'ouest de l'Allemagne, de l'Angleterre, des Pays-Bas ; les draps et toiles d'Angleterre et de la Prusse rhénane, les dentelles de Malines et de Bruxelles = 0m,7 dans la pratique	0.6992	2.2940
Stab, pour les tissus de France et les soieries, et dans le commerce de détail pour les tissus destinés à l'habillement et à l'ameublement	1.182	3.8784
Klafter (brasse) de cordier = 6 fuss	1.7077	5.6026
Feldruthe (perche d'arpentage) { 16 pieds agraires. 100 pouces = 12 1/2 fuss. 1000 lignes.	3.5753	11.6721
Waldruthe (perche de forêt) { 10 waldfuss (pied de forêt). 100 pouces. = 15 fuss. 1000 lignes.	4.31870	14.0060
On divise aussi le waldruthe en 16 parties.		

MESURES DE SUPERFICIE ET DE SOLIDITÉ.	C. FRANÇAIS.	C. ANGLAIS.
	ares.	acres.
MESURES DE SUPERFICIE.		
Feldmorgen (des champs) = 160 perches carrées . . .	12.6667	0.3230
Waldmorgen (des forêts). . .	20.3491	0.5028
Hufe = 20 morgen.		
MESURES DE SOLIDITÉ.	st.	p. cb.
Stecken (de bois)	0.873	30.8308
Gilbert	2.	70.632
Gilbert des boulangers. . . .	3.	105.948
Klafter	2.90	102.4164
Stoss = 4 klafter	11.6	409.6656

NOMS des PAYS.	POIDS.	C. FRANÇAIS.	C. ANGLAIS.
FRANCFORT-S-L'ODER	Voyez *Prusse*.		
GALLEN-ST-GALL. .	Voyez *Suisse*. — GENÈVE . . . . . Voyez *Suisse*. — GÊNES . . . . . Voyez *Sardaigne*. —		
GRÈCE.	Le système métrique français est adopté en Grèce, mais avec des noms différents; les		
	Tonne = 10 talents = 1000 mines = 1500000 drachmes.	kg. 1500.	lbs. 3308.637
	Talent = 100 » = 150000 »	150.	330.864
	Mine royale = 1500 »	1.50	3.309
	Drachme = 10 oboles = 100 grains.	gr. 1.	grains. 15.44031
	Obole = 10 »	0.1	1.54403
	Grain	0.01	0.15440
	Poids anciens.		
	Cantaro (quintal) = 3 8/9 pinaki = 44 okas = 17600 drachmes. .	kg. 56.32	lbs. 124.228
	Pinaki = 9 » = 3600 »	11.52	25.411
	Oka, ocka ou stadera = 400 »	1.28	2.823
	Drachme	gr. 3.20	grains. 49.4
	Peso grosso ou libra grossa de Venise, employée pour le raisin de Corinthe	476.9981	lbs. 1.0521
	Millar = 1000 peso grosso.	kg. 476.999	1052.147
	Les matières d'or et d'argent se pèsent avec les poids français; les poids de pharmacie sont ceux de la Bavière.		
GUINÉE (Afrique) . .	Benda = 8 pisos = 16 aguirages = 32 media table	gr. 64.116	grains. 992.
	Piso ou uzan = 2 » = 4 »	8.015	124.
	Aquirage = 2 »	4.007	62.
	Media table	2.003	31.
	Quinto = 3 media table	6.009	93.
	Seron = 6 »	12.018	186.
	Eggeba = 10 2/3 »	21.371	330.
HAÏTI	Système français avant le système métrique.		
	Livre = 2 marks = 16 onces = 128 gros = 9216 grains	489.5	lbs. 1.0793
	Mark = 8 » = 64 » = 4608 »	244.75	0.5396
	Once = 8 » = 576 »	30.59	0.0675
	Gros = 72 »	0.43	grains. 59.0
HAMBOURG.	Anciens poids.		
	Pfund = 2 mark = 16 unzen = 32 loth = 128 quentchen = 512 pfennig .	484.61	lbs. 1.068
	Mark = 8 » = 16 » = 64 » = 256 »	242.305	0.534
	Unze = 2 » = 8 » = 32 »	30.288	grains. 467.2
	Loth = 4 » = 16 »	15.144	233.6
	Quentchen = 4 »	3.786	58.4
	Pfennig	0.9465	14.6
	Centner (quintal) = 112 livres.	kg. 54.270	lbs. 119.646
	Lispfund . . . . { = 14 livres.	6.784	14.952
	{ = 16 l. (pour le roulage).	7.754	17.088
	Schiffspfund = 20 lispfund.	135.694	299.040

MESURES DE LONGUEUR.	C. FRANÇAIS.	C. ANGLAIS.	MESURES DE SUPERFICIE ET DE SOLIDITÉ.	C. FRANÇAIS.	C. ANGLAIS.
GIBRALTAR. . . . Voyez *Angleterre*. — GRANDE-BRETAGNE. . . . Voyez *Angleterre*.					
composés du gramme seuls ne sont pas les mêmes qu'en France.					
Piki royal (unité)	mèt. 1.	pieds. 3.2809	MESURES DE SUPERFICIE.	ares.	acres.
Palme	0.1	0.3281	Stremma royal = 1000 piki carrés.	10.	0.2471
Centimetron (pouce)	0.01	0.0328	L'ancien stremma, ou stremma de Morée = 3025 petits piki carrés.	m. c. 1270.21	0.3139
Millimetron (ligne)	0.001	0.0033			
Mille grec.	km. 10.	milles. 6.214			
Stadion royal	1.	0.6214			
Mesures anciennes :					
Pik endasch ou petit pik, pour la soie.	m. 0.648	p. 2.126			
Pik (grand), pour la laine, le coton et le fil	0.669	2.185			
Pik d'arpenteur, maçon et charpentier.	0.739	2.461			
Ancien stadion	184.184	604.268			
Jacktan.	m. 3.65	p. 12.			
Pied = 12 pouces = 144 lignes.	m. 0.3249	pouces. 12.79			
Pouce = 12 »	0.0270	1.066			
Toise = 6 pieds	1.9492	pieds. 6.393			
Aune	1.1884	3.90			
Lieue de poste = 2000 toises.	3898.	milles. 2.4222			
Fuss (pied) 12 zoll = 96 achtel.	m. 0.28731	p. 0.9426	MESURES DE SUPERFICIE.		
Zoll = 8 »	0.02394	0.0785	Marschruthe carré.	m. c. 16.1792	p. c. 174.1344
Achtel	0.00299	0.0098	Morgen = 600 marschruthen carrés.	ares. 97.0733	acres. 2.40
Elle (aune) de Hambourg pour la soie, le lin, le coton. .	0.57314	1.8803			
Elle de Brabant pour les draps.	0.6914	2.2684			
Klafter ou faden (brasse) = 6 pieds.	1.72386	5.6556			
Ruthe (perche) du Rhin = 12 »	3.44772	11.3112			
Marschruthe = 14 »	4.02234	13.1964			
Geestruthe = 16 »	4.59696	15.0816			

NOMS des PAYS.	POIDS.	C. FRANÇAIS.	C. ANGLAIS.
		gr.	lbs.
HAMBOURG (*Suite.*)	Livre de bank pour les métaux précieux et le commerce de détail = 2 marcs	467.72	1.031
	Livre médicinale, divisée comme en Prusse	357.03	0.888
	Joaillerie carat	0.20586	grains. 3.178341
	Hambourg a participé aussi à la convention de 1858 qui admet, pour tous les États du Zollverein, la nouvelle livre de 500 gr. (Voir *Brême* et *Prusse*.)		
HANOVRE	Pfund = 10 neuloth (voir *Brême*)	kg. 0.500	lbs. 1.1029
	(Convention de 1858 entre les États du Zollverein).		
	Poids anciens.		
	Pfund = 2 mark = 16 unzen = 32 loth = 128 quentchen = 512 ortchen.	gr. 467.711	1.0312
	Mark = 8 » = 16 » = 64 » = 256 »	233.856	0.5156
	Unze (once) = 2 » = 8 » = 32 »	29.232	grains. 451.2
	Loth = 4 » = 16 »	14.616	226.6
	Quentchen = 4 »	3.654	56.4
	Ortchen	0.9135	14.1
	Centner (quintal) = 110 livres	kg. 51.448	lbs. 113.443
	Tonneau { 40 quintaux. 4400 livres.	2057.92	4487.753
	Poids médicinal.		
	C'est le poids de pharmacie de Nuremberg. (Voir *Nuremberg*.)		
	Joaillerie.		
	Carat	gr. 0.2050	grains. 3.1785
	A Emden, l'ancienne livre valait 1.0023 pfund de Hanovre	496.881	lbs. 1.0955
	On employait aussi la livre ancienne de Berlin = 1.0018 livre de Prusse et de Hanovre	468.336	1.0321
	Le centner (quintal) valait 100 livres	kg. 49.683	109.5518
	Le schiffpfund » 300 »	149.055	328.6554
	Le roggenlast ou schiffslast » 4000 »	1987.400	4382.071
	Le commerzlast » 6000 »	2981.106	6573.107
	A Osnabruck, l'ancien centner =	53.361	117.7025

MESURES DE LONGUEUR.	C. FRANÇAIS.	C. ANGLAIS.	MESURES DE SUPERFICIE ET DE SOLIDITÉ.	C. FRANÇAIS.	C. ANGLAIS.
	mèt.	pieds.			
Les ingénieurs et les architectes se servent du pied du Rhin, divisé décimalement.	0.313877	1.0298			
Meile (mille) = 24,000 pieds du Rhin	7533.045	mille. 4.6807			
(zoll. achtel. linien.)					
Fuss (pied) = 12 = 96 = 144	m. 0.29237	p. 0.9589	MESURES DE SUPERFICIE.	m. c.	p. c.
Zoll (pouce) = 8 = 12	0.02435	0.0799	Perche carrée	21.8425	236.000
Achtel = 1 1/2	0.00304	0.0099	Morgen = 120 perches carrées.	ares. 26.58	acres. 0.7557
Linie (ligne)	0.00203	0.0067	MESURES DE SOLIDITÉ.		
Elle (aune)	0.58419	1.9166	Klafter de bois = 144 pieds cubes	»	st. 3.588
Klafter (toise) = 6 pieds	1.7536	5.7498	Malter de Kalemberg	»	1.99
Ruthe (perche) = 16 pieds	4.6763	15.3328			
Le pied de Calemberg ou pied nouveau de Hambourg	0.2921	0.9583			
Meile (mille) = 25,400 pieds de Calemberg	7419.34	mille. 4.6102			
A Emden, l'ancien pied = 1.0001 fuss nouv. de Hanovre.	0.29218	p. 0.9584			
Pour l'arpentage, on emploie dans cette ville :					
Le fuss de Prusse	0.3138	1.0297			
La ruthe (toise) = 12 ou 15 fuss de Prusse.					
Pour les tissus :					
L'elle (aune)	0.5788	2.2252			
La ruthe = 12, 15 ou 16 fuss.					
Pour les fils de lin et de laine :					
Le haspelfaden (fil. de dévidoir)	1.256	4.1208			
Stuck (pièce) = 1200 faden (variable).					
Écheveau (gebind) à Hanovre :					
Stuck (pièce) ou lopp 900 faden de 2.75 ellen	1971.7	6549.148			
Gebind (écheveau) = 1/10 stuck = 90 faden	197.17	651.913			
Bund = 20 stucke = 200 gebind, à Osnabruck :					
Fil écru, stuck = 30 gebind = 30 faden de 3 ellen 1/8 anciennes de Hanovre	2737.5	8981.484			
Fil grossier, stuck = 20 gebind 30 = faden de 2 ellen anciennes de Hanovre	1168.	3832.091			
Laine filée, stuck = 20 gebind = 60 faden de 2 ellen anciennes de Hanovre	1401.6	4598.309			

NOMS des PAYS.	POIDS.	C. FRANÇAIS.	C. ANGLAIS.
		gr.	lbs.
HESSE-DARMSTADT. (grand-duché de).	Pfund (livre) = 32 loth = 128 quentchen = 512 richtpfennige. .	500.	1.1029
	Loth = 4 » = 16 »	15.625	grains. 242.5
	Quentchen = 4 »	3.906	60.6
	Richtpfennige	0.976	15.1
	Centner	kg. 50.	lbs. 110.2879
	Pour l'or et l'argent :		
	Le mark dit de Cologne, divisé, comme dans toute l'Allemagne, en 24 carats à 12 grains pour l'or, et en 16 loth à 18 grains pour l'argent.	gr. 233.939	grains. 3609.
	Pour la joaillerie, le karat	0.20625	3.1816
	Pour la pharmacie, le poids de pharmacie de Nuremberg. (Voir *Nuremberg.*)		
HESSE ÉLECTORALE. (Cassel.)	La livre légale est le zollpfund de 500 gr. (Voir *Brême.*) Les poids anciens encore en usage sont les suivants :		
	Pour le commerce en gros.		
	Schwerpfund (livre lourde) = 32 loth = 128 quentchen.	gr. 484.2425	lbs. 1.0677
	Loth = 4 »	15.1325	grains. 234.
	Quentchen	3.7831	58.5
	Centner = 108 schwerpfund	kg. 52.2982	lbs. 106.7706
	Commerce de détail.		
	Leichtpfund (livre légère) = 32 loth = 128 quentchen.	gr. 467.842	1.0315
	Loth = 4 »	14.619	grains. 225.6
	Quentchen	3.655	56.4
	Centner = 108 leichtpfund.	kg. 50.5237	lbs. 103.1479
	Pour les monnaies.		
	Mark du Zollverein.	gr. 233.8555	grains. 3609.4
	Or et argent.		
	Mark dit de Cologne = 1/2 leichtpfund.	233.906	3610.2
	Poids d'essais.		
	Mark de Cologne divisé comme à Berlin. (Voir *Prusse.*)		
HOLLANDE	Voyez *Pays-Bas.*		
ILES IONIENNES. . . (Corfou.)	Poids et mesures d'Angleterre avec les noms suivants :		
	Libbra sottile ionia (livre légère) = 1a livre troy	gr. 373.20	lbs. 1.
	Oncia sottile (once légère) = 1 once troy	31.10	oz. 1.
	Calco = 1 pennyweight	1.55	dwt. 1.
	Libbra grossa ionia (livre lourde) = 1 livre avoir-du-poids. . .	453.359	lbs. 1.

MESURES DE LONGUEUR.	C. FRANÇAIS.	C. ANGLAIS.
	mèt.	pouces.
Fuss (pied) = 10 zoll = 100 linien	0.25	9.843
Zoll (pouce) = 10 »	0.025	0.984
Linie.	0.0025	0.098
Klafter = 10 fuss.	2.50	pieds. 8.2022
Elle (aune), divisée en quarts, huitièmes et seizièmes. .	0.60	1.9685
Pour le fil :		
Haspelfaden (brasse de dévidoir) = 3 ellen.	1.80	5.9055
Strang (paquet) = 12 gebund (écheveaux).	216.00	8503.92
Gebund = 120 faden. . . .	18.00	708.660
Pour le fil tordu, le faden est moitié moins long.		
Meile (mille) = 3000 klafter.	7500.	milles. 4.660
	m.	pieds.
Fuss (pied) de Hesse = 12 zoll. = 144 linien.	0.28774	0.944
Zoll (pouce) de Hesse = 12 linien.	0.0239	0.079
Linie (ligne).	0.0029	0.007
Pour l'arpentage :		
Cataster ruthe (toise de cadastre)	3.98876	13.0867
On divise la ruthe en 10 décimal fuss, 100 décimal zoll, 1000 décimal linien.		
Pour les tissus :		
Elle (aune) de Cassel	0.5704	1.8714
Elle de Brabant.	0.6943	2.280
Pour les fils :		
Strang = 30 gebinde = 1800 fad.	4106.88	13474.224
Gebind (écheveau) = 60 faden.	136.896	449.141
Haspelfaden = 4 ellen de Cassel	2.2816	7.4857
Meile (mille) = 32000 fuss de Hesse.	km 9.20637	mille. 5.721
= 1,243 milles géographiques allemands.		
	m.	p.
Jardaiona = 1 yard anglais.	0.91438	3.
Piede (pied) = 1 foot anglais.	0.30479	1.
Camaco (perche) = 1 pole, perche ou rod.	5.02911	16.5
Stadio = 1 furlong	201.1644	660.
Miglio (mille) = 1 mile. . . .	1609.315	mille. 1.

MESURES DE SUPERFICIE ET DE SOLIDITÉ.	C. FRANÇAIS.	C. ANGLAIS.
	m. c.	p. c.
MESURES DE SUPERFICIE.		
Klafter carré = 100 fuss car.	6.25	67.2769
Viertel . . . { 100 klafter car. 10,000 fuss car.	625.	6727.6873
Morgen. . . { 4 viertel. 400 klafter car. 40000 fuss car.	ares. 25.	acres. 0.6178
MESURES DE SOLIDITÉ.		
Klafter cubique, pour terrassements et mesurage des pierres = 1,000 fuss cubes	m. c. 15.625	p. c. 551.8125
Stecken, pour le bois = 100 fuss cubes	1.5625	55.1812
Mesure, pour le charbon de bois = 40 fuss cubes . . .	0.625	22.0725
Kalkbutte (tonneau de chaux), pour chaux et charbon de terre = 10 fuss cubes. . .	0.15625	5.5181
MESURES DE SUPERFICIE.		
Acker (acre) = 150 ruthen carrées.	ares. 23.865	acres. 0.589739
MESURES DE SOLIDITÉ.		
Klafter du Nord = 150 pieds cubes.	st. 3.572	p. cb. 126.149
Klafter de Hanau = 144 pieds cubes.	3.43	121.665

NOMS des PAYS.	POIDS.	C. FRANÇAIS.	C. ANGLAIS.
ILES IONIENNES. . . (Corfou) (*Suite*).		gr.	oz.
	Oncia grossa = 1 once avoir-du-poids	28.338	1.
	Dramma = 1 dram.	1.771	d. 1.
	Talanto (talent) = 400 livres avoir-du-poids	kg. 45.3329	lbs. 100.
	On emploie encore à Corfou les anciens poids suivants:		
	Libbra grossa = 12 oncie = la libbra grossa de Venise.	gr. 476.9987	»
	Les Anglais la comptent = 1.055 pound	478.294	»
	Libbra sottile = 8 oncie pour les métaux précieux	348.	0.708
	Migliago (millier) = 10 centinaji = 1000 libbras grossas. . . .	kg. 476.9987	1055.
INDES OCCIDENTALES	Voyez *Angleterre*.		
INDES ORIENTALES. 1° Calcutta.	Il y a deux sortes de poids en usage à Calcutta: les poids de bazar qui sont employés par les indigènes dans les transactions locales, et les poids de factorerie dans le commerce international.		
	Poids de factorerie.		
	Maund = 40 seer = 640 chittacks.	kg. 33.8646	lbs. 74.667
	Seer ou sehr = 16 »	gr. 846.613	1.8667
	Chittack	52.913	0.1167
	Poids de bazar.		
	Bazar maund = 8 pussarees = 40 seers = 640 chittacks. . . .	kg. 37.2511	82.133
	Pussaree ou pusserih = 5 » = 80 »	4.6564	10.267
	Seer = 16 »	gr. 931.2772	2.0533
	Chittack = 5 tolahs = 60 mascha = 480 rottihs = 15360 dhan.	58.2129	0.1283
	Les valeurs que nous donnons ci-dessus sont celles en usage dans la pratique, où on compte:		
	80 maunds = 20 hundredweight	kg. 1015.93884	c. t. 20.
	40 bazar maund = 44 maund de factorerie, tandis qu'en réalité 49 bazar maund = 54 maund de factorerie.		
	Pour les matières d'or et d'argent:		
	Tolah = 12 mascha = 96 rottish = 3072 dhan.	gr. 11.66775	grains. 180.2
	Mascha = 8 » = 256 »	0.97138	15.01
	Rottih = 32 »	0.12149	1.9
	Dhan	0.00379	0.06
	Autrefois, on employait la sicca divisée en 16 mascha, 80 rottish, 320 dhans.	11.642	179.8
	ou la tola divisée en 16 annas.	14.5527	224.7
2° Bombay.	En outre des poids anglais employés légalement dans les Indes orientales, on se sert encore dans le commerce à Bombay des poids suivants:		
	Candy = 20 maunds = 800 seers = 24000 pice = 37600 tanks.	kg. 253.9847	lbs. 560.
	Maund ou mahnd = 40 » = 1200 » = 2880 »	12.0992	28.
	Seer ou sirh = 30 » = 72 »	0.31748	0.7
	Pice = 2 1/6 »	0.01058	0.0233
	Tanks.	0.00441	0.0097
	Le candy de Bombay vaut 1 0/50 candy de Madras.		
	» = 22 2/5 maunds de Madras.		
	Le maund de Bombay = 0.375 maund de factorerie de Calcutta = 1 3/25 maund de Madras = 0.75 maund de Surate.		

MESURES DE LONGUEUR.	C. FRANÇAIS.	C. ANGLAIS.
yards. cubits. spans. hands	mèt.	pieds.
Le pobou fath. = 2 = 4 = 8 = 24	1.82876	6.
Yard ou goss ou guz = 2 = 4 = 12	0.91438	3.
Cubit, haht, haut ou arm = 2 = 3	0.45719	pouces. 18.
Span = 8	0.22859	9.
Hand ou moot = 3 unglees = 12 jows.	0.07620	3.
Unglee ou finger (doigt) = 3 jows	0.01905	3/4.
Jow ou barleycorn.	0.00635	1/4.
Coss, ou hardary (mille) = 1,000 fathoms.	km. 1.829	mille. 1.3/22
Pour les étoffes de soie française, on emploie l'ancienne aune de Paris.		
Dans le commerce en gros, on compte encore par kohrdsch, corje ou koorje = 4 gondas = 20 pièces.		
Hath, hohleth, covid ou cubit = 16 tussoos	m. 0.45719	pouces. 18.
Tussoo ou tussuth.	0.28574	1.125
Pour les tissus:		
Goss ou guz = 24 tussoos. .	6.837877	27.
On emploie aussi le yard anglais	0.914383	pieds. 3.
On compte encore par corge ou cobrdsch de 20 pièces pour les étoffes manufacturées.		

MESURES DE SUPERFICIE ET DE SOLIDITÉ.	C. FRANÇAIS.	C. ANGLAIS.
MESURES DE SUPERFICIE.	ares.	acres.
cottahs. pahahs. chittacks.		
Biggah = 20 = 80 = 320	13.37785	0.330578
Cottah = 4 = 16	0.668877	0.016529
Pahah = 4	m. c. 16.7219	p. c. 179.9995
Chittacks = 20 hauts carrés (5 de long sur 4 de large).	4.1804	44.9999
Haut carré.	0.209023	2.2499
Kahni de Madras = 4 biggahs	ares. 53.5102	acres. 1.3223

NOMS des PAYS.	POIDS.	C. FRANÇAIS.	C. ANGLAIS.
		kg.	lbs.
2° Bombay (*Suite*).	On emploie aussi :		
	Le double mahnd de Bombay = 42 seers.	13.334	29.4
	Le double candy de Bombay = 21 doubles mahnds.	280.017	617.4
	Le triple candy » = 22 »	293.351	646.8
	Travancore mahnd.	14.5134	32.
	Travancore candy = 20 mahnds travancore.	290.2682	640.
	Pikol de Chine et de Canton	60.548	133-1/2
	Et de plus les maunds de Calcutta, soit de la factorerie, soit du bazar, ceux de Madras et de Surate.		
	Poids pour l'or et l'argent.	gr.	grains.
	Sehr = 24 tolas = 960 wahls = [illegible] gubus = 14400 tschohs.	[illegible]	[illegible]
	Tola = 40 » = 400 » = 600 »	11.6	179.1
	Wahl = 2 1/2 » = 15 »	0.29	4.48
	Gubus = 6 »	0.116	1.79
	Tschoh	0.019	0.3
	Pour les perles.		
	Tank = 24 rottish = 96 quarts de rottish = 330 tockas = 384 annas.	4.6635	72.037
	Rottish ou rottee = 4 » = 13 3/4 » = 16 »	0.1944	3.001
	Quart de rottish = 3 7/16 » = 4 »	0.0486	0.750
	Tocka = 1 9/55	0.0141	0.218
	Anna	0.01215	0.187
	Le prix des perles s'évalue au moyen d'un poids idéal, tschow ou chow, divisé en 4 grains; pour avoir ce poids on divise par 330 le carré du poids exprimé en tang.		
3° Madras	Les poids légaux sont les poids anglais; on se sert en outre des poids suivants :	kg.	lbs.
	Candy = 20 maunds = 160 vis = 800 seers = 6400 poll. = 64000 pagodas	226.7724	500.
	Maund ou mahnd = 8 » = 40 » = 320 » = 3200 »	11.3386	25.
	Vis = 5 » = 40 » = 400 »	1.4173	3.125
	Seer = 8 » = 80 »	gr. 283.465	0.625
	Pollam = 10 »	35.433	0.078
	Pagoda	3.543	0.008
	1 candy de Madras = 20/56 candy de Bombay.		
	1 maund de Madras = 28/28 maunds de Bombay = 0.385 maunds de factorerie = 0.308 bazarmaunds.		
IRLANDE.	Voyez *Angleterre*.		
ITALIE.	Voyez *Modène, Deux-Siciles, Parme, États romains, Sardaigne, Toscane* et *Vénétie*.		
JAMAÏQUE.	Voyez *Indes occidentales*.		
JAPON.	Momme	gr. 3.75	grains. 57.
	Kin = 400 mommes	175.	2700.

MESURES DE LONGUEUR.	C. FRANÇAIS.	C. ANGLAIS.	MESURES DE SUPERFICIE ET DE SOLIDITÉ.	C. FRANÇAIS.	C. ANGLAIS.
Covid.	mèt. 0.4724	pouces. 18.6			
On se sert généralement du yard anglais.					
Cane-sasi.	mèt. 0.303	pieds. 0.994			
Tsjoeouting = 30 zjoo = 60 ken	114.6	375.991			
Zjoo ou dchang = 30 ken	57.3	187.996			
Ken ou icken.	1.91	6.266			
Ri ou li.	0.557	1.827			
Aune ou tsun sasi ou kupira sasi.	0.379	1.223			

NOMS des PAYS.	POIDS.	C. FRANÇAIS.	C. ANGLAIS.
		kg.	lbs.
JAVA (île de). . . Batavia.	Grand bahar = 1 1/2 bahar = 4 1/2 piculs = 450 kattis = 7200 tehls.	276.8443	610.332
	Bahar ou petit bahar = 3 » = 300 » = 4800 »	184.563	407.1043
	Picul ou pikol = 100 » = 1600 »	61.521	135.7004
	Katti, catje ou catti = 16 »	gr. 615.21	1.3570
	Tehl, talc ou tail.	38.45	grains. 594.
	Pour le café, on emploie le gantang = 10 kattis.	kg. 6.1521	13.570
	Dans le commerce, on fait usage aussi de la livre troye d'Amsterdam.		
	Or et argent.		
	Marc troye de Hollande = 9 réals.	gr. 246.0828	3799.5
	Réal	27.3426	422.2
		kg.	lbs.
Bantam	Bahar = 3 piculs = 300 catties	179.5235	396.204
	Pour le poivre, le bahar vaut celui de Batavia	184.56	407.101
	Pour le riz, le coyang = 200 gantangs.	3937.34	8684.80
	Gantang = 8 bamboes = 32 catties.	19.6867	43.4240
	Bamboe = 4 »	2.4608	5.4280
	Cattie = celui de Batavia.	gr. 615.24	1.3570
	Pour l'or et l'argent, taël.	68.3625	grains. 1055.5
KIEL.	Voyez *Danemark*. — KONIGSBERG. . . . Voyez *Prusse*.		
LIVOURNE	Voyez *Toscane*. — LEIPZICK . . . . Voyez *Saxe*. — LILLE. . . . . Voyez *France*. —		
		gr.	lbs.
LUBECK	Pfund (liv) = 2 marks = 16 onces = 32 loths = 128 quentc. = 512 pfenn.	486.474	1.0726
	Mark = 8 » = 16 » = 64 » = 256 »	243.237	0.5363
	Unze (once) = 2 » = 8 » = 32 »	30.405	0.0670
	Loth = 4 » = 16 »	15.202	0.0335
	Quentchen = 4 »	3.8005	0.0084
	Pfennig	0.9501	0.0021
	Centner (quintal) = 112 livres	kg. 54.483	120.1312
	Lispfund = 14 »	6.8106	15.0164
	Pour l'or et l'argent, on emploie le marc de Cologne (voir *Prusse*).		
	Le poids médicinal est celui de Nuremberg (voir *Nuremberg*).		
LUCQUES.	Voyez *Toscane*. — LUCERNE . . . . Voyez *Suisse*. — LYON. . . . . Voyez *France*.		
MADÈRE	Voyez *Portugal*. — MADRAS. . . Voyez *Indes orientales*. — MADRID . . Voyez *Espagne*.		
		gr.	lbs.
MALTE.	Rottolo = 30 onces	793.8	1 3/4.
	Cantaro = 100 rottoli.	kg. 79.38	175.
	Cantaro grosse.	90.49	199.5
	60 rottoli font 1 hundredweight.		
		gr.	lbs.
MAROC.	Artal ou rotal	508.	1.121
	Quintal ordinaire = 100 artal.	kg. 50.80	112.05
	Petit quintal ou araba = 75 »	38.10	84.04
	Grand quintal = 125 »	63.50	140.05

MESURES DE LONGUEUR.	C. FRANÇAIS.	C. ANGLAIS.	MESURES DE SUPERFICIE ET DE SOLIDITÉ.	C. FRANÇAIS.	C. ANGLAIS.
On emploie à Batavia :					
L'ancien voet ou pied du Rhin d'Amsterdam.					
L'elle (aune) de Brabant d'Amsterdam.					
L'ikje = 3 elle.					
Le yard anglais.					
(V. *Angleterre* et *Pays-Bas*).					
	mèt.	pieds.			
Hasta ou cubitt.	0.5029	1.650			
LISBONNE. . Voyez *Portugal*. — LOMBARD-VÉNITIEN (royaume). Voyez *Vénétie*. — LONDRES. Voyez *Angleterre*.					
zoll. linien. punkte.	m.	p.			
Fuss (pied) = 12 = 144 = 1728	0.28763	0.9436			
Zoll (pouce) = 12 = 144	0.02397	0.0786			
Linie (ligne) = 12	0.00189	0.0065			
Punckt (point).	0.00017	0.0005			
Aune (elle) = 2 pieds. . . .	0.57526	1.8872			
— MALAGA. . . . Voyez *Espagne*.					
	m.	pouces.			
Pied	0.284	11.17			
Palmo	0.697	10.3			
Canna = 3 palmi.	2.09	82.4			
	m.	pouces.			
Cubit ou canna.	0.533	21.			
Pic.	0.660	26.			
Dhraa ou cudo (aune) = 8 tomnies	0.571	22.1/2			

NOMS des PAYS.	POIDS.	C. FRANÇAIS.	C. ANGLAIS.
		gr.	lbs.
MARSEILLE.	Voyez *France*.		
MECKLEMBOURG. . . 1° Schwerin.	Pfund (livre) = 2 mark = 16 unzen = 32 loth = 128 quentchen.	484.028	1.0677
	Mark = 8 » = 16 » = 64 »	242.014	0.5338
	Unze = 2 » = 8 »	30.252	0.0667
	Loth = 4 »	15.126	0.0334
	Quentchen	3.781	0.0083
2° Strelitz.	On emploie le zollpfund de 500 gr. (Voir *Brême*.)		
MEMEL.	Voyez *Prusse*.		
MEXIQUE.	Poids et mesures d'Espagne, avec quelques variations locales qu'il est très-difficile de		
MODÈNE . . . . . (Voy. aussi *Sardaigne*)	Libbra ou lira (livre) = 12 oncie = 192 ferlini	gr. 340.457	lbs. 0.7046
	Oncia = 16 »	28.371	grains. 444.
	Ferlino.	1.773	25.7
MONTPELLIER . . .	Voyez *France*. — MOSCOU. . . . . . . Voyez *Russie*. — MUNICH . . . . . Voyez *Bavière*.		
NASSAU	Pour le poids, voir *Prusse*.		
NEUFCHATEL. . . .	Voyez *Suisse*. — NEW-YORK. . Voyez *États-Unis*. — NICE. . Voyez *France* et *Sardaigne*.		
NORWÉGE	On emploie en Norwége les anciens poids et mesures de Danemark; il y a toutefois		
	Pund (livre) = 16 unzer = 32 lod = 128 qvintin = 512 ort = 8192 es.	gr. 498.4	lbs. 1.0994
	Unzer (once) = 2 » = 8 » = 32 » = 512 »	31.15	grains. 481.
	Lod = 4 » = 16 » = 256 »	15.575	240.5
	Qvintin = 4 » = 64 »	3.894	60.
	Ort = 16 »	0.9735	15.
	Es.	0.0608	0.93
	Poids pour l'or et l'argent.		
	Pund, dit de Cologne = 2 marks.	469.08	lbs. 1.0347
	On divise ce poids comme en Danemark.		
	Poids de pharmacie.		
	Ancien pfund de Nuremberg.	357.85	grains. 5520.

MESURES DE LONGUEUR.	C. FRANÇAIS.	C. ANGLAIS.	MESURES DE SUPERFICIE ET DE SOLIDITÉ.	C. FRANÇAIS.	C. ANGLAIS.
	mèt.	pieds.		m. car.	p. c.
Fuss (pied) = 12 zoll = 96 achtel	0.2877	0.944	MESURES DE SUPERFICIE.		
Zoll = 8 —	0.02398	pouces. 0.944	Perche carrée = 256 pieds car.	21.1694	228.1912
Achtel	0.00299	0.118	Bufe = 4,000 perches carrées	ares. 847.5880	acres. 20.945
Elle (aune) = 2 pieds. . . .	0.57542	pieds. 1.866	MESURES DE SOLIDITÉ.		
Perche = 16 pieds	4.6032	15.106	Faden normal.	st. 3.359	p. cb. 117.6284
Fuss (pied)	0.31385				
Elle (aune)	0.69807				
préciser.					
Piede (pied).	m. 0.52305	p. 1.716	MESURES DE SUPERFICIE.	ares.	acres.
Cavezzo = 6 piedi	3.1383	10.296	Biolca = 72 tavole = 288 cavezzi carrés.	28.3649	0.7009
Braccio (brasse).	0.622	2.043	Tavole = 4 cavezzi carrés. .	m. car. 39.8957	p. car. 424.
Pour l'aune, on emploie le mètre de France.			Cavezzo carré.	9.8489	106.
— MUNSTER. . . Voyez *Prusse*. — NANTES. . . Voyez *France*. — NAPLES. . . Voyez *Deux-Siciles*.					
Pied des géomètres	m. 0.50	p. 1.6404	MESURES DE SUPERFICIE.	ares.	acres.
Perche.	5.	16.4045	Morgen = 100 perches carrées.	25.	0.617786
Le nouveau pied = 0m,50. .			MESURES DE SOLIDITÉ.		
			Corde de bois = 144 perches cubes de 2/3 de mètre . .	st. 3.888	p. cb. 137.3086
quelques différences que nous mentionnons ici :					
Fod (pied) = 12 tommer = 144 linier.	m. 0.313763	p. 1.0294	MESURES DE SUPERFICIE.	ares.	acres.
Tommer (pouce) = 12 linier.	0.026147	0.0858	Lodeland de Norwége = 4 maal ackerland = 10,000 allen carrés.	39.379	0.973130
Linier (ligne).	0.002179	pouces. 0.0858	Maal ackerland = 2,500 allen carrés	9.845	0.243284
Alen (aune) = 2 fod.	0.6275265	pieds. 2.0588			
Palmo (pour mâts et bois ronds) = 3 7/16 tommer. .	0.08861	pouces. 3.4885			
Mille de Danemark = 24,000 fuss de Danemark	7532.485	milles. 4.6807			
Mil (mille) de Norwége = 18,000 alen	kilom. 11.295	7.0186			
Grenzmil (lieue de Norwége) = 15,000 alen.	9.412	5.849			

NOMS des PAYS.	POIDS.	C. FRANÇAIS.	C. ANGLAIS.
NUREMBERG . . . . (Bavière.)	Les poids et mesures légaux de Nuremberg sont ceux de la Bavière ; mais comme la		
	donnons ici pour référence.		
	Pfund (livre) = 12 unzen = 96 drachmes = 288 scrupelen = 5760 gran.	gr. 357.85	grains. 5520.
	Unze = 8 » = 24 » = 480 »	29.82083	460.
	Drachme = 3 » = 60 »	3.72760	57.5
	Scrupel = 20 »	1.24253	19.2
	Gran.	0.06213	0.96
ODESSA.	Voyez *Russie*. — OPORTO . . . . Voyez *Portugal*. — OSTENDE . . . . Voyez *Belgique*. —		
PARME. . . . . . . (Voy. aussi *Sardaigne*)	Libbra (livre) = 12 oncie = 288 denari = 6912 grani.	gr. 326.42	lbs. 0.7197
	Oncia (once) = 24 » = 576 »	27.20	grains. 419.8
	Denaro (denier)	1.133	17.5
	Grano (grain).	0.048	0.7
	Rubbio = 25 livres.	kg. 8.1604	lbs. 17.99
	Pour l'or et l'argent, voyez *Vénétie*.		
PAYS-BAS (Hollande.)	Depuis 1816, on se sert en Hollande du système métrique français, mais avec des		
	quelques colonies hollandaises et dans quelques provinces, nous les donnons ici :		
	Poids de commerce.	kg.	lbs.
	Pond = 10 onsen = 1 kilogramme	1.	2.2057
	Ons = 10 looden = 1 hectogramme.	gr. 100.	0.22057
	Lood = 10 wigches = 1 décagramme	10.	grains. 154.4
	Wighe = 10 korrels = 1 gramme.	1.	15.44
	Korrel = 10 dixièmes = 100 centièmes = 1 décigramme	0.1	1.544
	Poids de pharmacie.		
	Livres = 12 onces = 96 drachmes = 288 scrup. = 576 oboles = 5760 gr.	375.	lbs. 0.82746
	Once = 8 » = 24 » = 48 » = 480 »	31.250	grains. 482.3
	Drachme = 3 » = 6 » = 60 »	3.90625	60.3
	Scrupule = 2 » = 20 »	1.30208	20.1
	Obole = 10 »	0.65104	10.
	Poids de commerce.		
	Schippond = 3 quintaux = 20 lyspondes = 37 1/2 steenen = 300 livres.	kg. 148.225	lbs. 326.9493
	Quintal ou centenaar = 6 2/3 » = 12 1/2 » = 100 »	49.408	108.9831
	Lyspond = 1 7/8 » = 15 »	7.411	16.3475
	Steen = 8 »	3.953	8.7186
	Livre de commerce = 2 marcs = 16 onces = 32 lods = 128 drachmes.	gr. 494.085	1.0898
	Marc = 8 » = 16 » = 64 »	247.042	grains. 3814.4
	Once = 2 » = 8 »	30.880	476.8
	Lod = 4 »	15.440	238.4
	Drachme.	3.860	59.6

plupart des États de l'Allemagne emploient pour poids de pharmacie l'ancienne livre de Nuremberg, nous la

OTTOMAN (empire). Voyez *Turquie*. — PADOUE. Voyez *Vénétie*. — PALERME. Voyez *Sicile*. — PARIS. Voyez *France*.

MESURES DE LONGUEUR.	C. FRANÇAIS.	C. ANGLAIS.
(oncia. punto. atomo.)	mèt.	pieds.
Braccio di legno = 12 = 144 = 1728	0.542	1.7783
Oncia = 12 = 144	0.0452	pouces. 1.778
Punto = 12	0.0038	0.148
Atomo	0.0003	0.0012
Piè (pied)	0.370	pieds. 1.8690
Braccio de panno	0.639	2.0965
Braccio de seta	0.588	1.9292
Pertica = 6 braccia di legno	3.252	10.67

MESURES DE SUPERFICIE ET DE SOLIDITÉ.	C. FRANÇAIS.	C. ANGLAIS.
MESURES DE SUPERFICIE.	ares.	acres.
Biolca = 6 stari = 288 perticas carrées.	30.8444	0.7827
Staro = 48 perticas carrées.	5.1340	0.1254

dénominations différentes. — Comme les anciens poids et mesures de la Hollande sont encore employés dans

MESURES DE LONGUEUR.	C. FRANÇAIS.	C. ANGLAIS.
	mèt.	mille.
Myl = 100 roeden = 1 kilom.	1000.	0.6214
Roede = 10 els = 1 déca.	10.	pieds. 32.809
El = 10 palms = 1 mèt. .	1.	3.2809
Palm = 10 duim = 1 décim	0.1	pouces. 3.93708
Duim = 10 streep = 1 cent. .	0.01	0.39371
Streep = 1 mill. .	0.001	0.03937
La chaîne d'arpentage = 2 roeden.		
(duim. kwart. achst.)		pieds.
Voet (pied) = 11 = 44 = 88	0.283133	0.9289
Duim (pouce) = 4 = 8	0.025739	0.0844
Kwart (quart) = 2	0.006435	0.0211
Achste (huitième).	0.003217	0.0105
Fuss (pied) du Rhin = 12 zoll.	0.313946	1.0300
Zoll (pouce).	0.026152	pouces. 1.0300
El (aune) d'Amsterdam . . .	0.68781	pieds. 2.2566
Elle de Brabant	0.69438	2.2782
El de Bruges.	0.700655	2.2988
El de la Haye.	0.69424	2.2777
Elle de Flandre	0.710584	2.3314
Roede (perche) d'Amsterdam = 13 voet.	3.68073	12.0761
Vadem ou vaam = 6 voet.	1.698798	5.5736
Kabel (nœud)	235.5	772.6319

MESURES DE SUPERFICIE ET DE SOLIDITÉ.	C. FRANÇAIS.	C. ANGLAIS.
MESURES DE SUPERFICIE.	ares.	acres.
Bunder = 1 hectare.	100.	2.4711
Vierkante roede (perche carrée) = 1 are	1.	p.car. 1076.4299
Vierkante el (aune carrée) = 1 mètre carré.	m.car. 1.	10.7643
Vierkante palm (palme carrée) = 1 décimètre carré . . .	0.01	0.1076
Vierkante duim (pouce carré) = 1 centimètre carré). . .	0.001	0.001076
Vierkante streep (ligne carrée) = 1 millimètre carré. . . .	0.0001	0.000011
(jucharts. roeden c. voet c.)	ares.	acres.
Morgen = 2 = 600 = 104400	81.2714	2.0083
Juchart = 300 = 50700	40.6357	1.0041
Roede carré = 169	m.car. 13.3482	p.car. 143.805
Pied carré.	0.080149	0.8627
MESURES DE SOLIDITÉ.	st.	p. cb.
Pour le bois de chauffage, wisse	1.	35.316
Kubieke el (aune cubique). .	m. cb. 1.	35.316

NOMS des PAYS.	POIDS.	C. FRANÇAIS.	C. ANGLAIS.
		kg.	lbs.
PAYS-BAS (*Suite*).	Le stein est compté aussi = 6 livres	2.694	6.8390
	Scheepslast (last de navire) = 4000 livres	1976.340	4359.32
	Poids de troy.	gr.	grains.
	Pond troissch = 2 marken = 16 unzen = 320 engeln = 10240 as.	492.17	7007.4
	Mark = 8 » = 160 » = 5120 »	246.08	3803.7
	Unze ou ons (once) = 20 » = 640 »	30.76	475.5
	Engels ou esterling = 32 »	1.538	23.8
	As	0.481	0.7
	Poids de joaillerie.		
	Karat = 4 greinen	0.205894	4.1794
	Le karat se divise en 1/2, 1/4, 1/8, 1/16		
	Poids de pharmacie.		
	L'ancienne livre de pharmacie = 3/4 livre troy	369.12	5755.3
PÉROU	Voyez *Espagne*.		
		gr.	lbs.
PERSE	Dirhem = 2 miskals	9.3	0.021
	Miskal	4.66	0.010
	Rattel = 50 dirhems	465.	1.050
	Batman = 6 rattels = 600 miskals	2790.	6.300
		kg.	
	Batman de Shivez = 640 miskals	2.978	6.569
	Batman de Tauris = 1280 »	5.956	13.14
PÉTERSBOURG	Voyez *Russie*. — PHILADELPHIE. . . Voyez *États-Unis*. — PIÉMONT. . . Voyez *Sardaigne*.		
PORTUGAL	Le système métrique français est en usage au Portugal ; nous donnons ici les anciens		
		gr.	lbs.
	Arratel (livre) = 16 onças = 128 outavas = 384 scrupules = 9216 grãos	459.	1.01186
			grains.
	Onça (once) = 8 » = 24 » = 576 »	28.6875	442.59
	Outava = 3 » = 72 »	3.5859	55.34
	Scropulo = 24 »	1.1953	18.45
	Grão	0.0498	0.77
		kg.	lbs.
	Arroba = 32 arratels	14.688	32.3795
	Quintal = 4 arrobas = 128 arratels	58.752	129.518
	Le poids pour l'or et l'argent est le marc de 8 onces.		
	Le poids médicinal est la libra de 12 onces = 3/4 arratels.		

MESURES DE LONGUEUR.	C. FRANÇAIS.	C. ANGLAIS.
	mèt.	pieds.
Pour les mâts de navire et autres bois ronds, on mesurait la circonférence au ronde mast palm = 1/3 voet.	0.094378	0.3096
Et le diamètre au diameter palm	0.304	0.9974
	km.	milles.
La lieue de Hollande = 20.000 voet (19.63 au degré)	5.66266	3.5187
Lieue de 20,000 fuss du Rhin (17.7 au degré)	6.27892	3.9016
Lieue marine (20 au degré) = 3 milles marins	5.557	3.4530
	mèt.	pouces.
Goss ou guerz monkelser	0.9525	37.1/2
Guerze commun	0.635	25
Goss ou guerze shah (pour les lainages)	1.016	40.
Arish	0.972	38.27
		p.
Forsang ou perasang	5.50	28.04

MESURES DE SUPERFICIE ET DE SOLIDITÉ.	C. FRANÇAIS	C. ANGLAIS.
	m. c.	pouces.
MESURES DE SOLIDITÉ.		
Kubieke palm (palme cubique)	0.001	61.027051
Kubieke duim (pouce cubique)	0.000001	0.061027
Kubieke streep	0.000000001	0.000061

— PONDICHÉRY. . . . . Voyez *France*.

poids et mesures :

	mèt.	pieds.
palmos. polegada. linhas. pontos.		
Pié (pied) = 1 1/2 = 12 = 144 = 1728	0.33	1.0827
Palmo ou span = 8 = 96 = 1152	0.22	0.7218
		pouces.
Pollegada (pouce) = 12 = 144	0.0275	1.0827
Linha (ligne) = 12	0.0023	0.0902
Ponto	0.0002	0.0076
Grao (grain) = 2 linhas	0.0046	0.1804
Dedo (doigt) = 8 —	0.01833	0.7216
varas. covados. palmos.		pieds.
Braca (brasse) = 2 = 3 1/3 = 10	2.200	7.218
Vara = 1 2/3 = 5	1.100	3.609
Covado	0.660	2.1654
Covado avantajado, pour le commerce de détail	0.6806	2.233
(Pratiquement on compte 20 yards anglais = 27 covados).		
Passo geometrico = 1 1/2 vara	1.65	5.413
Estadio = 117 11/30 bracas	258.24	847.153
	km.	milles.
Millo = 8 estadios	2.066	1.283
Lieue = 3 millos	6.197	3.849

MESURES DE SUPERFICIE.	ares.	acres.
Geira = 4840 varas carrées	38.364	1.4472

NOMS des PAYS.	POIDS.	C. FRANÇAIS.	C. ANGLAIS.
		gr.	lbs.
PRAGUE	Voyez *Autriche*. — PRESBOURG. . . . . Voyez *Autriche*.		
PRUSSE.	La livre de Prusse est le poids d'1/66 pied cube d'eau distillée, dans le vide, à 15° Réaumur.		
	Pfund (livre) = 2 mark = 16 unzen = 32 loth = 128 quentchen.	467.711	1.0311
	Mark = 8 » = 16 » = 64 »	233.8555	grains. 3609.
	Unze (once) = 2 » = 8 »	29.2319	451.1
	Loth = 4 »	14.61596	225.6
	Quentchen	3.65399	56.4
	Centner (quintal) = 110 pfund = 102.892 zollpfund	kg. 51.448	lbs. 113.426
	Schifflast = 4000 » = 3741.69 »	1870.844	4124.4
	(En pratique on le compte = 3800 »	»	»
	Dans la marine on compte 36 centner = 3960 pfund.	»	»
	Stein (pour la laine = 22 pfund.	10.28964	22.6842
	La Prusse a adopté avec la plupart des États du Zollverein la livre de douanes, zollpfund, 500 gr. (Voir *Brême*.)		
	Le zollcentner = 100 zollpfund.		
	Or, argent et monnaies.		
	Mark. . . . . { 24 karatior = 288 gran. / 16 loth argent = 288 gran.	gr. 233.8355	grains. 3609.
	Karat = 12 gran.	9.74398	150.3
	Loth = 18 »	14.61597	225.6
	Gran.	0.8120	12.5
	Poids de joaillerie : Juwelen carat.	0.205537	4.17.38
	(On le divise en demis, quarts, huitièmes, seizièmes, trente-deuxièmes et soixante-quatrièmes.		
	Poids de pharmacie.		
	Pfund = 12 unzen = 96 drachmes = 288 scrupel = 5760 gran.	350.7832	5413.5
	Gran.	0.0609	0.94
QUÉBEC	Voyez *Angleterre*.		
REVEL.	Voyez *Russie*. — RIGA. . . . . Voyez *Russie*. — RIO-DE-JANEIRO . . . . . Voyez *Brésil*. ROSTOCK. . . Voyez *Mecklenbourg-Schwerin*. — ROTTERDAM . . . Voyez *Pays-Bas*.		
RUSSIE.	Funt (livre) = 12 lanas = 32 loths = 96 zolotniks = 9216 doli.	gr. 409.516	lbs. 0.90254
	Lana = 2 2/3 = 8 » = 768 »	34.126	grains. 526.5
	Loth = 3 » = 288 »	12.797	197.4
	Zolotnik = 96 »	4.266	65.8
	Doli	0.0144	0.7
	Grizta = 20 livres.	kg. 8.1903	lbs. 18.0528
	Pud ou poud = 40 livres.	16.3806	36.1056
	Berkowit pud . . . . { 10 pud. / 400 livres.	163.8064	361.056
	Packen. . . . . { 3 berkowit. / 30 pud. / 1200 livres.	491.4192	1083.168
	Le poids pour l'or et l'argent est la zolotnik = 96 doli ; on exprime le titre en dolis, le zolotnik représentant le métal pur ou le titre 1000/1000.		

MESURES DE LONGUEUR.	C. FRANÇAIS.	C. ANGLAIS.	MESURES DE SUPERFICIE ET DE SOLIDITÉ.	C. FRANÇAIS.	C. ANGLAIS.
	mèt.	pieds.		m. car.	p. car.
			MESURES DE SUPERFICIE.		
Fuss (ancien pied du Rhin = 12 zoll = 144 linien. . . .	0.3138535	1.0298	Ruthe carrée = 144 fuss carrés.	14.1846	152.6873
Zoll (pouce) = 12 linien. . .	0.0261545	pouces. 1.0298	Fuss carré = 144 zoll carrés.	0.098504	152.6873
Linie (ligne)	0.0021795	0.086	Morgen = 180 ruthen carrées.	ares. 25.53225	acres. 0.6310
Ruthe (toise) = 12 fuss. . .	3.76624	pieds. 12.357	MESURES DE SOLIDITÉ.		
Elle (aune) = 25 1/2 zoll de Prusse	0.66694	2.1882	Ruthecube = 1,728 fuss cubes.	m. cb. 53.4226	pd.cb. 1886.6725
Faden (brasse pour la marine) 6 fuss	1.883121	6.1786	Fusscube = 1,728 zoll cubes.	0.03094	1.0918
			Zoll cube = 1,728 linien cub.	cent. cb. 17.88	pouces cb. 1.0916
			Linie cube	0.01035	0.00066
			Klaftercube = 108 fuss cubes.	m. cb. 3.3389	pd.cb. 117.9166
			Schachtruthe = 144 =	4.4549	157.2232
Lachter (pour les mines) = 8 achtel = 80 achterzoll = 8,000 primen = 80,000 sekunden	2.092357	6.8648			
Achtel = 10 zoll = 1,000 primen = 10,000 sekunden	0.261544	0.8581			
Meile (mille) = 2,000 ruthen = 1.013 mille géographique allemand = 4.0668 milles marins.	km. 7.532483	milles. 4.6807			
Le degré du méridien = 14 meile 754.					

— ROCHELLE (la) . . . Voyez *France*. — ROME . . . Voyez *États romains*. — ROUEN. . . Voyez *France*. —

	mèt.	pieds.	MESURES DE SUPERFICIE.	ares.	acres.
archinnes. pieds. werchocks pouces.			Déciatine géométrique ou de la couronne = 2,400 sagènes carrées.	409.25	2.0997
Sagène = 3 = 7 = 48 = 84	2.13356145	7.	Déciatine dite économique (non légale) = 3,200 sagènes carrées	145.67	3.3997
Archinne = 2 1/3 = 16 = 28	0.71118715	pouces. 28.			
Pied = 6 1/3 = 12	0.304788	12.			
Werchock = 1 3/4	0.04445	1.75			
Pouce = 12 lignes.	0.025399	1.			
Werst = 500 sagènes. . . .	1066.781	milles. 0.6629			

NOMS des PAYS.	POIDS.	C. FRANÇAIS.	C. ANGLAIS.
		gram.	grains.
RUSSIE. . . . . . . (Suite).	Livre médicinale.		
	Elle = 8064 dolis et se subdivise ainsi:		
	Livre = 12 onces = 96 drachmes = 288 scrupules = 5760 grains.	358.324	5529.8
	Once = 8 » = 24 » = 480 »	29.860	460.8
	Drachme = 3 » = 60 »	3.733	57.6
	Scrupule = 20 »	1.244	19.2
	Grain	0.062	0.96
SAINT-DOMINGUE. .	Voyez *Haïti*. — SAINT-GALL. . Voyez *Suisse*. — SAINT-PÉTERSBOURG . . Voyez *Russie*.		
SARDAIGNE. . . . . (Royaume de)	On se sert dans le royaume de Sardaigne du système métrique français; cependant l'île		
		gr.	lbs.
	Libbra (livre) = 4 quarti = 8 ottavi.	405.77	0.8950
	Quarto = 2 »	101.44	0.22375
	Ottavo = 2 sedicesi	50.72	0.1119
		kg.	
	Rubbo = 26 libbre.	10.550	23.2705
	Cantarello = 4 rubbi = 104 libbre.	42.200	93.0821
	Cantaro = 100 libbre.	40.577	232.7052
	Calpo = 10 cantarelli	422.	930.821
SAXE (Royaume de). Leipzick et Dresde.	A DRESDE.		
		gr.	lbs.
	Pfund (livre) = 2 marcs = 16 unzen = 32 loth = 128 quentchen.	467.	1.03007
			grains.
	Marc = 8 » = 16 » = 64 »	233.5	3605.
	Unze (once) = 2 » = 8 »	29.1875	450.6
	Loth = 4 »	14.59375	225.3
	Quentchen = 4 pfennig = 60 gran	3.64844	56.3
		kg.	lbs.
	Stein = 22 pfund	10.274	22.0615
	Waage de fer (balance) = 44 pfund.	20.548	45.3231
	Centner = 1100 pfund.	51.37	113.3077
	Schiffpund = 3 centner.	154.11	339.9234
	Pour la douane et la poste, on se sert des poids du Zollverein. (Voir *Brême*.)		
	Pour l'or et l'argent:		
		gr.	grains.
	Le marc de Cologne local = 1/2 pfund.	233.5	3605.
	Il est divisé comme à Berlin et compté = 4122 as ducat.		
	Pour les monnaies, le poids du Zollverein.		
	Pour la joaillerie:		
	Le karat d'Amsterdam, divisé en demi, 1/4, 1/8, 1/64.	0,205894	3.9974
	Poids de pharmacie, voir Berlin (*Prusse*).		

de Sardaigne emploie encore les poids et mesures suivants :

MESURES DE LONGUEUR.	C. FRANÇAIS.	C. ANGLAIS.	MESURES DE SUPERFICIE ET DE SOLIDITÉ.	C. FRANÇAIS.	C. ANGLAIS.
	mèt.	pieds.		ares.	acres.
Palma.	0.2625	0.8612	MESURES DE SUPERFICIE.		
Canna = 8 palmi	2.1000	6.8898	Restiera ou rasiera = 202,300 palmes carrées	139.335	3.4484
Trabucco = 12 palmi	3.1500	10.3348	Migliaro de vignes = 24,964 palmes carrées		
A Sassari, la canna = 10 palmi.	2.625	8.6123	Migliaro d'oliviers = 4,602,755 palmes carrées		
A DRESDE.	m.	p.	MESURES DE SUPERFICIE.		
Fuss (pied) = 12 zoll = 144 linien	0.28319	0.9291	Acker (acre) = 300 ruthen carrés (ruthe de 182 pouces de Dresde).	ares. 55.398	acres. 1.369
		pouces.			
Zoll (pouce) = 12 —	0.0236	0.9291	Morgen ou scheffel = 1/2 acker.	27.690	0.6845
Linie (ligne)	0.00197	0.0766			
On divise aussi le fuss en décimalzoll.					
		p.			
Elle (aune) = 2 pieds. . . .	0.56638	1.8582			
Stab ou double aune = 2 ellen.	1.13276	3.7164			
Dans la pratique, on compte:					
Le fuss de Dresde.	0.28333	0.9295			
L'elle de Dresde	0.56667	1.8590			
Pour les mesures pour le fil, voir *Leipzick*.					
Klafter (corde) = 6 fuss. . .	1.69914	5.5746			
Ruthe (perche) d'arpentage ou géométrique = 182 zoll. .	4.295	14.0916			
On le divise en 10 décimal fuss, 100 décimal zoll, 1,000 décimal linien.					
Kette = 10 ruthen d'arpentage.	42.950	63.746			
Ruthe d'architecture et agricole = 192 zoll	4.531	14.8636			
Berglachter (toise des mineurs = 7 lachterfuss. . .	2.	6.5618			
Bargelle (elle des mineurs) = 2 lachterfuss	0.5714	1.8748			
Lachterfuss (pied de toise). .	0.2857	0.9374			
		milles.			
Postmeile (mille de poste) = 13241.987 ellen légales. .	7500.	4.6604			

NOMS des PAYS.	POIDS.	C. FRANÇAIS.	C. ANGLAIS.
		gram.	lbs.
SAXE (*Suite*)	A LEIPZICK.		
	Pfund ou kramerpfund (voir *Dresde*).		
	Pfund (pour le commerce)	467.62	1.0309
SAXE-ALTENBOURG .	Pour le commerce ordinaire, les poids sont ceux de Leipzick. [Voir *Saxe*.]		
	Pour les matières d'or et d'argent, ce sont les poids de Berlin. [Voir *Prusse*.]		
		gram.	lbs.
SAXE-WEYMAR. . .	Pfund (livre)	467.62	1.0309
		kg.	
	Stein = 22 pfund	10.28764	22.6798
	Centner (quintal) = 5 stein.	51.4382	113.399
	La nouvelle livre est le zollpfund. (Voir *Brême*.)		
SÉVILLE	Voyez *Espagne*.		
		kg.	lbs.
SIAM.	Picul = 50 catties = 1000 tails = 4000 batts	60.4785	133.3490
	Caty = 2 catties de Chine = 20 » = 80 »	1.20957	2.66698
		gr.	
	Tail ou tahl = 4 »	60.4785	0.1334
	Batt ou tical	15.1196	0.0335
	Pour l'or et l'argent.		grains.
	Tical = 4 salungs = 8 fuangs.	15.292	236.11
	Salung = 2 »	3.823	59.03
	Fuang	1.9115	29.51
	(Les poids d'essai sont les mêmes qu'en Chine.)		
SIBÉRIE	Voyez *Russie*. — SMYRNE . . . . . Voyez *Turquie*. — STOCKHOLM . . . . . Voyez *Suède*.		

MESURES DE LONGUEUR.	C. FRANÇAIS.	C. ANGLAIS.	MESURES DE SUPERFICIE ET DE SOLIDITÉ.	C. FRANÇAIS.	C. ANGLAIS.
	mèt.	pieds.			
A LEIPZICK.					
Les mesures légales sont les mêmes qu'à Dresde.					
Les mesures locales principales sont les suivantes :					
Le fuss = 12 zoll = 144 linien	0.2825	0.9275			
L'elle de Leipzig	0.565	1.8550			
Pour le fil :					
Gebind = 20 faden de 3 ou 4 ellen	33.90 ou 45.20	111.30 ou 148.40			
Le stuck (paquet) = 6 strehn = 12 zaspel = 240 gebind.					
Pour le coton :					
Zahl = 7 unterband ou leas de 80 faden.	768.28	2498.232			
	mèt.	pieds.	MESURES DE SUPERFICIE.	ares.	acres.
Fuss ou baufuss (pied d'architecte) = 12 zoll	0.2838	0.9311	Acker (acre) = 300 ruthen carrés	64.4310	1.5923
Zoll (pouce).	0.02365	0.0776			
Pour les étoffes :					
Elle (aune) = 2 fuss	0.5676	1.8622			
Pour mesures agraires :					
Vermessungs fuss = 10 zoll = 100 linien.	0.5676	1.8622			
Ruthe = 10 fuss	5.676	18.6222			
	mèt.	pieds.	MESURES DE SUPERFICIE.	ares.	acres.
Fuss (pied)	0.282	0.9252			
Elle (aune) = 2 pieds. . . .	0.564	1.8504	Acker = 140 ruthen carrés. .	28.4974	0.7043
Klafter (toise) = 16 pieds. .	4.512	14.8033			
Ruthe (perche) = 10 pieds. .	2.82	9.2521			
	mèt.	pieds			
socks. keub. nious.					
Ken ou sen = 2 = 4 = 48	0.961	3.153			
Sock = 2 = 24	0.4805	1.576			
Keub = 12	0.24025	0.788			
		pouces.			
Niou (pouce)	0.02002	0.788			
		pieds.			
Vouah = 2 kens	1.922	6.306			
Juta = 100 kens	96.100	31.529			
		milles.			
Raneng = 2,000 vouahs. . .	3844.	2.3886			

— STRASBOURG. . . . . . . Voyez *France*.

NOMS des PAYS.	POIDS.	C. FRANÇAIS.	C. ANGLAIS.
		gram.	lbs.
SUÈDE.	Poids de commerce (victualje-vigt) :		
	Skalpund = 16 untzs = 32 lods = 128 qwintin = 8848 as. .	425.3395	0.9376
			grains.
	Untz (once) = 2 = 8 = 553 —. .	26.5887	410.2
	Lod = 4 = 276 1/2—. .	13.2919	205.1
	Qwintin = 69 1/8—. .	3.3229	51.3
	As.	0.04807	0.7418
			lbs.
	Skeppund = 20 lispund = 400 skalpunds.	170135.80	375.040
	Lispund 20	8506.79	18.752
	Poids d'exportation (stapelstadt-vigt) :	kg.	
	Skeppund	136.02	»
	Skeppslast = 18 skeppund.	2448.36	»
	Skeppund de Gesle ou uppstadt vigt	149.168	»
	Skeppund de fer, dans les usines.	130.300	»
	Skeppund de minerai de fer	195.401	»
	Skeppund de cuivre	150.942	»
	Poids pour l'or et l'argent :	gr.	grains.
	Mark = 8 untzs = 16 lods = 64 qwintin = 4384 as	210.739	3252.
	Untz = 2 = 8 = 548 —	26.342	406.5
	Lod = 4 = 274 —	13.171	203.2
	Qwintin = 68 1/2 —	3.293	50.8
	Poids de pharmacie :		
	Skalpund = 12 untz = 96 drachmes = 288 scrupuls = 5760 grains = 7416 as	356.487	5501.
	Untz = 8 = 24 = 480 —	29.707	458.4
	Drachme = 3 = 60 —	3.713	57.3
	Scrupule = 20 —	1.238	19.1
	Grain = 1 23/80 as	0.0619	0.95

SUISSE. . . . . . . D'après une décision de l'Assemblée fédérale, en date du 23 novembre 1834, le nouveau système de poids et mesures que nous donnons ici a été adopté pour toute la Suisse sous le nom de *Concordatmaasse*; depuis le 1er janvier 183[illegible], il est suivi exclusivement. (Genève ne l'a mis en vigueur que depuis 1837.)

NOMS des PAYS.	POIDS.	C. FRANÇAIS.	C. ANGLAIS.
SUISSE.	Les poids sont ceux du Zollverein. (Voyez *Brême*.)	gram.	lbs.
	Pfund (livre) = 16 unzen = 32 loth.	500.	1.1029
		kg.	
	Centner (quintal) = 100 pfund.	50.	110.2879
	Les titres des matières d'or et d'argent s'expriment, comme en France, en millièmes.		
	Poids de pharmacie :	gr.	grains.
	Livre = 12 unzen = 96 drachmes = 288 scrupules = 5760 grains.	375.	5790.14
	Unze (once) = 8 = 24 = 480 —	31.25	482.34
	Drachme = 3 = 60 —	3.90625	60.34
	Scrupule = 20 —	1.30208	20.10
	Grain	0.065104	1.005
	On se sert encore assez souvent de l'ancienne livre de pharmacie ou livre de Nuremberg. (Voir *Nuremberg.*)		
	A Bâle, l'ancienne livre de pharmacie est encore en usage. (Voir *Prusse* pour les divisions.).	377.78	5833.
		gr.	grains.
SYRIE (Alep)	Dirhem (drachme)	3.2139	49.597
		kg.	lbs.
	Pour le commerce de détail. . . { Oka = 400 dirhems	1.28556	2.829
	{ Batmann = 6 okas.	7.71336	16.974

MESURES DE LONGUEUR.	C. FRANÇAIS.	C. ANGLAIS.	MESURES DE SUPERFICIE ET DE SOLIDITÉ.	C. FRANÇAIS.	C. ANGLAIS.
	mèt.	pieds.		ares.	acres.
Fot (pied) = 10 tums = 100 linies	0.2969	0.9742	MESURES DE SUPERFICIE.		
Tum (pouce) = 10 —	0.0297	0.0974	Tunland (tonne de terre) = 56,000 fod carrés, se subdivise ainsi :		
Linie (ligne).	0.0030	0.0097	spannland. kappland. kannland.		
Dans quelques provinces, on divise encore le fod en 12 tums et 144 linies.					
Aln (aune) = 2 fod	0.5938	1.9484			
Famn (toise) = 6 fod	1.7814	5.8452	Tunland = 2 = 32 = 56	49.3638	12.1985
Stang = 8 aln = 16 fod	4.7504	15.5872	Spannland = 16 = 28	24.6819	6.0993
	km.	milles.			
Mil (mille) = 6,000 famn . .	10.6884	6.6428	Kappland = 1 3/4	[illegible]	[illegible]
			Kannland	0.8815	0.2178
				m. car.	p. car.
			Pied carré	0.08815	0.9489
	mèt.	pieds.		ares.	acres.
Fuss (pied) :			MESURES DE SUPERFICIE.		
10 zoll (pouces). . . . . } 100 linien (lignes). . . . . . } 1,000 striche (traits). . . . . }	0.30	0.98427	Juchart ou arpent = 40,000 pieds carrés	36.	0.8896
Elle, brache ou demi-aune = 2 pieds.	0.60	1.96854			
Stab ou aune = 4 pieds . .	1.20	3.93708			
Klafter ou toise = 6 — . .	1.80	5.90562			
Ruthe ou perche = 10 — . .	3.	9.8427			
	km.	milles.			
Wegstunde (lieue itinéraire) = 16,000 pieds	4.800	2.9827			
	mèt.	pouces.			
Drah ou pic local	0.67732	26.7			
Pic de Turquie	0.5858	27.			

NOMS des PAYS.	POIDS.	C.FRANÇAIS.	C. ANGLAIS.
		kg.	lbs.
SYRIE (Suite).	Pour le coton et la noix de galle. Rottolo (livre) = 2 uckieh = 720 dirhems.	2.344008	5.0894
	Uckia (once) = 60 —	0.192734	0.4244
	Kantar (quintal) = 100 rottoli	234.4008	508.905
	Grand kantar de Tripoli = 173 —	404.9344	890.384
	Zurle = 27 1/2 —	63.63522	139.949
	Yesno = 5 —	11.57004	23.443
	Kola = 7 vernos = 35 rottoli	80.99028	218.116
	Pour la soie de Syrie, le rottolo = 700 dirhems.		
	Pour la soie de Perse, le rottolo = 680 —		
	Pour cuivre et drogues, le rottolo = 600 —	gram.	grains.
	Pour les perles et l'ambre : metikal = 18 dirhems.	4.824	74.395
		kg.	lbs.
Beyrouth et Damas.	Cantaro = 100 rotoli = 150 okes = 6000 vakieh = 60000 drachmes.	192.84	424.4
	Rottolo = 1 1/2 = 60 = 600 —	1.928	4.244
	Okenoucka de Constantinople = 40 = 400 —	1.2856	2.829
		gr.	
	Vakia = 10 —	32.139	0.0707
			grains.
	Drachme	3.2139	49.597
	Metikal ou metckal = 1 1/2 drachme	4.824	74.395
		kg.	lbs.
	Pour les articles indigènes, le rotolo = 80 vakieh = 2 okes.	2.5712	5.658
	A Beyrouth, pour la soie, rotel de kesrewan = 720 drachmes.	2.314	5.089
	— kantar de Beyrouth = 180 okes	231.405	50.922
	Pour le chargement des navires français, on se sert du kantar de Constantinople.		
		gr.	lbs.
TOSCANE (Florence et Livourne) Voir aussi *Sardaigne*.	Libbra (livre) = 12 oncie = 96 dramme = 288 denari = 6912 grani	339.542	0.7486
			grains.
	Oncia = 8 = 24 = 576 —	28.295	436.7
	Dramma = 3 = 72 —	3.536	54.6
	Denaro = 24 —	1.178	18.2
	Grano	0.049	0.8
		kg.	lbs.
	Centinajo (quintal) = 100 libbre	33.9542	74.86
	Migliajo = 1,000 —	339.542	748.6
		gr.	grains.
	Carat de diamants { à Florence	0.1965	3.0402
		0.196494	3.0329
TOULON	Voyez *France*. — TRIESTE. Voyez *Autriche*.		
		kg.	lbs.
TRIPOLI (Barbarie)	Kantar = 40 oques = 100 rottoli	48.832	107.7
	Oque ou ocka = 2 1/2 —	1.2208	2.69
		gr.	
	Rottolo	483.32	1.077
		kg.	
	Kantar pour le fer	244.16	538.5
	Kantar de douane	53.743	118.5

MESURES DE LONGUEUR.	C.FRANÇAIS.	C. ANGLAIS.	MESURES DE SUPERFICIE ET DE SOLIDITÉ.	C.FRANÇAIS.	C. ANGLAIS.
	mèt.	pouces.			
Pik de Turquie	0.6838	27.			
Pik dit aune de Damas	0.582	23.			
	mèt.	pieds.	MESURES DE SUPERFICIE.	ares.	acres.
palmi. soldi. denari			tavole. partiche. deche.		
Braccio = 2 = 20 = 240	0.58365	1.9150			
Palmo = 10 = 120	0.29182	0.9575			
Soldo = 12	0.02918	0.0938	Quadrato = 10 = 100 = 1000	34.0647	0.8416
		pouces.			
Denaro	0.00243	0.0958	Tavola = 10 = 100	3.4064	0.0842
On divise aussi le braccio			Perticha = 10	0.3406	0.0084
en 12 crazies de 5 quattrinis.			Decha = 10 braccia carrées	0.0341	0.0008
		pieds.		m. car.	p. car.
Passetto = 2 braccia	1.16730	3.8300	Braccia carrée	0.34064732	3.7293
Canna = 4 braccia	2.33460	7.6600			
Canna des architectes = 5 braccia	2.91825	9.575			
		milles.			
Miglio (mille)	1653.075	1.0277			
Voir *Tunis*.					

NOMS des PAYS.	POIDS.	C. FRANÇAIS.	C. ANGLAIS.
		gram.	lbs.
TUNIS	Le rottel (livre) = 16 uckias (onces). Il a différentes valeurs, suivant les marchandises.		
	Rottel attari, pour les drogues et les métaux	506.88	1.118
	Rottel soucky, pour la viande, les fruits, l'huile, etc.	508.44	1.289
	Rottel khaddary, pour les légumes	639.48	1.410
	Rottel, pour le coton brut	537.57	1.230
	Rottel, pour cotons filés	760.32	1.577
	Le kantal = 100 rottel.		
TURQUIE.	Le poids qui sert de base est le dirhem ; mais sa valeur varie suivant les provinces et n'est jamais constante.		
	Kantar = 44 okas = 100 rottoli = 17600 dramms.	kg. 56.563	lbs. 124.46
	Oka ou oque = 2 3/25 = 400 = ...	1.28556	2.8286
	Rottolo ou rotol = 176 = ...	0.56865	1.2446
	Dramm, drachm ou dirhem = 64 grains.	gr. 3.2139	grains. 48.1/2
	Metikal = 1 1/2 dramm.	4.8208	72.7
	Pour le coton et les étoffes de coton, le cantaro ou kantar est compté = 45 okes.	kg. 57.85	lbs. 127.8
	Tcheki. . . { pour l'opium = 250 drachmes.	gr. 803.478	grains. 1212.5
	Tcheki. . . { pour le poil de chameau = 800 —	kg. 2.571	lbs. 5.6072
	Teffeh, pour la soie de Brousse = 610 —	1.906	gr. 2958.5
	Batman, pour la soie de Perse = 6 okas	7.713	lbs. 16.9716
	Tonne = 136 batman.	1049.	2308.
	Poids pour l'or, l'argent et la pharmacie :		
	Tcheki = 100 dramm ou dirhem = 1,600 carats.	gr. 321.39	grains. 4850.
	Killo ou kara (carat) = 4 grains	0.2009	3.
	Grain	0.0502	0.7

VÉNÉTIE ET LOMBARDIE. . . . . . Nous donnons ici le système légal des poids et mesures qui était en usage dans l'ancien locales qui étaient employées concurremment avec ce système.

(Ancien royaume lombard-vénitien.)	L'unité de poids est la libbra metrica, ou libbra nuova, ou chilogramma = le kilogramme français, et divisée décimalement :	kg.	lbs.
Pour la *Lombardie*.	Libbra = 10 oncie = 100 grossi = 1000 denari = 10000 grani	1.	2.2039
Voir aussi *Sardaigne*	Oncia = 10 = 100 = 1000 =	gr. 100.	0.2206
	Grosso = 10 = 100 =	10.	0.0221
	Denaro = 10 =	1.	0.0022
	Grano.	0.1	0.0002
	Poids pour l'or et l'argent :		
	Marco = 8 oncie = 192 denari = 4608 grani.	235.	grains. 3627.
	Oncia = 24 = 576 = ...	29.423	453.4
	Denaro = 24 = ...	1.226	18.9
	Grano	0.051	0.8
	Continajo (quintal) = 100 libbra.	kg 100.	
	En outre :		
	A Venise, on se sert de deux sortes de livres :		
	1° Libbra sottile (livre légère)	gr. 301.3	

MESURES DE LONGUEUR.	C. FRANÇAIS	C. ANGLAIS.	MESURES DE SUPERFICIE ET DE SOLIDITÉ.	C. FRANÇAIS.	C. ANGLAIS.
	mèt.	pieds.			
Drâ hendazé (pour les lainages)	0.673	2.208			
Drâ turc ou pic (pour les galons).	0.637	2.099			
Arbi dreah (drâ arabe) pour toiles et cotons	0.4883	1.603			
Pic (pour la laine).	m. 0.6858	pouces. 26.8			
Endasch (pour la soie, le fil et le coton).	0.6528	pieds. 2.1418			
Halebi ou arzchin	0.7086	2.325			
Agatsh, farsang ou paresang = 3 berri.	5001.	16408.			
Berri	1667.	5469.			
1 degré géographique moyen = 22 2/9 agatsh ; 1 degré de l'équateur vaut 84 2/3 milles marins de Turquie ou 25 farsang d'Arménie.					

royaume lombard-vénitien, et en même temps, pour les villes les plus importantes, les principales mesures

L'unité de longueur est le metro ou braccio = 1 mètre.	mèt.	pieds.	MESURES DE SUPERFICIE.	ares	acres.
(palmi. — diti. — atomi.)			Tornatura = 100 palmi carrés.	1.	0.02471
Metro ou brac. = 10 = 100 = 1000	1.	3.2809	On emploie aussi pour l'arpentage le cavezzo carré.		
Palmo = 10 = 100	0.1	0.3281			
Dito = 10	0.01	pouces. 0.394			
Atomo	0.001	0.0394			
Miglio (mille) = 1 kilomètre.	1000.	yards. 1093.6			
Antérieurement, le braccio avait à Milan la valeur et les subdivisions suivantes :					
Braccio = 12 oncie = 144 punti = 1,728 atomi. . . .	0.595	pouces. 23.42			
Le braccio a les valeurs locales suivantes :					

NOMS des PAYS.	POIDS.	C. FRANÇAIS.	C. ANGLAIS.
		gram.	grains.
VÉNÉTIE ET LOMBARDIE (*Suite*). .	2° Libbra grossa (livre lourde)	477.4	»
	A Bergame, aussi deux sortes de livres :		
	1° Libbra grossa ou lira (livre lourde).	812.832	»
	2° *Liretta* (petite livre)	325.129	»
VENISE.	Voyez *Vénétie*. — VÉRONE. . . . Voyez *Vénétie*. — VIENNE. . . . Voyez *Autriche*.		
WURTEMBERG [1]. .	Poids de commerce : poids du Zollverein. (Voyez *Brême*.) Poids de pharmacie. (Voyez *Nuremberg*.)		

[1] Une Commission a été instituée par la diète de Francfort, avec mission d'élaborer un projet de système uniforme de poids et mesures pour tous les États de l'Allemagne. La Commission, dans sa première séance (12 janvier 1861), a adopté le mètre comme unité des mesures de longueur. Dans les séances suivantes, elle a décidé l'admission du système métrique français, pour les mesures de longueur, avec les différences suivantes :

Le décimètre est supprimé, comme offrant peu d'utilité pratique. Pour la mesure des étoffes dans le commerce de détail, on fera usage d'un mètre divisé d'un côté en centimètres et en millimètres, et de l'autre côté en demies, quarts, huitièmes, etc. La mesure itinéraire est le mille allemand de 7,500 mèt.; le kilomètre a été rejeté, comme offrant trop de différence avec les habitudes actuelles. Pour les mesures de superficie, on emploiera le mètre carré, l'are de 100 mètres carrés, le double arpent de 5,000 et l'hectare de 10,000 mètres carrés. Les mesures de solidité sont, comme en France, basées sur le mètre cube.

La Commission continue en ce moment son travail.

MESURES DE LONGUEUR.	C. FRANÇAIS.	C. ANGLAIS.	MESURES DE SUPERFICIE ET DE SOLIDITÉ.	C. FRANÇAIS.	C. ANGLAIS.
	mèt.	pieds.			
A Venise :					
Pour la laine	0.683	2.2409			
Pour la soie.	0.638	2.0932			
A Bergame :					
Dans le commerce.	0.659	2.1621			
Pour les travaux d'art. . . .	0.531	1.7422			
A Brescia :					
Pour la laine	0.674	2.2143			
Pour la soie.	0.640	2.0998			
A Mantoue	0.638	2.0932			
A Padoue :					
Pour la laine	0.681	2.2343			
Pour la soie.	0.638	2.0932			
A Pavie.	0.595	1.9548			
A Vérone :					
Pour la laine.	0.649	2.1293			
Pour la soie.	0.542	1.7782			
Le cavezzo (toise) à Milan.	2.6110	8.5664			
Le cavezzo (toise) à Venise.	2.0864	6.8453			
	mèt.	pieds.	MESURES DE SUPERFICIE.	ares.	acres.
(zolle. — linien. — punkte.)			(jauchart — viertel. — ruthene.)		
Fuss (pied) = 10 = 100 = 1000	0.28649	0.9399			
Zoll (pouce) = 10 = 100	0.02865	0.09399	Arpent ou morgen = 2 = 4 = 384	31.5174	0.778840
Linie (ligne) = 10	0.00287	0.0940	Jauchart ou tagowesk = 2 = 192	15.7587	0.38942
Punkt (point)	0.00029	0.0094	Viertel = 96	7.87935	0.19471
				m. car.	p. car.
Elle (aune) de Stuttgard. . .	0.614235	2.015	Ruthe carré.	8.207652	0.883497
Klafter (toise) = 6 fuss. . .	1.71894	5.6398	MESURES DE SOLIDITÉ.		
Ruthe (perche) = 10 fuss. .	2.8649	9.3994		st.	p. cb.
		mille.			
Mille = 26,000 pieds	7448.74	4.6285	Klafter ou mess de bois = 144 fuss cubes	3.386	119.58

TABLEAU DES MESURES DE CAPACITÉ DES PRINCIPAUX ÉTATS DU MONDE

AVEC LEUR CONVERSION EN POIDS ET MESURES DE FRANCE ET D'ANGLETERRE.

NOMS des PAYS.	MESURES DE CAPACITÉ. MATIÈRES SÈCHES.		C. FRANÇAIS.	C. ANGLAIS.
			hectol. lit.	
ANGLETERRE	L'unité de mesure de capacité, tant pour les matières sèches que les liquides, est le gallon impérial (Imperial-Standard gallon) qui contient 10 livres avoir-du-poids d'eau distillée, pesée avec des poids en cuivre, à la température de 32° Fahrenheit, et à la pression barométrique de 30 pouces; son volume correspond à 277.2738 pouces cubes.			
			lit.	
	Gallon impérial	2 pottles. 4 quarts. 8 pintes	4.5435	»
	Bottle	2 quarts. 4 pintes.	2.2717	»
	Quart = 2 pintes		1.1359	»
	Pinte		0.5679	»
	Peck	2 gallons. 4 pottles. 8 quarts. 16 pintes.	9.0869	»
	Bushel impérial	4 pecks. 8 gallons. 16 pottles. 32 quarts. 64 pintes.	36.3477	»
	Strike	2 bushels. 8 pecks. 16 gallons. 32 pottles. 64 quarts. 128 pintes.	72.6953	»
			hect. lit.	
	Coom	2 strikes. 4 bushels. 16 pecks. 32 gallons. 64 pottles. 128 quarts. 256 pintes.	1.45.3900	»
	Quarter = 2 cooms		2.90.7813	»
	Wey ou tun = 5 quarters		14.53.9	»
	Last ou load = 2 weys		29.07.8	»
ABYSSINIE (Afrique).				

MESURES DE CAPACITÉ. MATIÈRES LIQUIDES.		C. FRANÇAIS.	C. ANGLAIS.
		hectol. lit.	
Les multiples du gallon varient suivant qu'il s'agit de vins et d'eaux-de-vie, ou bien de bière; les sous-multiples sont les mêmes.			
Multiples du gallon pour vins et eaux-de-vie :			
Kilderkin ou rundlet = 2 firkins = 16 gallons		0.81.78	»
Barrel	1 3/4 kilderkins. 3 1/2 firkins. 31 1/2 gallons.	1.43.12	»
Tierce	= 1 1/3 barrel = 2 2/3 kilderkins. 4 2/3 firkins = 42 gallons.	1.90.82	»
Hogshead ou barrique	1 1/2 tierce = 2 barrels. 3 1/2 kilderkins = 7 firkins. 63 gallons.	2.86.24	»
Puncheon	1 1/3 hogshead = 2 tierces. 2 2/3 barrels = 4 2/3 kilderkins. 9 1/3 firkins = 84 gallons.	3.81.65	»
Pipe ou butt	1 1/2 puncheon = 2 hogsheads. 3 tierces = 4 barrels. 7 kilderkins = 14 firkins. 252 gallons.	5.72.48	»
Tonneau	2 pipes = 3 puncheons. 4 hogsheads = 6 tierces. 8 barrels = 14 kilderkins. 28 firkins = 252 gallons.	11.44.05	»
Multiples du gallon pour la bière :			
Kilderkin ou quarter barrel = 18 gallons		0.81.78	»
Barrel = 2 kilderkins = 36 gallons		1.63.56	»
Hogshead = 1/2 barrel = 54 gallons		2.45.35	»
Pipe ou butt = 2 hogsheads = 108 gallons		4.90.69	»
Tonne ou tun = 2 pipes = 216 gallons		9.81.39	»
Subdivisions du kilderkin ou rundlet :			
Kilderkin = 2 firkins		0.81.78	»
Firkin = 9 gallons		0.40.89	»
Gallon = 2 pottles		0.04.54	»
Pottle = 2 quarts		0.02.27	»
Quart = 2 pintes		0.01.35	»
Pinte = 4 gills		0.00.57	»
Gill		0.00.14	»
L'ancien gallon à vin (wine gallon) = 6/5 de gallons impériaux ou 3.7852 litres, n'est plus en usage.			
		lit.	gal.
Cuba		1.016	0.2235
Ardeb de blé	A Gondar = 10 madegas.	4.4	0.9681
	A Massoua = 24 madegas.	10.56	2.3342
Madega		0.44	0.0968

NOMS des PAYS.	MESURES DE CAPACITÉ. MATIÈRES SÈCHES.	C. FRANÇAIS.	C. ANGLAIS.
AIX-LA-CHAPELLE..	Voyez *Prusse*. — ALEXANDRIE. . . Voyez *Égypte*. — ALICANTE. . . Voyez *Espagne*.		
ALEP (Syrie). . . .	Voyez *Syrie*. — ALGER. . . . . . Voyez *France*. — ALTONA. . . . Voyez *Danemark*.		
		lit.	gal.
ARABIE.	Teman = 40 kellas	84.8969	18.69
	Kella ou mekmeda	2.12247	0.467
ARCHANGEL.	Voyez *Russie*. — ATHÈNES. . . . . Voyez *Grèce*.		
ARAGON	Voyez *Espagne*. — AUGSBOURG. . . . . . . Voyez *Bavière*.		
AUTRICHE	Muth . . . . { 30 metzen. 120 viertel. 240 achtel. 480 muhlmassel. 960 futtermassel. 3840 bechel. 30720 probmetzen. }	1845.135	406.0288
	Metze = 4 viertel = 1024 probmetzen	61.5045	13.3344
	Viertel = 2 achtel = 256 —	15.3761	3.3840
	Achtel = 2 muhlmassel = 128 —	7.68805	1.6920
	Muhlmassel = 2 futtermassel = 64 —	3.84403	0.8460
	Futtermassel = 4 becher = 32 —	1.92201	0.4232
	Becher = 8 probmetzen = 8 —	0.48050	0.1056
	Probmetzen	0.06006	0.0132
BADE	Zuber . . . . { 10 malter. 100 sester. 1000 messlein. 10000 becher. }	1500.	330.1355
	Malter = 10 sester = 100 messlein = 1000 becher.	150.	33.0135
	Sester = 10 = 100 —	15.	3.3014
	Messlein = 10 —	1.5	0.3301
	Becher.	0.15	0.0330
	BARBADES (Iles). . . . Voyez *Indes occidentales*. — BARCELONE. . . . . Voyez *Espagne*.		
BAVIÈRE.	Scheffel (légal) . . . . { 6 metzen. 12 viertel. 48 achtel. 96 messlein. 192 dreissiger. }	222.3576	48.9376

MESURES DE CAPACITÉ. MATIÈRES LIQUIDES.	C. FRANÇAIS.	C. ANGLAIS.
— AMÉRIQUE. . . . . . Voyez *États-Unis*. — ANCONE. . . . . . Voyez *États romains*.		
— AMSTERDAM. . . . . . Voyez *Pays-Bas*. — ANVERS. . . . . . Voyez *Belgique*.		
	lit.	gal.
Gudda ou koddy. . . . . { 8 noosfias. 128 vakias. }	7.57	2.
Noosfia = 16 vakias	0.946	0.25
Vakia	0.059	0.0156
Fuder = 32 eimer = 1280 mass = 10240 pfiff.	1811.2192	398.6304
Eimer = 4 viertel = 40 = 320 —	56.6006	12.4572
Viertel = 10 = 80 —	14.1501	3.1143
Mass (pot) = 2 kannen = 8 —	1.4150015	0.3114
Kanne = 2 seitel = 4 —	0.707507	0.1557
Seitel = 2 —	0.353753	0.0779
Pfiff	0.176876	0.0389
POUR LE VIN :		
L'eimer (reicheimer) . . . . { = 41 mass. = 164 seitel. }	58.015615	12.7674
POUR LA BIÈRE :		
L'eimer (shenkeimer) . . . . { 42 1/2 mass. 170 seitel. }	60.1382	13.0788
Fuder = 10 ohm = 100 stütze = 1000 mass = 10000 schoppen.	1500.	330.1355
Ohm = 10 = 100 = 1000 —	150.	33.0135
Stütze = 10 = 100 —	15.	3.3014
Mass = 10 —	1.5	0.3301
Schopp.	0.15	0.0330
— BALE. . . . . Voyez *Suisse*. — BATAVIA. . . . . Voyez *Java*.		
Eimer à bière. . . . . { 1 1/5 eimer à vin. 64 masskanne. 256 quartel. 512 achtel. }	68.417	15.0584

NOMS des PAYS.	MESURES DE CAPACITÉ. MATIÈRES SÈCHES.		C. FRANÇAIS.	C. ANGLAIS.
			lit.	gal.
BAVIÈRE. . . . . (*Suite.*)	Metze	2 viertel. 8 achtel. 16 maeslein. 32 dreissiger.	37.0296	8.1502
	Viertel.	4 achtel. 8 maeslein. 16 dreissiger.	18.528	»
	Achtel = 2 maeslein = 4 dreissiger		4.632	»
	Maeslein = 2 dreissiger		2.316	»
	Dreissiger.		1.158	»
	Schaffel d'avoine = 7 metzen		259.41	»
	L'ancien scheffel ou scheff se divisait en : 6 [illegible] = 32 vierling = 128 viertel = 512 maessle		205.27	»
BELGIQUE	Les poids et les mesures sont légalement ceux de France. Cependant, à Anvers, on continue dans la pratique à faire usage de la plupart des anciennes mesures. Nous donnons celles qui ne sont pas encore tombées en désuétude :			
	Viertel ou rasière	4 meukens. 56 pots. 112 pintes. 224 upers.	77.	14.9475
	Meuken	14 pots. 28 pintes. 56 upers.	19.25	4.2369
	Pot = 2 pintes = 4 upers		1.28	0.30263
	Pinte = 2 upers.		0.6875	0.15131
	Uper		0.3437	0.07565
	On compte dans le commerce de détail le pot = 1 1/3 litre, et la pinte = 2/3 litre.			
	Dans le commerce en gros, 4 viertel = 3 hectolitres, ou 1 viertel = 75 litres.			
	Last = 37 1/2 rasières.		2888.	635.5311
	La rasière d'avoine et de charbon de bois = 4 meukens = 70 pots.		96.25	21.1843
	Meuken = 17 1/2 pots.		24.0625	5.2961
	Rasière de sel.		410.	39.6085
	Last de navire = 8 rasières		1020.	237.6528

BENGALE . . . . Voyez *Indes occidentales.* — BERGEN. . . . . Voyez *Suède et Norvége.*
BIRMAH . . . . Voyez *Asie.* — BOHÈME. . . . . Voyez *Autriche.*
BOSTON . . . . Voyez *États-Unis.* — BORDEAUX. . . . Voyez *France.*

NOMS des PAYS.	MATIÈRES SÈCHES.		C. FRANÇAIS.	C. ANGLAIS.
BRÊME.	Last	4 quarts. 40 scheffel. 160 viertel. 640 spind.	2964.1548	652.0704

MESURES DE CAPACITÉ. MATIÈRES LIQUIDES.		C. FRANÇAIS.	C. ANGLAIS.
		lit.	gal.
Eimer à vin.	60 maaskanne. 240 quartel. 480 achtel.	64.141	12.5486
Maaskanne ou massel = 4 quartel = 8 achtel.		1.069	0.2891
Quartel = 2 achtel		0.26726	0.0528
Achtel		0.13363	0.0261
Le maaskanne, unité des mesures légales de capacité pour les liquides, est de 43 pouces cubes décimaux de Bavière.			
Le fuder (foudre), ancienne mesure à vin = 8 sex = 16 mudden = 96 hesuns = 768 maas = 1536 seidel = 3072 quartel = 6144 achtel.		4097	811.118
L'ancien eimer à bière, vaut :			
64 visermaas ou pots de jauge, ou 72 shenkmaas ou pots de détail		59.35	13.0628
VINS, EAUX-DE-VIE ET HUILE D'OLIVE.			
Tonne = 1 1/3 aimes = 480 upers.		164.88	36.2896
Aime = 50 stoopen = 400 —		137.40	27.2147
Stoop = 2 pots = 8 —		2.748	0.5443
Pot = 2 pintes = 4 —		1.374	0.27219
Pinte = 2 upers = 2 —		0.687	0.13610
Uper		0.3435	0.06805
HUILE ORDINAIRE DE LIN, ETC.			
Aune = 4 eimer = 96 pots		133.33	29.3439
Eimer ou seau = 6 schèvres = 24 —		33.33	7.3361
Schèvre = 4 grands pots		5.55	1.2227
Pot.		1.387	0.3056

— BERLIN . . Voyez *Prusse.* — BERMUDAS . . Voyez *Indes occidentales.* — BERNE. . . Voyez *Suisse.*
— BOLOGNE . Voyez *États romains.* — BOMBAY . . . Voyez *Indes orientales.* — BONN . . . Voyez *Prusse.*
— BOZEN . . Voyez *Tyrol.*

VIN DU RHIN.

		C. FRANÇAIS.	C. ANGLAIS.
Fuder	6 ohm. 24 anker. 270 stübchen. 1080 quarts. 4320 mengel.	869.7888	191.4315

NOMS des PAYS.	MESURES DE CAPACITÉ. MATIÈRES SÈCHES.		C. FRANÇAIS.	C. ANGLAIS.
			lit.	gal.
BRÊME. (Suite.)	Last.	4 quarts. 40 scheffel. 160 viertel. 640 spind.	2964.1548	652.0704
	Quart	10 scheffel. 40 viertel. 160 spind.	741.0387	163.0176
	Scheffle	4 viertel. 16 spind.	74.10387	16.30176
	Viertel = 4 spind		18.52597	4.07544
	Spind		4.63149	1.01886
	Brau malz (brassin de malt) = 45 scheffel		3334.6741	733.5792
	Tonne de sel = 3 1/2 scheffel		247.0129	54.3392
BRÉSIL.	Moio = 15 fanogas = 60 alquicres	à Bahia	1868.40	411.228
		à Rio-Janeiro	2400.00	526.192
	Fanega = 4 alquicres	à Bahia	124.56	27.4152
		à Rio	160.00	35.2128
	Alquiere	à Bahia	31.14	6.8588
		à Rio	40.00	8.8032

MESURES DE CAPACITÉ. MESURES LIQUIDES.			C. FRANÇAIS.	C. ANGLAIS.
			lit.	gal.
Ohm	4 anker. 45 stübchen.		144.9648	31.8932
Anker = 11 1/4 stübchen			36.2412	7.9763
Stübchen	4 quarts. 16 mengels.		3.22144	0.7090
Quart = 4 mengels			0.80536	0.1772
Mengel ou Minget			0.20134	0.0443
Il est accordé sur la contenance des tonneaux une tolérance de 2 quarts par ohm en plus ou en moins.				
VINS ET EAUX-DE-VIE DE FRANCE.				
Oxhoft	1 1/2 ohm. 6 anker. 30 viertel.	= 66 stübchen	212.61326	47.858
Ohm	4 anker. 20 viertel.	= 44 stübchen	141.74335	31.905
Anker = 5 viertel = 11 stübchen			35.43584	7.9762
Viertel = la velte de France = 2 1/5 stübchen			7.08717	1.5952
BIÈRE.				
Stübchen			3.77154	0.834105
La tonne = 45 stübchen			169.7498	37.5347
HUILE ET HUILE DE BALEINE. (Dans le commerce en gros.)				
			kg.	lbs.
Oxhoft	2 tonnen. 12 steckkannen. 192 mengels.		215.352	475.0272 gallons ou 47.3027
			kg.	lbs.
Tonne	6 steckkannen. 96 mengel.	= 216 pfund	107.676	237.5136
Stechkan ou steken = 16 mengels			17.946	39.3856
Mengel			1.122	1.8491
L'huile fine se vend par 100 pfund			49.85	109.96
			lit.	gal.
Dans le commerce de détail, pfundmass			0.55152	0.12143
Almude	12 canadas	à Bahia	86.514	19.0382
		à Rio	16.74	3.6844
Canada de Bahia = 5 1/6 canadas de Lisbonne à Bahia			7.2095	1.5864
Canada de Rio = 1 canada de Lisbonne			1.395	0.3070
Pipa de Rhum	= 72 canadas	à Bahia	518.940	114.2170
		à Rio	100.44	22.1055
Pipa de mélasse	= 180 canadas	à Bahia	720.95	136.6447
		à Rio	139.50	30.7035

NOMS des PAYS.	MESURES DE CAPACITÉ. MATIÈRES SÈCHES.	C. FRANÇAIS.	C. ANGLAIS.
		lit.	gal.
BRUNSWICK	Himten = 2316 pouces c. . . . . { 4 vierfass. 16 metzen.	31.1440	6.8448
	Vierfass = 4 metzen.	7.7860	1.7112
	Metzen	1.9463	0.4278
		hect.	bush.
	Wispel = 4 himten.	12.4576	34.2240
	BRUXELLES. . . Voyez *Belgique*. — BUENOS-AYRES . . Voyez *Confédération Argentine*.		
	CAIRE . . . . . Voyez *Egypte*. — CALCUTTA . . . . Voyez *Indes orientales*.		
CANARIES (îles). . .	Les poids et les mesures sont les mêmes que ceux d'Espagne ; mais quelques-uns d'entre		
		hect.	bushel.
CANDIE (île)	La carga = 79 1/5 oken = 94 kilog. 984.	1.523	4.189
		lit.	gal.
	Le kisloz ou killow = celui de Constantinople. . . . . Dans la pratique, 400 kisloz = 43 1/2 staja de Trieste, de sorte que le kisloz de Candie est un peu plus grand que celui de Constantinople, et = 36 lit. 243.	35.206	7.7628
CANTON	Voyez *Chine*.		
CAP DE BONNE-ESPÉRANCE. . . .	Depuis 1848, les poids et mesures sont légalement les mêmes qu'en Angleterre ; mais admet, pour le calcul de ces mesures, les rapports suivants :		
		lit.	bush. imp.
	Le schepel (ancien d'Amsterdam) = 82/107 bushel de Winchester.	27.0063	0.743
	Le mud = 4 schepel.	108.0252	2.972
	Le last ou load anglais = 8 280/107 bush. de Winchester . . . . { 10 mudden. 40 schepel.	1080.252	29.72
CAP VERT (îles du) (Atlantique).	Voyez *Portugal*. — CASSEL. . . Voyez *Hesse-Cassel*. — CASTILLE . . . Voyez *Espagne*.		
CEYLAN (île). . . . (Colombo).	Les mesures de l'île Ceylan étant de valeurs variant avec l'espèce de marchandises, nous		
		lit.	gal.
	Gahrs ou garce = 2 2/3 last = 25 ammonans = 200 parrahs . .	5084.62	1119.115
	Last = 9 3/8 = 75 — . .	1906.73	417.8677
	Ammonan = 8 — . .	203.384	44.7646

MESURES DE CAPACITÉ. MATIÈRES LIQUIDES.	C. FRANÇAIS.	C. ANGLAIS.
	lit.	gal.
Quartier = 69 2/3 zoll cubes = 9/11 quart de Prusse.	0.9368	0.205
Anker = 40 quartiers	37.4732	8.200
Ohm. . . . . { 4 anker. 160 quartiers. }	149.8928	32.80
Oxhoft. . . . . { 1 1/2 ohm. 6 anker. 240 quartiers. }	224.8392	49.20
Tonne de bière = 108 quartiers	101.1[illegible]	[illegible]
Fass (tonneau de bière forte) = 400 quartiers	374.736	82.00
Fuder (4 oxhoft) = de vin = 960 quartiers	899.367	196.8
— CADIX. . . . . . Voyez *Espagne*.		
— CANADA. . . . . Voyez *Angleterre* et *États-Unis*		
eux sont un peu variables et ont subi une dépréciation dans leur valeur.		
HUILE.	lit.	gal.
Le barile = 8 mistati = 40 kil. 194	89.3008	19.648
Le Mistato . . . . { à la Canée = 8 1/2 oken.	11.1626	2.457
{ à Rettimo = 10 oken.	11.993	»
généralement on se sert encore des anciennes mesures de Hollande et des anciennes mesures anglaises ; on		
	lit.	gal. imp.
Le legger (leagver) = 152 gallons anciens à vin	575.35	126.7/11
Le 1/2 legger = 76 —	287.675	63.7/22
La pipe = 110 —	416.372	91.7/11
La 1/2 pipe = 55 —	208.186	45.9/11
L'aam = 38 —	143.838	31.2/3
La 1/2 aam = 19 —	71.919	15.5/6
L'anker = 9 1/2 —	35.959	7.7/11
Le 1/2 anker = 4 3/4 —	17.979	3.23/24
La flask.	2.247	0.4946
Le gallon anglais = 4 1/2 bouteilles ou quarts.	4.543	»
ne donnons que des nombres approximatifs, sans répondre toutefois de leur complète exactitude.		
VIN, ARAC ET HUILE DE NOIX DE COCO.	lit.	gal.
Legger ou leaguer = 75 welts = 150 gallons anciens.	567.778	12.497
Welt = 2 —	7.570	1.666
Gallon ancien (gallon ancien anglais)	3.785	0.833

NOMS des PAYS.	MESURES DE CAPACITÉ. MATIÈRES SÈCHES.	C. FRANÇAIS.	C. ANGLAIS.
		lit.	gal.
CEYLAN (île). *Suite.* (Colombe).	Parah = 2 marcals = 24 seers	25.423	5.5956
	Marcal = 12 —	12.712	2.7978
	Sirh ou seer	1.059	0.2332
	Le parah a des poids différents et variables suivant l'espèce de marchandises.		
CHRISTIANIA	Voyez *Norwége.*		
CHILI	Le système métrique français est en usage au Chili. Quant aux anciens poids et mesures, ce sont ceux de l'Espagne.		
CHINE	Les mesures pour matières sèches sont d'un tiers environ plus fortes que celles pour les matières liquides.		
COBLENTZ	Voyez *Prusse.*		
COCHINCHINE	Voyez *Chine.*		
	COLOGNE. . . . . . Voyez *Prusse* et *Bavière.* — CONSTANTINOPLE . . . Voyez *Turquie.*		
	CUBA . . . . Voyez *Indes occidentales.* — DANTZIG. . . . . . . Voyez *Prusse.*		
		lit.	gal.
CONFÉDÉRATION ARGENTINE.	Fanega ou espiga (pour le maïs) { 4 cuartillas. 2.20265 fanegas de Castille. 8 medias. }	137.20	30.1973
	Cuartilla = 2 medias	34.30	7.5493
	Media (demie)	17.15	3.7746
	Cahiz = 3 3/4 fanegas	514.5	413.2296
	Tonelada { 2 cahices. 7 1/2 fanegas. }	1029	226.4798
	Lastre (last) { 2 toneladas. 4 cahices. 15 fanegas. }	2058.	452.9596
	GRAIN ET SEL.	lit.	bush.
DANEMARK.	Tonde (tonne) { 8 skjapper. 32 fjerdingkar. 64 ottingkar. 144 pott (mesure liq.) }	139.1213	3.8268

MESURES DE CAPACITÉ. MATIÈRES LIQUIDES.	C. FRANÇAIS.	C. ANGLAIS.
L'arac s'achète ordinairement par legger de 80 welts (605 lit. 6) et se vend par legger de 75 welts.	lit. %	gal.
On traite aussi par 125 gallons	473.125	104.140
BIÈRE EN TONNEAU.		
Hogshead	245.347	»
Autres liquides : mesures anglaises.		
Sei ou schih, ou tarre = 2 hwuh	109.04	24.
Hwuh = 2 yo = 10 taus = 100 shinge = 1000 kops	54.52	12.
Yo = 5 = 50 = 500 —	27.26	6.
Tau = 10 = 100 —	5.452	1.2
Shing hong = 10 —	0.5452	0.12
Kop	0.0545	0.012
Fu	44.8	9.86
— COPENHAGUE. . . Voyez *Danemark.* — CRACOVIE. Voyez *Pologne.* — CRÉMONE. Voyez *Lombardie.*		
— DEMERARA. . . . Voyez *Indes occidentales.* — DAMAS . . Voyez *Syrie.*		
	lit.	gal.
Frasco (flacon { 2 medios. 4 cuartos = 170 5/8 polgadas cube. 8 octavos. }	2.375	0.5227
Medio (demi) { 2 cuartos. 4 octavos. }	1.1875	0.2649
Cuarto (quart) = 2 octavos	0.59375	0.1309
Octavo (huitième)	0.29687	0.0654
Pipa = 4 cargas = 6 bariles = 24 canecas = 64 cortanos = 128 gallons = 192 frascos	456.	100.3642
Carga = 1 1/2 = 6 = 16 = 32 = 48 =	114.	25.0910
Barile = 4 = 10 2/3 = 21/3 = 86 =	76.	16.7274
Caneca = 2 2/3 = 5 1/3 = 8 =	19.	4.1818
Cortan = 2 = 2 =	7.125	1.5684
Gallon = 1 1/2 =	3.5625	0.7840
Ces mesures sont plus petites que les mesures de Castille véritables.		
Anker = 39 pott (fraction exacte : 38 3/4)	37.678	8.2944
Dans le commerce, se subdivise en .		
4 7/8 viertel. 1 viertel = stübchen	7.72896	1.7008
9 3/4 stubchen. 1 stübchen = 2 kanden	3.86448	0.8504

NOMS des PAYS.	MESURES DE CAPACITÉ. MATIÈRES SÈCHES.	C. FRANÇAIS.	C. ANGLAIS.
		lit.	bush.
DANEMARK. (Suite.)	Skjœpper. { 4 fjerdingkar. 8 ottingkar.	17.3901	0.47835
	Fjerdingkar = 2 ottingkar	4.3473	0.11958
	Ottingkar	2.1737	0.05979
	Læst { de 12 tonnes	1669.46	45.9216
	Læst { de 22 tonnes (charbon)	3060.666	84.1896
	Pour le charbon, le laest a 22 t.		
	Salstonde (tonne à sel) = 176 pott	170.037	4.6772
DEUX-SICILES. 1° Naples.	Tomolo = 24 misures	55.5451	1.5282
	Misure	2.3144	0.0220
	Carro { 36 tomoli. 864 misures.	1999.5	55.014
		lit.	gal.
2° Sicile.	Salma = 4 bisaccos = 16 tomolis = 64 modellis = 256 carroz. = 1024 quartis	247.08	54.3816
	Bisacco = 4 = 16 = 64 = 256 —	68.52	13.5954
	Tomoli = 4 = 16 = 64 —	17.43	3.3988
	Modelli = 4 = 16 —	4.28	0.8497
	Carrozi = 4 —	1.07	0.2124
	Quarti = 4 quartiglis	0.27	0.0531
	Quartigli	0.07	0.0133
	Salma grossa	344.	75.776
DARSOE	Voyez Sade.		

MESURES DE CAPACITÉ. MATIÈRES LIQUIDES.	C. FRANÇAIS.	C. ANGLAIS.
	lit.	gal.
19 1/2 kanden. 1 kande = 2 pott	1.93224	0.4252
39 pott 1 pott = 4 pægle	0.96612	0.2126
156 pægle 1 pægle = 13 pouces cubes	0.24153	0.0531
Le fiyfad (pièce) = 1 1/4 fad = 2 1/2 pipes = 5 oxhoveder = 7 1/2 ahm = 30 anker	1123.144	247.1460
Fad = 2 = 4 = 6 = 24 —	898.488	197.7168
Pibe (pipe) = 2 = 3 = 12 —	449.244	98.8584
Oxehoved = 1 1/2 = 6 —	224.622	49.4292
Ahm ou tjerce (tierce) = 4 —	149.748	32.9528
Anker (de 38 3/4 potter)	37.437	8.2382
Dans le commerce en gros, l'ahm = 20 quarts de 8 pott ou 160 pott	154.3792	34.0160
Ottende (pour la bière, l'huile de baleine, le beurre) = 136 pott	131.3823	28.9136
Tjaereunne (tonne de poix) = 120 pott	115.9344	25.5190
VINS, EAUX-DE-VIE, ETC.		
Carro { 2 botti. 24 barili. 1440 caraffi. }	1047.	230.4446
Botte { 12 barili. 720 caraffi. }	523.5	115.2208
Barile = 60 caraffi	43.625	9.6017
Caraffi	0.7271	0.16003
HUILE.		
	hectol.	gal.
Salma { 16 staja. 256 quarti 1536 misurellis. }	161.60	35.558
	lit.	gal.
Staja { 16 quartz. 96 misurelli. }	10.1	2.223
Quarti = 6 misurelli	0.64	0.139
Misurelli	0.106	0.023
Salma = 8 barils = 16 quartaris = 640 caraffis	275.088	60.549
Barili = 2 = 80 —	34.386	7.568
Quartari = 40 —	17.193	3.784
Caraffi	0.4298	0.0946
Botte = 4 salmi	1100.352	242.196
Tonno { 3 botti. 12 salmi. }	3301.056	726.588
POUR L'HUILE.		
Caffiso { à Palerme	20.047	4.3054
Caffiso { à Messine	11.028	2.4268
Caffiso { à Syracuse	10.024	2.2472

NOMS des PAYS.	MESURES DE CAPACITÉ. MATIÈRES SÈCHES.		C. FRANÇAIS.	C. ANGLAIS.
ÉGYPTE	ALEXANDRIE.		lit.	gal.
	Darriba	2 ardeb. 12 webih. 24 quelch. 48 rub.	542.	119.2925
	Ardeb	6 webih. 12 quelch. 24 rub.	271.	59.6463
	Webih	2 quelch. 4 rub.	45.166	9.9410
	Quelch = 2 rub.		22.5833	4.9705
	Rub		11.2916	2.4852
			kg.	lbs.
	L'ardeb de lin est compté comme pesant 1000 kon.		129.	284.3428
	Ardeb d'orge — pesant 91 1/2		106.	233.8103
	MESURES DE ROSETTE :		lit.	gal.
	Ardeb = 12 rub = 48 kadah		284.	62.5076
	Rub = 4 —		23.666	5.2089
	Kadah		5.916	1.3022
			kg.	lbs.
	Ardeb de froment et de maïs = 168 oken		216.	476.4437
	Ardeb de sel = 132 —		171.	377.1847
	Ardeb de riz = 156 —		202.	445.5631
	AU CAIRE.		lit.	gal.
	L'ardeb de blé		180.	39.6175
ELSINORE	Voyez *Danemark*.			

ESPAGNE. En Espagne, le système légal des poids et mesures est depuis 1859 le système métrique français; nous donnons ici les anciennes mesures qui existent encore :

NOMS des PAYS.	MATIÈRES SÈCHES.		C. FRANÇAIS.	C. ANGLAIS.
1° Madrid (Castille.)	Cahiz	12 fanegas de Castille. 144 almudes. 288 medios. 576 cuartillos. 2304 raciones. 9216 ochavillos.	lit. 666.000	bush. 18.3231
	Fanega = 12 almudes = 24 medios = 48 cuartillos = 192 rac. = 768 ochav.		55.500	1.5269
	Almude ou celemin = 2 = 4 = 16 = 64 —		4.625	0.1272
	Medio = 2 = 8 = 32 —		2.3125	0.0631
	Cuartillo = 4 = 16 —		1.1567	0.0315
	Racion = 4 —		0.2897	0.0079
	Ochavillo		0.0724	0.0019

Les poids et mesures des provinces différant généralement en Espagne des mesures légales de Castille, nous mentionnons ci-dessous les différences les plus notables :

MESURES DE CAPACITÉ. MATIÈRES LIQUIDES.		C. FRANÇAIS.	C. ANGLAIS.
Ils se vendent au poids.			
		lit.	gal.
Arroba ou cantaro	8 azumbres. 32 cuartillos. 128 copas.	16.13298	3.5508
Azumbre = 4 cuartillos = 16 copas		2.0375	0.4438
Cuartillo = 4 —		0.50937	0.1109
Copa		0.12734	0.0278
POUR LE VIN.			
Arroba mayor ou cantaro		16.13396	3.5508
Moyo = 16 cantaras		258.12736	56.8129
Bota	30 cantaras. 1 7/8 moyo.	483.988	106.3943
Pipa	= 9/10 bota. 1 11/16 moyo. 27 cantaras.	435.5899	95.8748
HUILE.			
Arroba menor		12.56	2.7644

NOMS des PAYS.	MESURES DE CAPACITÉ. MATIÈRES SÈCHES.	C. FRANÇAIS.	C. ANGLAIS.
ESPAGNE (*Suite.*)		lit.	gal.
2° Alicante (Valence.)	Cahiz = 12 barchillas = 48 celemines = 192 quarterones	249.300	54.87
	Barchilla = 4 = 16 —	20.778	4.57
	Celemine = 4 —	5.194	1.14
	Quarterone	1.299	0.28
	Pour le cacao, la fanega de Castille.		
	Pour le sel, le modino	1430.	319.835
3° Barcelone. (Catalogne.)	Carga (charge) = 2 1/2 quarteras	[illegible]	[illegible]
	[illegible] = 4 —	284.	62.506
	Cuartera	71.	15.627
4° Cadix. (Andalousie.)	Cahiz (divisé comme en Castille)	654.528	144.060
	Last ou lastre de sel = 4 cahices	2618.112	576.238
5° Saragosse. (Aragon.)	Fanega	22.42	4.934
	Cahiz = 12 fanegas	269.06	59.213
6° Valence. (Valence.)	Celemine	4.187	0.921
	Barchilla = 4 celemines	16.75	3.686
	Cahiz = 12 barchillas = 48 celemines	201.	44.234
ÉTATS ROMAINS.	Les poids et mesures des États romains sont légalement les poids et mesures du		
		lit.	bush.
1° Rome.	Rubbio = { 4 quarte. 12 stajas. 16 starolli. 22 scorzi. 48 decini. 58 quartucci. }	294.46	8.1004
	Quarto = { 3 stajas. 4 starelli. 5 1/2 scorzi. 12 decini. 22 quartucci. }	73.615	2.0251
	Staja = 1/3 starelli = 1 5/6 scorzi = 4 decini = 7 1/3 quartucci.	24.538	0.6750
	Starello = 1 3/8 = 3 = 5 1/2 —	18.404	0.5063
	Scorzo = 2 2/11 = 4 —	13.383	0.3682
	Decino = 1 5/6 —	6.134	0.1687
	Quartuccio	3.346	0.0920

MESURES DE CAPACITÉ. MATIÈRES LIQUIDES.	C. FRANÇAIS.	C. ANGLAIS.
	lit.	gal.
Cantaro ou arroba mayor se subdivise en :	11.55	2.541
4 cuartillas = 8 azumbres = 32 cuartillos = 128 copas	2.8875	0.635
Cuartilla = 2 = 8 = 32 —	1.4438	0.318
Azumbre = 4 = 16 —	0.3609	0.079
Cuartillo = 4 —	0.0902	0.019
Copa		
Dans le commerce en gros, on emploie le tonnel = 100 cantaros ; la pipa = 27 cantaros, et le moyo = 16 cantaros.		
[illegible]		
Carga = 4 barils = 128 mitadellas = 512 pétricons	120.56	26.535
Carga d'huile	123.60	27.204
Bota = 30 cantaras	475.330	104.619
Pipa = 27 —	427.779	94.153
HUILE.		
Arroba mayor ou cantara	15.844	3.487
Arroba menor	12.55	2.795
Bota = 38 1/2 arrobas menores	482.020	106.094
Pipa = 34 1/2 —	431.940	95.069
Aroba = 8 azumbres (vin)	9.91	2.181
Aroba d'huile	13.93	3.066
Azumbre	1.3462	0.296
Aroba = 8 azumbres	10.77	2.370
Bota = 100 arrobas	1077.	237.036
système métrique français ; toutefois les mesures locales mentionnées ci-dessous continuent à être en usage :		
	lit.	
VIN.		
Baril = 32 boccali = 128 foglietas	58.34	
Boccale = 4 —	1.823	
Foglietta	0.456	
HUILE.		
Baril = 28 boccali = 112 fogliettas	57.48	
Boccale = 4 —	2.053	
Foglietta	0.513	
Soma = 2 pelli = 10 cugnatelli = 80 boccales	164.24	
Pelli ou mastelli = 5 = 16 —	82.12	
Cugnatelli = 8 —	16.42	
Botta = 16 barils { d'huile	919.68	
Botta = 16 barils { de vin	933.45	

NOMS des PAYS.	MESURES DE CAPACITÉ. MATIÈRES SÈCHES.	C. FRANÇAIS.	C. ANGLAIS.
ÉTATS ROMAINS (*Suite*)		lit.	bush.
2° Ancône	Rubbio = 8 coppe = 82 provende = 96 staja	281.	7.73
	Coppa ou lappa = 4 = 12 —	35.125	0.979
	Provenda ou sacco = 3 —	8.781	0.249
	Stajo	2.927	0.083
3° Bologne.	Corba = 2 staja = 16 quartiroli = 64 quarticini	78.6453	2.16
	Stajo = 8 = 32 —	39.32263	1.08
	Quartirolo = 4 —	4.44708	0.13
	Quarticino ou cupo.	1.10427	0.03
ÉTATS-UNIS	Aux États-Unis, et généralement dans toute l'Amérique, les poids et mesures sont les pour les matières sèches, on emploie le vieux bushel de Winchester = 7.75536 gallons		
FINLANDE	Voyez *Russie*. — FLANDRES. . . . Voyez *Belgique*. — FLORENCE. . . . Voyez *Toscane*.		
FRANCE	MATIÈRES SÈCHES ET LIQUIDES.	lit.	gal.
	Litre (unité)	1.	0.2201
	Décalitre = 10 litres.	10.	2.2010
	Hectolitre = 100 — (liquides).	100.	22.0097
	Kilolitre = 1000 —	1000.	220.0967
	Myrialitre = 10000 —	10000.	2200.9667
	Décilitre = 1/10 —	0.1	0.0220
	Centilitre = 1/100 —	0.01	0.0022
	Millilitre = 1/1000 —	0.001	0.0002
	Le litre est la capacité d'un décimètre cube; il égale en pouces cubes anglais 61,02705.		
FRANCFORT-SUR-LE-MEIN.	MATIÈRES SÈCHES.		
	Malter ou achtel . . . . { 4 simmer. 8 metzen. 16 sechter. 64 gescheider. 256 masschen. 1024 schrot.	lit. 114.729	bush. 3.1658
	Simmer = 2 metzen = 4 sechter = 16 gesch. = 64 masschen = 256 schrot	28.6822	0.7892
	Metze = 2 = 8 = 32 = 128 —	14.344	0.3946
	Sechter = 4 = 16 = 64 —	7.1705	0.1973
	Gescheid = 4 = 16 —	1.7926	0.0493
	Masschen ou Viertelgescheid = 4 —	0.4481	0.0123
	Schrot.	0.1120	0.0031
	L'avoine, la farine, le sel et l'orge sont pesés.		
	1 malter d'avoine pèse 110 zollpfund = 55 kilog. . . .		
	1 malter de farine (avec sac) 138 = 69 —		
	1 malter de farine (sans sac) 135 = 67.5 —		
	1 malter d'orge 165 à 180 = 82 à 90 —		

MESURE DE CAPACITÉ. MATIÈRES LIQUIDES.	C. FRANÇAIS.	C. ANGLAIS.
VINS ET EAUX-DE-VIE.	lit.	gal.
Soma = 2 barili = 48 boccali = 192 fogliettas.	70.	15.907
Baril = 24 = 96 —	35.	9.452
Boccale = 4 —	1.458	0.394
Foglietta.	0.3646	0.098
Pour l'huile, metro = 12 boccali	17.5	4.727
Corba = 4 quartaruole = 60 boccali = 240 fogliette.	78.5917	17.28
Quartaruola = 15 = 60 —	19.6479	4.32
Boccale = 4 —	1.3099	0.288
Foglietta.	0.3275	0.072
L'huile se vend au poids.		

mêmes qu'en Angleterre, sauf les mesures de capacité, qui sont les anciennes mesures anglaises. Ainsi, impériaux = 0.96944 bushels impériaux, et pour les liquides, l'ancien gallon à vin = 0.83311 gallon impérial.

	C. FRANÇAIS.	C. ANGLAIS.
On distingue les altmaas (anciennes mesures) employées dans le commerce en gros, et les jungemaas (nouvelles mesures), appelées aussi zapfmaas ou shenkmaas, à l'usage des aubergistes et des détaillants.		
Altmaas (servant pour vin et eau-de-vie).	lit.	gal.
Stückfasz (pièce de vin) = 1 1/3 fuder = 2 zulast = 8 ohm.	1147.288	252.5992
Fuder = 1 1/2 = 6 —	860.466	189.4044
Zulast = 4 —	573.644	126.2696
Ohm = 20 viertel = 80 aichmaas = 320 schoppen.	143.411	31.5674
Viertel = 4 = 16 —	7.1705	1.5784
Aichmaas (unité) = 4 —	1.792634	0.3946
Schoppe (altmaas).	0.44816	0.0986
Jungemaas (pour tous liquides, sauf l'huile d'olive).		
Jungemaas (unité) = 4 schoppen	1.593452	0.3507
Schoppe (shenkmaas).	0.39836	0.0877
9 jungemaas valent exactement 8 altmaas.		
L'huile d'olive se vend par pfund leichtgewicht.		

NOMS des PAYS.	MESURES DE CAPACITÉ. MATIÈRES SÈCHES.	C. FRANÇAIS.	C. ANGLAIS.
FRANCFORT-S-L'ODER	Voyez *Prusse*.		
GALLEN SAINT-GALL	Voyez *Suisse*. — GENÈVE . . . . . Voyez *Suisse*. — GÊNES . . . . . Voyez *Sardaigne*. —		
GRÈCE.	MESURES ANCIENNES.	lit.	gal.
	Kilo	33.160	7.298
		kg.	lbs.
	Le blé se vend par poids de 22 okas. = ...	28.47	62.136
	On emploie aussi dans le commerce intérieur :	lit.	gal.
	Le stajo de Venise ou staro = 2 baccili.	83.2172	18.328
	Baccile (compté comme pesant 21 okas)	[illegible]	[illegible]
GUINÉE (Afrique). . .			
HAITI	Boisseau.	13	2.861
		lit.	bush.
HAMBOURG.	Fass = 2 himten = 8 spint = 32 grands maas = 64 petits maas	52.650	1.4485
	Himten = 4 = 16 = 32 —	26.325	0.7242
	Spint = 4 = 8 —	6.581	0.1810
	Grand maas = 2 —	1.645	0.0452
	Petit maas.	1.3225	5.0226
	Scheffel = 2 fass	105.300	2.8969
	Scheffel d'orge et d'avoine = 3 fass.	157.930	4.3455
	Winspel = 10 scheffel. . . . . { — 20 fass	1053.000	28.969
	{ pour orge et avoine = 30 fass.	1579.300	43.455
	Last = 60 fass	3159.000	86.910
	Tonne de sel.	164.79	4.5337
	Tonne de houille.	223.87	6.1591
		lit.	bush.
HANOVRE.	Last ou fuder = 2 wispel = 16 malter = 96 himten.	2990.56	82.2768
	Wispel = 8 = 48 —	1495.28	41.1384
	Malter = 6 —	186.94	5.1423
	Himten = 3 drittel = 4 vierfass	31.151655	0.857048
	A Emden, on emploie en outre :		
	Le last = celui de Hanovre, et divisé ainsi :		
	Last = 15 tonnen = 60 vierup = 120 scheffel = 240 vatjes = 2160 krug.	2990.56	82.2768
	Tonne = 4 = 8 = 16 = 144 —	192.69	5.4851
	Vierup ou veerp = 2 = 4 = 36 —	49.84265	1.37128
	Scheffel 2 = 18 —	24.9243	0.6856
	Vatjes ou fassche = 9 —	12.4606	0.2428

MESURES DE CAPACITÉ. MATIÈRES LIQUIDES.	C. FRANÇAIS.	C. ANGLAIS.
GIBRALTAR . . . . . Voyez *Angleterre*. — GRANDE-BRETAGNE. . . . Voyez *Angleterre*.		
	lit.	gal.
Litre (unité) = 10 kotilos = 100 mystron = 1000 kubus.	1.	0.2201
Kotilo = 10 = 100 —	0.1	0.0220
Mystron = 10 —	0.01	0.0022
Kubus	0.001	0.0002
Pour le blé : le kilo.	100.	22.0097
Le blé, le beurre, l'huile et le vin se vendent aussi au poids.		
VINS ET EAUX-DE-VIE.		
Barilla de Venise = 24 boccali	64.3859	14.171
Boccale.	2.6827	0.591
HUILE ET MIEL.		
Barilla et ocka d'huile, pesant 2 1/2 ockas = 3 kilog. 200		
Muid ou poinçon = 2 feuillots = 288 pintes.	168.22	37.025
Stübchen = 2 kannen = 4 quartiers = 8 ossel	3.72274	0.7974
Kanne = 2 = 4 —	1.86137	0.3987
Quartier = 2 —	0.93068	0.1993
Ossel	0.46534	0.0996
Ohm (muid) = 4 ankers = 5 eimers = 20 viertel = 40 stübchen	144.91	31.8943
Anker = 1 1/4 = 5 = 10 —	36.2274	7.9726
Eimer = 4 = 8 —	28.98	6.3788
Viertel = 2 —	7.4455	1.5947
Tonne = 1 1/5 ohm = 24 viertel	173.89	38.2731
Oxhoft. . . . . { 1 1/2 ohm. 1 1/4 tonne. 30 viertel. }	217.36	47.8444
Tonneau ou fuder . . . . { 4 oxhoft. 6 ohm. 5 tonnes. 120 viertel. }	869.46	191.3666
Stübchen = 2 kannen = 4 quartier = 8 nossel	3.89395	0.8570
Kanne = 2 = 4 —	1.94697	0.4285
Quartier = 2 —	0.97348	0.2142
Nossel	0.48674	0.1071
Ohm = 2 1/2 eimer = 4 anker = 20 viertel = 40 stübchen	155.7583	34.282
Eimer = 1 3/5 = 8 = 16 —	62.3033	13.712
Anker = 5 = 10 —	38.9396	8.5702
Viertel = 2 —	7.7879	1.7140
Fuder = 6 ohm = 4 oxhofts	934.5498	205.692
Oxhoft . . . . { 1 1/2 ohm. 30 viertel. }	233.6374	51.423
Brau, pour la bière et le malt.	8706.9	1916.4

NOMS des PAYS.	MESURES DE CAPACITÉ. MATIÈRES SÈCHES.	C. FRANÇAIS.	C. ANGLAIS.
		lit.	bushel.
HANOVRE (Suite.)	Krug, krocs, krues	1.3845	0.0384
	A Osnabrück, le last	2055.6	56.8564
HESSE-DARMSTADT (Grand-duché de).	Malter = 4 simmer = 16 kumpf = 64 gesheid = 256 masschen.	128.	3.52
	Simmer = 4 = 16 = 64 —	32.	0.88
	Kumpf = 4 = 16 —	8.	0.22
	Gesheid = 4 —	2.	0.055
	Masschen	0.50	0 016
HESSE-ÉLECTORALE. (Cassel.)	Scheffel = 2 himten = 8 metzen = 32 viertel metzen	80.3694	2.21
	Himten = 4 = 16 —	40.1848	1.105
	Metze = 4 —	10.0461	0.276
	Viertel metze ou masschen	2.5115	0.069
	Malter = 4 viertel = 8 scheffel	642.9528	17.68
	Viertel = 2 —	160.7382	4.42
HOLLANDE	Voyez *Pays-Bas*.		
ILES IONIENNES (Corfou.)	Kilo = 1 bushel	36.24766	1.
	Dicotilo = 1 pint.	0 5679	1/64
INDES OCCIDENTALES	Voyez *Angleterre*.		
INDES ORIENTALES. 1° Calcutta.	Les céréales et les liquides sont mesurés au poids.		
	BLÉ.	kil.	lbs.
	Khahoon ou kahuhn = 40 maunds de factorerie = 16 soallies	1354.72	2987.0221
	Soally ou soallee = 20 pallies	84.6705	186.6876
	Pally ou paily = 4 kohks	4.23352	9.3344
	Kohk ou raik = 4 kunkibs	1.05838	2.3336
	Kunka ou koonkee = 5 tschittacks	0.26459	0.5834

MESURES DE CAPACITÉ. MATIÈRES LIQUIDES.	C. FRANÇAIS.	C. ANGLAIS.
	lit.	gal.
A Emden, l'anker = celui de Hanovre, se divise ainsi :		
Anker = 28 1/8 krug = 112 1/2 ort = 450 viertelort	38.9395	8.5702
Krug (= le krug pour grains) = 4 = 16 —	1.3845	0.3048
Ort = 4 —	0.4461	0.0762
Viertelort, mastjes ou maësschen	0.1115	0.0190
Ohm = 20 viertel = 80 maas = 320 schoppen	160.	35.2
Viertel = 4 = 16 —	8.	1.76
Maas = 4 —	2.	0.44
Schoppen	0.50	0.11
Fuder = 6 ohm	960.	211.2
VIN, EAU-DE-VIE ET VINAIGRE.		
Ohm = 20 viertel = 80 maas = 320 schoppen	155.96	34.326
Viertel = 4 = 16 —	7.798	1.716
Maas = 4 —	1.9495	0.429
Schoppe	0.4874	0.107
Le fuder = 6 ohm	935.76	205.956
BIÈRE ET LAIT.		
Ohm = 20 viertel = 80 maas = 320 schoppen	174.735	38.463
Viertel = 4 = 16 —	8.73776	1.923
Maas = 4 —	2.18444	0.481
Schoppe	0.54611	0.120
Barila = 4 metri	72.69333	16.
Metro	18.1728	4.
Dicotilo = 4 pinte impériale	0.5679	1/8
VIN.		
Barile = 4 giarre	68.1525	15.
Giarra ou jars = 32 quartucci	17.0381	3 3/4
Quartucco	0.5324	0.117
HUILE.		
Barila = 4 giarre = le baril à vin	68.1525	15.
Giarre = 6 miltri	17.0381	3 3/4
Miltro = 4 quartucci	2.8397	0.625
Quartucco	0.7099	0.156
Pour les liquides, on emploie les nouvelles et anciennes mesures de capacité anglaises, et aussi les poids de bazar.		

NOMS des PAYS.	MESURES DE CAPACITÉ. MATIÈRES SÈCHES.		C. FRANÇAIS.	C. ANGLAIS.
INDES ORIENTALES (Suite.)			kil.	lbs.
2° Bombay.	Candy = 8 parahs = 128 peblis = 512 seers = 1024 tipprees. .		162.3674	358.5856
	Parah = 16 = 64 = 128 —		20.3209	44.8232
	Pebli ou adowli = 4 = 8 —		1.270	2.8014
	Seer ou sihr = 2 —		0.3175	0.7003
	Tippree ou tipprih.		0.15875	0.3501
	Dans le commerce en gros, le parah = 17 peblis		21.59085	47.6245
	RIZ.			
	candy. parahs. adowli. sihrs. tipprih.	lit.	kil.	bush.
	Murah = 4 = 25 = 500 = 3750 = 7500	3524.3	394.790	96.96
	Candy = 6 1/4 = 125 = 937 1/2 = 1875	881.1	97.947	24.24
	Parah = 20 = 150 = 300	140.96	15.6716	3.87
	Adowli = 7 1/2 = 15	7.048	0.7836	0.193
	Sihr = 2	0.939	0.1045	0.026
	Tipprih ou Tippree	0.469	0.05223	0.013
	Le sac de riz pèse 6 mahnds locaux.		76.2	168. lbs.
	SEL.			bush.
	Rasch = 16 annas = 1600 parahs = 16800 adowlies	42148.	4066.	1159.38
	Anna = 100 = 1050 —	2634.26	2540.	72.47
	Parah ou korbe = 10 1/2 —	25.3426	25.40	7.25
	Adowli	2.5088	2.42	0.69
3° Madras.	RIZ.		lit.	gal.
	Garce = 80 parahs, et pesant 8400 lbs		4915.95	135.248
	Parah		61.450	1.69
IRLANDE	Voyez *Angleterre*.			
ITALIE.	Voyez *Modène, Deux-Siciles, Parme, États romains, Sardaigne, Toscane* et *Vénétie*.			
JAMAÏQUE	Voyez *Indes occidentales*.			
JAPON.				
JAVA (île de). . . . Batavia. Bantam.	Le vin, le blé et le sel se vendent au poids; on emploie :		kil.	lbs.
	Le koyang = 1 7/20 tiayang = 5 2/5 timbang = 13 1/2 amat = 27 piculs		1661.087	3663.909
	Tiayang = 4 = 10 = 20 —		1230.420	2714.008
	Timbang = 2 1/2 = 5 —		307.605	628.502
	Amat = 2 —		123.042	271.401
	Le sack = 1/2 picul.		30.7605	67.850
	Le khlack = 7 1/2 katis.		4.6141	10.177
	Le koyang est compté . . . { à Samarang = 25 piculs.		1722.588	3799.614
	{ à Surabaya = 30 —		1845.630	4071.012
	{ à Bantam = 64 —		3937.344	8684.826

MESURES DE CAPACITÉ. MATIÈRES LIQUIDES.	C. FRANÇAIS.	C. ANGLAIS.
	lit.	gal. imp.
Ancien gallon anglais	3.7852	0.83311
Pour les spiritueux :	kil.	lbs.
Le mahnd ou maund = 50 sihrs.	34.797	76.734
Sihr	0.6959	1.533
		gal.
Parah ou chunam = 5 marcals = 40 mesures = 320 ollucks.	61.4495	13.5248
Marcal = 8 = 64 —	12.2899	2.7049
Mesure ou puddy	1.5362	0.3431
Olluck	0.1920	0.0429
Pour l'huile, le beurre et le lait.		
Candy, pesant 226 k. 08.	245.03	541.587
Kok = 10 tos = 100 sjoo.	173.86	38.266
Tos = 10 —	17.39	3.827
Sjoo.	1.74	0.383
Legger (d'eau-de-vie et d'arak) = 388 kannen.	578.12	127.264
Kan	1.49	0.328

NOMS des PAYS.	MESURES DE CAPACITÉ. MATIÈRES SÈCHES.	C. FRANÇAIS.	C. ANGLAIS.
KIEL	Voyez *Danemark*. — KONIGSBERG . . . . Voyez *Prusse*.		
LIVOURNE	Voyez *Toscane*. — LEIPZICK . . . . Voyez *Saxe*. — LILLE. . . . . Voyez *France*. —		
LUBECK	FROMENT.	lit.	bush.
	Last = 8 dromt = 24 tonnen = 96 scheffels = 384 fass.	3330.624	91.6320
	Dromt = 3 = 12 = 48 —	446.328	11.4540
	Tonne = 4 = 16 —	138.776	3.8180
	Scheffel = 4 —	34.694	0.9543
	Fass.	8.673	0.2386
	AVOINE.		
	Last = 8 dromt = 24 tonnen = 96 scheffer = 384 fass.	3792.96	104.352
	Dromt = 3 = 12 = 48 —	474.12	13.044
	Tonne = 4 = 16 —	158.04	4.348
	Scheffel = 4 —	39.51	0.087
	Fass	9.88	0.272
LUCERNE.	Voyez *Suisse*. — LUCQUES. . . . Voyez *Toscane*. — LYON. . . . . Voyez *France*.		
MADÈRE.	Voyez *Portugal*. — MADRAS. . . Voyez *Indes orientales*. — MADRID . . Voyez *Espagne*.		
		lit.	bush.
MALTE.	Salma.	290.78	7.989
			gal.
MAROC.	Muld ou almuda	14.	3.08
MARSEILLE.	Voyez *France*.		
			bush.
MECKLEMBOURG. . . 1° Schwerin; 2° Strelitz.	Scheffel = 2 fass = 4 himten. (Voir *Hambourg*)	38.8892	1.0699
	Fass = 2 —	19.4446	0.5349
	Himten	9.7223	0.2674
	Tonne = 4 scheffels	154.0768	4.2797
	Last = 96 —	3577.807	102.7123
	Le scheffel d'avoine	43.80	1.2050
	Le fast à Strelitz (pour grains). . . . . (Mêmes divisions qu'à Hambourg.)	54.9845	1.51210
MEMEL.	Voyez *Prusse*.		
MEXIQUE.	Poids et mesures d'Espagne, avec quelques variations locales qu'il est très-difficile de préciser.		
MODÈNE . . . . . . (Voyez *Sardaigne*.)	Sacca = 2 stajo	140.864	3.876
	Stajo	70.432	1.938

MESURES DE CAPACITÉ. MATIÈRES LIQUIDES.	C. FRANÇAIS.	C. ANGLAIS.
LISBONNE. . Voyez *Portugal*. — LOMBARD-VÉNITIEN (royaume). Voyez *Vénétie*. — LONDRES. Voyez *Angleterre*.		
VIN.	lit.	gal.
Stübchen = 2 kannen = 4 quartiers = 8 planken = 16 ort.	3.6375	0.800
Kanne = 2 = 4 = 8 —	1.81875	0.400
Quartier = 2 = 4 —	0.90937	0.200
Planke = 2 —	0.45469	0.100
Ort.	0.22734	0.050
Fuder = 4 oxhofts = 6 ohm = 24 ankers = 120 viertels = 240 stübchen.	873.	192.0846
Oxhoft = 1 1/2 = 6 = 30 = 60 —	218.25	48.0211
Ohm = 4 = 20 = 40 —	145.5	32.0141
Anker = 5 = 10 —	36.375	8.0035
Viertel = 2 —	7.275	1.6007
Fass d'eau-de-vie = 4 oxhoft.	218.25	48.0211
Fass de bière = 80 canettes	149.02	32.7868
— MALAGA. . . . Voyez *Espagne*.		
	lit.	gal.
Caffiso d'huile.	19.878	4.375
Baril d'huile = 2 cafisi.	39.756	8.750
Baril de vin.	42.57	9.460
Coula (pour l'huile). . . . . (Les autres liquides se vendent au poids).	15.45	3.63
(Voir *Hambourg*).		
Barile = 20 fiasci.	41.66	9.1580
Fiasco = 2 boccali	2.083	0.4584
Boccale	1.0415	0.2292

NOMS des PAYS.	MESURES DE CAPACITÉ. MATIÈRES SÈCHES.	C. FRANÇAIS.	C. ANGLAIS.
MONTPELLIER. . . .	Voyez *France*. — MOSCOU . . . . . . Voyez *Russie*. — MUNICH . . . . Voyez *Bavière*. —		
NASSAU.	Pour les mesures de capacité, voir *Francfort*.		
NEUFCHATEL. . . .	Voyez *Suisse*. — NEW-YORK . . Voyez *États-Unis*. — NICE. . Voyez *France* et *Sardaigne*.		
NORWÉGE.	On emploie en Norwége les anciens poids et mesures de Danemark; il y a toutefois quelques différences que nous mentionnons ici :	lit.	gal.
	Tonde = 8 skieppe = 32 fierdingkar = 64 ottingkar = 144 pott	139.002	30.5938
	Skieppe = 4 = 8 = 18 —	17.3752	3.8242
	Fierdingkar = 2 = 4 1/2	4.3433	0.9551
	Ottingkar = 2 1/4	2.1716	0.47803
	Pott = (54 pouces cubes de Norwége)	0.96529	0.21246
NUREMBERG . . . . (Bavière.)	Les poids et mesures légaux de Nüremberg sont ceux de la Bavière, mais comme la		
ODESSA.	Voyez *Russie*. — OPORTO . . . . Voyez *Portugal*. — OSTENDE . . . . Voyez *Belgique*. —		
PADOUE	Voyez *Vénétie*. — PALERME. Voyez *Sicile*. — PARIS. Voyez *France*.		
PARME. . . . . . . (V. aussi *Sardaigne*.)		lit.	bush.
	Stajo = 2 mine = 16 quartaroli	51.36	1.4132
	Mina = 8 —	25.68	0.7066
	Quartarolo	3.21	0.0883
PAYS-BAS . . . . . (Hollande.)	Depuis 1816, on se sert en Hollande du système métrique français, mais avec des		
	quelques colonies hollandaises et dans quelques provinces, nous les donnons ici :	lit.	bush.
	Mudd. = 10 schepels = 1 hectolitre	100.	2.7512
	Schepel = 10 koppen = 1 décalitre	10.	0.2751
	Kop = 10 maatjes = 1 litre.	1	0.0275
	Maatje = 1 décilitre.	0.1	0.0027
	Ton = 2 mudden	200.	5.5024
	Last = 30 mudden.	3000.	82.5360
	On divise aussi le last, comme autrefois, en 27 mud ou 36 sacs.		
	Last = 27 mudden = 36 sacs = 108 schep. = 432 vierdevats = 3456 koppen	3003.9	82.6437
	Mudd. = 1 1/3 = 4 = 16 = 128 —	111.256	3.0608
	Sac = 3 = 12 = 96 —	83.442	2.2405
	Schepel = 4 = 32 —	27.814	0.6502
	Vierdevat = 8 —	6.953	0.1700
	Kop	0.869	0.0212
	Pour le sel :		
	Maat.	61.41	1.6895
	Hondert = 404 maaten	24809.64	682.566
	Pour le charbon de terre :		
	Hoed = 38 maaten.	2334.58	64.2010

MESURES DE CAPACITÉ. MATIÈRES LIQUIDES.	C. FRANÇAIS.	C. ANGLAIS.
	lit.	gal.
MUNSTER. . . Voyez *Prusse*. — NANTES. . . Voyez *France*. — NAPLES . . Voyez *Deux-Siciles*.		
Le nouveau malter = 100 litres	100.	22.0097
Le nouveau (muids) = 100 —	100.	23.2155
Pott	0.96529	0.21246
Kande = 2 pott.	1.93058	0.42492
Ahm = 155 pott.	149.620	32.9318
Fischtonde (tonne de poisson) ou tiaretonde = 120 pott	115.846	25.4932
plupart des États de l'Allemagne emploient pour poids de pharmacie l'ancienne livre de Nüremberg, nous la		
OTTOMAN (empire), Voyez *Turquie*.		
Pour les liquides, voyez *Vénétie*. (Milan.)		
dénominations différentes. — Comme les anciens poids et mesures de la Hollande sont encore employés dans	lit.	gal.
Vat ou fass = 100 kannen = 1 hectolitre	100.	22.0097
Kan = 10 maatjes = 1 litre.	1.	0.2201
Maatje = 10 vingerhoed = 1 décilitre.	0.1	0.0220
Vingerhoed = 1 centilitre	0.01	0.0022

	oxhoofdh.	amen.	anker.	steekan.	viertel.	stoops.	mengels.	pintes.	mutsjes.	lit.	gal.
Vat	= 4	= 6	= 24	= 48	= 126	= 384	= 768	= 1536	= 6144	931.344	207.9860
Oxhoofdh		= 1 1/2	= 6	= 12	= 31 1/2	= 96	= 192	= 384	= 1536	232.836	51.9965
Amen			= 4	= 8	= 21	= 64	= 128	= 256	= 1024	155.224	34.6843
Anker				= 2	= 5 1/4	= 16	= 32	= 64	= 256	38.806	8.6651
Steekan					= 2 5/8	= 8	= 16	= 32	= 128	19.403	4.3330
Viertel						= 3 1/21	= 6 2/21	= 12 4/21	= 48 16/21	7.391	1.6507
Stoop							= 2	= 4	= 16	2.4254	0.5416
Mengel								2	= 8	1.2127	0.2708
Pintes									= 4	0.6023	0.1354
Mutsje										0.1516	0.0339
Pour les vins de France, le vat = 180 mengeln										218.	48.744
Pour les vins d'Espagne et de Portugal, pipa = 240 mengeln. . . .										412.	92.072

NOMS des PAYS.	MESURES DE CAPACITÉ. MATIÈRES SÈCHES.	C. FRANÇAIS.	C. ANGLAIS.
		lit.	bush.
PAYS-BAS . . . . . . (Suite.)	. . . .	. . . .	. . . .
PÉROU.	Voyez *Espagne*.		
PERSE.	Artaba = 25 capichas = 50 chenicas = 200 sextarios	65.7	1.809
	Capicha = 2 = 8 —	2.63	0.072
	Chenica = 4 —	1.31	0.036
	Sextario	0.33	0.009
PÉTERSBOURG. . . .	Voyez *Russie*. — PHILADELPHIE. . . Voyez *États-Unis*. — PIÉMONT. . . Voyez *Sardaigne*.		
PORTUGAL	Le système métrique français est en usage au Portugal; nous donnons ici les anciens Les mesures diffèrent à Lisbonne et à Oporto.		

	LISBONNE. lit.	LISBONNE. bushel.	OPORTO. lit.	OPORTO. bush.
Moio = 15 fanegas = 60 alqueires = 480 out.	830.45	22.846	1047.90	28.830
Fanega = 4 » = 32	55.364	1.5232	69.86	1.922
Alqueire = 8	13.841	0.3808	17.465	0.4805
Outava.	1.730	0.0476	2.183	0.0601

NOMS des PAYS.	MATIÈRES SÈCHES.	C. FRANÇAIS.	C. ANGLAIS.
PRAGUE	Voyez *Autriche*. — PRESBOURG. . . . Voyez *Autriche*.		
PRUSSE.		hectol.	
	Winspel = 2 malter = 24 scheffeln = 96 viertel. = 384 metzen.	13.19078	36.290
	Malter = 12 = 48 = 192 —	659.538	18.145
	Scheffel = 4 = 16 —	54.9615	1.5121
	Viertel = 4 —	13.7404	0.3780
	Metze.	3.4351	0.0945
	Dans le commerce en gros et sur les chemins de fer, le winspel est compté :		
	1° Pour froment, seigle, orge, pois et graines oléagineuses = 25 scheffeln	1374 0375	37.8025
	2° Pour avoine = 26 —	1429.	39.3146
	Last = 60 —	3297.69	90.720
	Tonne (pour chaux, sel, bois, pierre, etc.) = 4 —	219.8460	6.0484
	Tonne (pour graine de lin) = 37 2/3 metzen	129.3885	3.5595

MESURES DE CAPACITÉ. MATIÈRES LIQUIDES.	C. FRANÇAIS.	C. ANGLAIS.
	lit.	gal.
Pour les eaux-de-vie :		
Vat = 12 steckan = 30 viertel = 180 mengeln.	225.12	49.548
Pour la bière :		
Tonne = 8 steckan = 128 mengeln.	157.28	34.617
Pour l'huile de lin, de navette, de chenevis :		
Am = 7 1/2 steckan	145.5225	32.028
Pour l'huile d'olive :		
Vat ou pipe = 717 mengeln de vin	869.506	191.376
Pour l'huile de baleine :		
Kwarteel = 2 schmaltone = 12 steckan = 192 mengeln de vin.	232.836	51.246
L'huile de foie de baleine et colle de morue se vendent également par schmaltone.		
Les liquides se vendent au poids.		

— PONDICHÉRY. . . . . Voyez *France*.

poids et mesures :
Les mesures diffèrent à Lisbonne et à Oporto.

	LISBONNE. lit.	LISBONNE. gal.	OPORTO. lit.	OPORTO. gal.
Almude = 2 potes = 12 canadas = 48 cuartilos.	16.74	3.6844	25.36	5.58
Pote ou cantaro = 6 = 24 —	8.37	1.8422	12.68	2.79
Canada = 4 —	1.395	0.3070	2.113	0.437
Cuartillo	0.3487	0.0767	0.523	0.424
POUR LE VIN.				
Tonneau = 2 pipes = 52 almudes.	870.84	191.589	1318.72	290.46
Baril = 18 —	301.32	66.319	456.46	100.44

VINS LE PALX-DE-V...	C. FRANÇAIS.	C. ANGLAIS.
Fuder = 4 oxhoft = 6 ohm = 12 eimer = 24 anker = 720 quarts.	824.4228	181.452
Oxhoft = 1 1/2 = 3 = 6 = 180 —	206.1057	45.363
Ohm = 2 = 4 = 120 —	137.4038	30.242
Eimer = 2 = 60 —	68.7019	15.121
Anker = 30 —	34.35095	7.561
Quart = 1/2 metze pour grains = 64 zoll cubes de Prusse	1.14503	0.252
Bouteille de vin = 0.75 quart.	0.8587	0 189
BIÈRE.		
Gebräude (brassin) = 9 kuffen = 18 fass. = 36 tonnen = 3600 quarts.	4122.108	907.265
Kuffe = 2 = 4 = 300 —	458.012	100.807
Fass = 2 = 200 —	229.006	50.404
Tonne = 100 —	114.503	25.202

NOMS des PAYS.	MESURES DE CAPACITÉ. MATIÈRES SÈCHES.	C. FRANÇAIS	C. ANGLAIS.
		lit.	bush.
QUÉBEC	Voyez *Angleterre*.		
REVEL.	Voyez *Russie*. — RIGA. . . . . Voyez *Russie*. — RIO DE JANEIRO. . . . . Voyez *Brésil*. ROSTOCK. . . Voyez *Mecklenbourg-Schwerin*. — ROTTERDAM . . . Voyez *Pays-Bas*.		
RUSSIE.	Tschewert = 2 osmins = 4 pajacks = 8 tschetw. = 32 tschw. = 64 garnetz	209.730	5.7704
	Osmin = 2 = 4 = 16 = 32 —	104.865	2.8852
	Pajack = 2 = 8 = 16 —	52 432	1.4426
	Tschetwerick = 4 = 8 —	26.246	0.7213
	Tschetwerka = 2 —	6.554	0.1800
	Garnetz	[illegible]	[illegible]
	Sac ou coulle = 8 à 10 tschewerts.		
SAINT-DOMINGUE. .	Voyez *Haïti*. — SAINT-GALL . . Voyez *Suisse*. — SAINT-PÉTERSBOURG . . Voyez *Russie*.		
SARDAIGNE. . . . (Royaume de)	On se sert dans le royaume de Sardaigne du système métrique français ; cependant l'île		
		lit.	bush.
	Stavello ou moggio = 2 quarte = 4 quarti = 8 imbuti = 16 migamuti	49.1714	1.3528
	Quarta ou corbula = 2 = 4 = 8 —	24.5857	0.6764
	Quarto = 2 = 2 —	12.2929	0.3382
	Imbuto = 4 —	6.1404	0.1691
	Migamuto.	3.0732	0.0845
	A Sassari, le moggio.	24.5887	0.6764
	Rosiero ou rostiero = 3 1/2 starelli.	174.4	4.7348
	A Sassari, le rosiero = 7 starelli = le rosiero de Cagliari. . . .	172.1	4.7348
SAXE (Royaume de) LEIPZICK et DRESDE.	A DRESDE ET A LEIPZICK.	lit.	bush.
	Wispel = 2 malt. = 24 scheffel = 96 viertel = 384 metz. = 1536 masschen	2495.64	68.6592
	Malter = 12 = 48 = 192 = 768 —	1247.82	34.3296
	Scheffel = 4 = 16 = 64 —	103.988	2.8608
	Viertel = 4 = 16 —	25.996	0.7152
	Metzen = 4 —	6.490	0.1788
	Masschen	1.623	0.0447
	Last . . . . . . { de froment et seigle = 6 wispel	hect. 149.7384	411.9552
	Last . . . . . . { d'orge et d'avoine = 2 —	49.9128	137.3184
	Scheffel de l'Elbe, ou mesure d'eau = 65 masschen.	lit. 105.040	2.9055
	Tonne . . . . . { pr chaux et charbon de terre = 2 scheff. de Dresde	207.97	5.7216
	Tonne . . . . . { pour minerais de fer = 3 pieds cubes	113.578	3.1303
	Fuder (pour minerais) = 5 tonnen	567.890	15.6545

MESURES DE CAPACITÉ. MATIÈRES LIQUIDES.	C. FRANÇAIS.	C. ANGLAIS.
	lit.	gal.
ROCHELLE (la). . . . . Voyez *France*. — ROME. . Voyez *États romains*. — ROUEN. . . . . Voyez *France*. —		
Botchka = 3 1/3 pipes = 13 1/3 ankers = 40 vedros = 32 ostoffs = 400 crouchkas = 4000 tcharkas	491.956	108.276
Pipe = 4 = 12 = 96 = 120 = 1200 —	157.5872	32.4832
Anker = 3 = 24 = 30 = 300 —	36.8968	8.1268
Vedro = 8 = 10 = 100 —	12.2989	2.7069
Stoff = 1 1/4 = 12 1/2 —	1.5361	0.3384
Crouchkas = 10 —	1.2299	0.2707
Tcharkas	[illegible]	[illegible]
de Sardaigne emploie encore les poids et mesures suivants :		
VINS ET EAUX-DE-VIE.		
Quartiero = 5 pinte = 10 mezzette	5.0266	1.1041
Pinta = 2 —	1.0053	0.2208
Mezzetta.	0.5026	0.1104
Botte (pipe ou botte) = 100 quartieri	502.66	110.4139
On compte dans la pratique la botte = 5 hectolitres.		
HUILE.		
Barile (tonneau) = 2 giarri = 8 quartane = 96 quartucci = 192 misuri	33.6	7.3938
Giarre (cruche) = 4 = 48 = 96 —	16.8	3.6976
Quartana = 12 = 24 —	4.2	0.9244
Quartucco = 2 —	0.35	0.0770
Misure	0.75	0.0385

Les mesures de Dresde et de Leipzick pour les liquides diffèrent de valeur, les premières étant d'un neuvième moindres que les secondes ; en outre, à Dresde, il y a deux valeurs : l'une pour le commerce, l'autre pour la douane et les contributions. La douane compte la kanne = 2 livres d'eau distillée, pesée dans le vide, à 15° Réaumur = 0lit.,9863; et l'eimer = 67lit.,3626.

VIN.	fass.	ohm.	eimer.	ankers.	visirkan.	kanne.	A DRESDE. DOUANE. lit.	A DRESDE. DOUANE. gal.	A DRESDE. COMMERCE. lit.	A DRESDE. COMMERCE. gal.	A LEIPZICK. lit.	A LEIPZICK. gal.
Fuder (foudre)	= 2	= 6	= 12	= 24	= 576	= 864	808.3512	177.9156	821.0088	180.5340	910.224	200.3304
Fass		3	= 6	= 12	= 288	= 432	404.1756	88.9578	410.8044	90.4170	455.112	100.1652
Ohm			= 2	= 4	= 96	= 144	134.7252	29.6525	136.9348	30.1390	151.704	33.3884
Eimer				= 2	= 48	= 72	67.3626	14.8263	68.4674	15.0695	75.852	16.6942
Anker					= 24	= 36	33.6813	7.4136	34.2337	7.5347	37.926	8.3474
Visirkanne						= 1 1/2	1.4033	0.3089	1.2660	0.3139	1.5802	0.3478
Kanne = 2 nossel = 8 quartiers.							0.9355	0.2059	0.9309	0.2059	1.0535	0.2318
Le visirkanne de commerce à Leipzick = 1lit.,269 ; il est employé comme kanne dans plusieurs districts.												
Pour le vin de France : oxhoft = 3 eimern							202.0878	44.4789	205.402	45.2085	227.356	50.0826
Pour l'eau-de-vie de France : oxhoft = 3 3/8 eimern . .							227.3488	50.0388	231.077	50.8593	256.	56.3429
BIÈRE.												
Fass (tonneau) = 2 viertel = 4 tonnen = 5 3/6 eimer = 420 kannen							392.948	86.4867	399.4		379.26	83.433
Kufe (cuve) = 2 fass							785.890	172.9734	799.		758.52	166.904
Gebraude (brassin) = 24 fass.							hect. 94.308	1575.680	hect. 95.856		hect. 72.818	2002.847

NOMS des PAYS.	MESURES DE CAPACITÉ. MATIÈRES SÈCHES.	C. FRANÇAIS.	C. ANGLAIS.
		lit.	bush.
SAXE-ALTENBOURG. .	Walter = 3 Scheffel = 4 sack = 12 vierteln = 48 metzen = 192 masschen	440.9154	12.1264
	Scheffel = 1 1/3 = 4 = 16 = 64 —	146.9718	4.0424
	Sack = 3 = 12 = 48 —	110.2288	3.0318
	Viertel ou sichmass = 4 = 16 —	36.7430	0.0405
	Metze	9.1857	0.2526
	Masschen	2.2964	0.0632
SAXE-WEYMAR. . .	Scheffel à Weymar	75.29	2.0714
	Scheffel d'Iéna.	160.12	4.4052
	Malter d'Eisenach	304.39	68.9952
SÉVILLE	Voyez *Espagne*.		
			bush.
SIAM.	Cobi = 40 sesti = 1600 sats.	461.35	13 1/3
	Sesti = 40 —	12.12	0.333
	Sat	0.303	0.008
	Pour mesurer le riz, on emploie une mesure contenant 22 pieuls = 1820 kil.		
	Pour le sel, une mesure de 25 pieds = 1542 kil.		
SIBÉRIE	Voyez *Russie*. — SMYRNE. . . . . Voyez *Turquie*. — STOCKHOLM.		
		lit.	bush.
SUÈDE.	Kanna (canette) = 2 stops = 8 quarts = 32 orts.	2.6172	0.0720
	Stops = 4 = 16 —	1.3086	0.0360
	Quart = 4 —	0.32715	0.0090
	Ort.	8.0818	0.0022
	Tonne = 2 spans = 8 pjerdings = 32 kappre = 56 kannas. . .	146.5632	4.0304
	Span = 4 = 16 = 28 — . .	73.2816	2.0152
	Pjerding = 4 = 7 — . .	18.3204	0.5038
	Kapp = 1 3/4 — . .	4.5801	0.1259
	La tonne de blé	164.8929	4.5344
	La tonne de malt	172.9744	4.7864
SUISSE.	D'après une décision de l'Assemblée fédérale, en date du 23 décembre 1851, le nouveau *Concordatmasse*; depuis le 1er janvier 1856, il est suivi exclusivement. (Genève ne l'a mis		
	Viertel ou sestier (quarteron ou boisseau) = 10 immi ou emines = 5/9 pied cube.	lit. 15.	gal. 3.3014
	Il se subdivise encore ainsi :		
	Viertel = 4 vierling = 16 masslein.	15.	3.3014
	Vierling.	3.75	0.8253
	Masslein.	0.9375	0.2064
	Le malter ou sac = 10 vielterm.	150.	33.0145
SYRIE . . . . . . (Alep).	Molouk.	750.	
	On le compte comme pesant 250 voltole = 570 kil. de blé.		
	Cifk = le kilo de Constantinople. (Voir *Turquie*.)		

MESURES DE CAPACITÉ. MATIÈRES LIQUIDES.	C. FRANÇAIS.	C. ANGLAIS.
	lit.	gal.
Eimer de Dresde = 60 kannen = 120 nosseln	68.456	15.0694
Kanne = 2 = ...	1.1411	0.25116
Nosel.	0.5705	0.12558
Eimer = 80 mass ou canettes.	71.708	15.7827
Pour l'huile, eimer	72.	15.8470
Voyez *Suède*. — STRASBOURG. . . . . . . Voyez *France*.		
Kanna (canette) = 2 stops = 8 quarts = 32 jungfrurs	2.6172	0.5756
Stop = 4 = 16 —	1.3086	0.2878
Quart = 4 —	0.3272	0.0719
Jungfrur	0.0818	0.0180
Todor (tonne) = 2 pipors = 4 oxhufundens = 6 ams = 24 ankares = 360 canettes. .	942.1878	184.1920
Pipor = 2 = 3 = 12 = 180 —	471.0939	92.0960
Oxhufunden = 1 1/3 = 6 = 90 —	235.5469	46.0480
Am (muid) = 4 = 60 —	157.0313	34.3360
Ankare = 15 —	39.2578	8.6340
Pour l'huile, les poissons salés, la viande, etc.		
La tonne = 48 canettes.	125.6536	27.6228
système de poids et mesures que nous donnons ici a été adopté pour toute la Suisse sous le nom de en vigueur que depuis 1857.)	lit.	gal.
Maas ou pot = 2 halben = 4 viertel maas = 8 schoppen = 16 halben sch. = 1 1/2 p.c.	1.5	3.3301
Halbe maas (demi-maas) = 4 = 8 —	0.75	0.1650
Viertel maas (quart maas) = 4 —	0.375	0.0826
Schoppe = 2 —	0.1875	0.0413
Halbe schoppe	0.09375	0.0206
Eimer (setier ou brente) = 25 maas.	37.50	8.2325
Saum (ohm ou muids) = 100 maas = 4 eimer.	150.	33.0145
Ils se vendent au poids.		
Ils se vendent au poids.		

NOMS des PAYS.	MESURES DE CAPACITÉ. MATIÈRES SÈCHES.	C. FRANÇAIS.	C. ANGLAIS.
		lit.	bushels.
TOSCANE. (Florence et Livourne) (V. aussi *Sardaigne*.)	Staja = 2 mine = 4 quarti = 16 metadelle = 32 mezzette = 64 quartucci.	24.362862	0.6704
	Mina = 2 = 8 = 16 = 32 —	12.18143	0.3352
	Metadella = 4 = 8 = 16 —	6.09071	0.1676
	Mezzetta = 2 = 4 —	1.52268	0.0419
	Quartuccio = 2 bussoli = 2 —	0.76134	0.0210
TOULON	Voyez *France*. — TRIESTE. . . . . . . Voyez *Autriche*.		
		lit.	bushels.
TRIPOLI (Barbarie.)	Ueba = 4 temen = 16 orbahs = 32 nufs-orbah.	170.3	2.952
	Temen = 4 = 8 —	42.6	0.738
	Orbah = 2 —	10.65	0.184
	Nuf-Orbah.	5.325	0.092
		lit.	bushels.
TUNIS	Cafiz = 16 honĉbas = 192 saas	496.	13.646
	Honĉba = 12 —	34.	0.853
	Saas.	2.58	0.071
		lit.	gal.
TURQUIE.	Fortin = 4 kilo	141.004	31.048
	Kilo.	35.250	10.349
	(Le kilo est maintenant la seule mesure légale pour les matières sèches dans toute la Turquie.)		
VÉNÉTIE et LOMBARDIE. (Ancien roy. lombard-vénitien) Pour la *Lombardie* V. aussi *Sardaigne*.	Nous donnons ici le système légal des poids et mesures qui étaient en usage dans l'ancien locales qui étaient employées concurremment avec ce système.		
		lit.	gal.
	Soma = 10 mine = 100 punte = 1000 coppi	100.	22.0097
	Mina = 10 = 100 —	10.	2.20097
	Punta = 10 —	1.0	0.2201
	Coppo	0.100	0.0220
	A Venise. — la staja pour grains	83.317	18.3378
	A Venise. — le barile de vin.	64.386	14.1712
	A Bergame. — le carro pour grains.	1570.24	293.3657
	A Bergame. — la brenta pour liquides	70.6905	15.5597
VENISE.	Voyez *Vénétie*. — VÉRONE. . . . Voyez *Vénétie*. — VIENNE. . . . Voyez *Autriche*.		
		lit.	bushels.
WURTEMBERG.	Scheffel = 8 simris = 32 viertel = 64 achtel = 128 masslein = 256 ecklein	177.226	4.8759
	Simri = 4 = 8 = 16 = 32 —	22.153	0.6095
	Viertel = 2 = 4 = 8 —	5.538	0.1524
	Achtel = 2 = 4 —	2.769	0.0762
	Masslein = 2 —	1.3845	0.0381
	Ecklein	0.69225	0.0190

MESURES DE CAPACITÉ. MATIÈRES LIQUIDES.	C. FRANÇAIS.	C. ANGLAIS.
	lit.	gal.
VIN.		
Barile = 20 fiasci = 40 boccali = 80 mezzette = 160 quartucci	45.584	10.032
Boccale = 2 = 4 —	1.1396	0.2508
HUILE.		
Barile = 16 fiasci = 32 boccali.	33.4289	8.026
Soma = 2 barili.	66.8578	16.052
	lit.	gal.
Pour le vin : baril = 24 fozzes.	64.39	14.267
Pour l'huile : baril = 5 arbula = 35 caraffas	64.3860	14.1732
— Arbula = 6 —	10.7310	2.3622
— Caraffa.	1.7888	0.3937
	lit.	gal.
Pour le vin. — Mettar ou mitro	10.	2.204
Pour le vin. — Millerolle	6.5	1.430
Pour l'huile. — Mitro = 2 kollès = 16 saas.	20.16	4.437
Pour l'huile. — Kollès = 8 —	10.08	2.218
Pour l'huile. — Saas	1.26	0.277
Les liquides se vendent au poids par oka ; mais dans le commerce de détail, on a des mesures qui correspondent au poids de liquide qu'ils contiennent.		
HUILE.	lit.	gal.
Ahmud ou motor.	5.205	1.152
royaume lombard-vénitien, et en même temps, pour les villes les plus importantes, les principales mesures		
MESURES LOCALES.	lit.	gal.
A Milan. — le boccale — pour liquides	0.787	0.1732
A Milan. — la brenta — pour liquides	75.5344	16.6293
	lit.	gal.
Fuder = 6 eimer = 96 imm = 960 mass = 3840 schoppen	1763.562	388.15
Eimer = 16 = 160 = 640 —	293.927	64.692
Imml = 10 = 40 —	18.370	4.0432
Mass helleich = 4 —	1.837	0.4043
Schoppe.	0.459	0.1011
On distingue les mesures helleich et trübeich : 460 mesures trübeich = 467 helleich, 10 helleich = 11 shenkmass.		

APPENDICE

AUX TABLEAUX DES POIDS ET MESURES.

POIDS ET MESURES DES PAYS ÉTRANGERS.

Table de quelques Poids en usage dans les principales Villes de commerce des pays étrangers, avec leurs équivalents en livres anglaises.

NOMS DES VILLES.	POIDS ÉTRANGERS.	PESANT 100 LIVRES Avoir-du-poids.
Alexandrie (1)........	1 cantaro de 100 rottoli..........	101 84
Amsterdam..........	100 pouden de 1,000 wighes........	220 48
Ancône.............	100 livres de 12 onces............	72 93
Anvers..............	100 kilogrammes de 1,000 grammes.	220 48
Athènes............	1 cantaro de 40 okes............	113 15
Augsbourg..........	100 livres de 32 loth.............	104 21
Barcelone...........	100 livres de 12 onces............	88 76
Bâle	100 livres de 32 loth.............	108 57
Berlin..............	Id........................	103 12
Bologne.............	100 livres de 12 onces............	79 80
Brême..............	100 livres de 32 loth.............	109 93
Bruxelles...........	Comme à Anvers.................	220 48
Cagliari.............	1 cantaro de 150 livres..........	134 44
Calcutta............	1 factory maund...............	74 66
—	1 bazas maund.................	82 13
Christiania..........	100 livres de 32 lod.............	110 29
Constantinople.......	1 cantaro de 44 okes...........	124 46
Copenhague.........	100 livres de 32 loth.............	110 29
Corfou.............	1 centinajo de 100 livres.........	100 »
Dantzig.............	100 livres de 32 loth.............	103 12
Francfort-sur-le-Mein.	Id........................	103 17
Genève.............	100 livres de 15 onces............	101 21
Gênes..............	100 livres de 12 onces............	69 85
Hambourg..........	100 livres de 32 loth.............	106 79
Hanovre............	Id........................	103 12
Livourne...........	100 livres de 12 onces............	74 86
Lisbonne...........	100 livres de 16 onces...........	70 59
Lubeck.............	100 livres de 32 loth.............	106 87
Madrid.............	100 livres de 16 onces............	101 44
Malte..............	1 cantaro de 100 rottoli..........	175 04
Messine............	100 livres de 12 onces............	70 02
Milan..............	100 livres ou chilogramme..........	220 48
Munich............	100 livres de 32 loth.............	123 47
Naples.............	100 livres de 12 onces............	72 72
—	1 cantaro de 100 rottoli..........	196 45
Paris..............	100 kilogrammes.................	220 48
Pétersbourg (Saint-)..	1 pood de 40 livres.............	36 10
Raguse.............	100 livres, poids de Vienne.........	123 47
Rome..............	100 livres de 12 onces............	74 77
Smyrne............	1 cantaro de 45 okes............	127 29
Stockholm..........	100 livres (poids sur les vivres).....	93 65
Turin..............	100 chilogramme.................	220 48
Venise.............	100 livres peso grosso............	105 17
—	100 livres peso sottle............	66 42
Vienne.............	100 livres de 32 loth.............	123 47

(1) C'est-à-dire que 1 cantaro de 100 rotoli d'Alexandrie est équivalent à 101,84 liv. anglaises, etc.

Table des mesures de longueur usitées dans les principaux ports et villes de commerce, avec leurs équivalents en yards anglais légaux.

NOMS DES VILLES.	MESURES.	YARDS ANGLAIS.
Alexandrie..........	100 pikes, environ................	75.00
Amsterdam.........	100 ells..........................	109.36
Ancône.............	100 canne de 8 palmi.............	217.60
Anvers.............	100 mètres.......................	101.36
Athènes............	100 pichi, environ...............	75.05
Berlin.............	100 ells..........................	72.94
Brême..............	100 ells..........................	63.34
Cadix..............	100 varas (castiliens)............	92.73
Calcutta...........	100 guz, environ.................	100.00
Canton.............	100 corids.......................	40.62
Cap de B.-Espérance.	100 rhynland ells................	77.25
Christiania........	100 ells..........................	68.64
Constantinople......	100 pikes, environ...............	75.05
Copenhague.........	100 ells..........................	68.64
Corfou.............	100 yards (anglaises)............	100.00
Gênes..............	100 canne........................	271.22
Hambourg...........	100 ells..........................	62.66
Livourne...........	100 bracchia.....................	65.83
Lisbonne...........	100 cavodos......................	68.63
Malte..............	100 canne de 8 palmi.............	288.89
Marseille..........	100 mètres (dans toute la France)...	109.36
Messine............	100 canne de 8 palmi.............	212.47
Naples.............	100 id...........................	289.32
Pétersbourg (Saint-)..	100 arshines.....................	77.75
Rio de Janeiro......	100 varas, environ...............	120.00
Stockholm..........	100 ells..........................	64.94
Trieste............	100 ells, mesure pour la laine.....	76.13
—	100 id. id. pour la soie.......	72.33
Venise.............	100 bracchia, mesure pour la laine..	74.47
—	100 id. id. pour la soie..	69.81
Vienne.............	100 ells..........................	85.66

REMARQUES.

Outre les mesures de longueur usitées dans le commerce, il y a dans chaque pays d'autres mesures d'un emploi particulier. Sauf le mètre de France, qui a cours aussi en Hollande et en Belgique, aucune mesure n'a pu être réduite en yards anglais avec assez d'exactitude pour garantir toute confiance en ces rapports. (*Voir* les pages précédentes et consulter les tableaux des mesures de tous les pays pour obtenir les conversions anglaises et françaises exactes.)

Table des mesures pour les grains dans les principaux ports de commerce, avec leurs équivalents en quarters anglais légaux.

NOMS DES VILLES.	MESURES.	QUARTERS ANGLAIS.	
Alexandrie	100 ardebs (toute l'Egypte)	63	»
Amsterdam	le last de 130 mudden	10	32
Ancône	100 rubbie	98	31
Anvers	le last de 130 hectolitres	10	32
Athènes	100 kila	11	44
Barcelone	100 cuarteras	24	87
Bilbao	100 fanegas	20	60
Brême	le last de 40 scheffels	9	80
Cadix	100 fanegas	19	43
Cap de B.-Espérance	100 muids de 4 schepels	37	12
Christiania	100 tœnde (Voyez aussi Copenhague)	47	83
Civita-Vecchia	100 rubie (Roman)	94	21
Constantinople	100 kilows	12	30
Copenhague	le last de 10 tende	5	74
Corfou	100 chilos (buseths légaux)	12	50
Dantzig	le last de 72 scheffels (blé)	13	61
—	id. 48 id. (orge ou avoine)	9	07
Elbing	100 scheffels (Voyez aussi Dantzig)	18	90
Emden	le last de 16 maltern	10	87
Gênes	100 mine de 4 stari	39	31
Hambourg	le last de 30 scheffels (blé)	10	87
—	id. 20 id. (avoine ou orge)	7	25
Livourne	100 sacchi	25	14
Lisbonne	100 alquieres	4	64
Lubeck	le last de 96 scheffels (blé)	11	»
—	id. (avoine)	13	62
Malte	100 salme	98	61
Marseille	100 hectolitres, dans toute la France	34	39
Messine	100 salme de 16 tomoli	95	19
Naples	100 tomoli	19	»
Oporto	100 alquieres	5	72
Odessa et Saint-Pétersbourg	100 chetverts	72	12
Riga	le last de 48 looss (blé)	11	25
—	id. 45 (riz)	10	50
—	id. 60 (avoine)	14	»
Rio de Janeiro	100 alquieres	14	»
Rostock	le last de 96 scheffels	12	84
Smyrne	100 killows	19	70
Stockholm	100 tunna (blé)	56	68
—	id. (drèche)	59	83
—	id. (mesure ordinaire)	50	33
Trieste	100 stari	28	41
Venise	100 stagi	28	65
—	100 mine	34	39
Vienne	100 metzen	21	15

REMARQUE. — Il y a tant d'irrégularité dans les mesures sèches de plusieurs contrées, que l'on ne peut donner qu'approximativement leur valeur; et souvent aussi des mesures employées de noms, dans le commerce seront rendues par des poids spécifiés. Notons encore que les poids étant généralement uniformes dans le même État, les mesures diffèrent souvent dans plusieurs de ses provinces. Dans certains endroits, comme en Chine, et dans les possessions de l'Inde orientale, le grain n'est vendu qu'au poids : dans les États-Unis, le Canada et quelques autres colonies, l'ancienne mesure de Winchester est encore employée : 32 quarters de cette mesure = à peu près 31 quarters légaux.

Table des mesures liquides en usage dans les principales villes de commerce suivantes, avec leur contenance en gallons anglais.

NOMS DES VILLES.	MESURES.	GALLONS ANGLAIS.	
Amsterdam........	1 vat de 100 kan...............	22	01
Ancône.............	100 boccali........................	39	39
Anvers..............	10 boisseaux de 10 litrons.........	22	01
Berlin...............	100 quarts prussiens..............	25	20
Brême...............	100 stubchen......................	69	81
Cadix................	100 cantaras ou arrabas............	355	81
Cap de B.-Espérance.	le leaguer de 240 stoops...........	128	12
Christiania...........	100 pots...........................	21	25
Copenhague..........	100 pots...........................	21	25
Corfou...............	100 gallons........................	100	»
Gallipoli............	le salma d'huile de 16 stajs........	34	32
Gênes...............	le baril de 90 ameli...............	17	50
Hambourg...........	100 viertels.......................	159	56
Livourne............	100 fiaschi........................	199	31
Lisbonne............	100 almudes.......................	364	07
Malte................	le baril de 38 quartucci...........	9	35
—	le caffiso de 16 quartucci (huile)....	4	50
Marseille............	100 litres.........................	22	01
Messine.............	le touna de 12 barils siciliens.......	93	»
—	le cantaro d'huile est de 100 rottoli.	»	
Naples..............	le baril de 60 caraffe..............	9	50
—	le sulma d'huile, environ..........	36	»
Oporto..............	100 almudes.......................	592	82
Pétersbourg (Saint-)..	100 vedros........................	270	50
Rio de Janeiro.......	100 medidas.......................	59	50
Stockholm..........	100 kanna.........................	57	60
Trieste..............	le orna de 100 livres d'huile, env...	14	29
Venise..............	100 boccali........................	27	27
Vienne..............	100 mass..........................	30	82

REMARQUES.

Généralement, les mesures liquides sont plus régulières que les mesures sèches, et dans la plupart des contrées qui produisent le vin et l'huile, les fournitures en sont faites aux marchands plutôt en poids qu'en mesures, et dans la plupart des contrées de l'E., on se sert uniquement des poids, excepté dans le commerce d'importation des esprits, où l'on se sert du gallon anglais, c'est-à-dire du dernier gallon employé pour les vins en Angleterre.

Table de comptes faits pour la comparaison des mètres en yards et réciproquement.

Mètres.		Yards.	Mètres.		Yards.	Yards.		Mètres.
1	ou	1 1/8	600	ou	656 1/4	15	ou	13.72
2	ou	2 1/8	700	ou	765 5/8	16	ou	14.63
3	ou	3 1/4	800	ou	875	17	ou	15.54
4	ou	4 3/8	900	ou	984 3/8	18	ou	16.46
5	ou	5 1/2	1.000	ou	1.093 3/4	19	ou	17.37
6	ou	6 1/2	2.000	ou	2.187 1/2	20	ou	18.29
7	ou	7 5/8	3.000	ou	3.280 1/4	30	ou	27.43
8	ou	8 3/4	4.000	ou	4.375	40	ou	36.58
9	ou	9 7/8	5.000	ou	5.468 3/4	50	ou	45.72
10	ou	11	6.000	ou	6.562 1/2	60	ou	54.86
11	ou	12	7.000	ou	7.656 1/4	70	ou	64
12	ou	13 1/8	8.000	ou	8.750	80	ou	73.15
13	ou	14 1/4	9.000	ou	9.843 3/4	90	ou	82.29
14	ou	15 1/4	10.000	ou	10.937 1/2	100	ou	91.44
15	ou	16 3/8				200	ou	182.88
16	ou	17 1/2				300	ou	274.32
17	ou	18 5/8				400	ou	365.76
18	ou	19 5/8	Yards.		Mètres.	500	ou	457.20
19	ou	20 3/4	1	ou	0.91 1/2	600	ou	548.64
20	ou	21 7/8	2	ou	1.83	700	ou	640.08
30	ou	32 3/4	3	ou	2.74	800	ou	731.52
40	ou	43 3/4	4	ou	3.66	900	ou	822.96
50	ou	54 5/8	5	ou	4.57	1.000	ou	914.38
60	ou	65 5/8	6	ou	5.49	2.000	ou	1.828.76
70	ou	76 1/2	7	ou	6.40	3.000	ou	2.743.14
80	ou	87 1/2	8	ou	7.32	4.000	ou	3.657.52
90	ou	98 3/8	9	ou	8.23	5.000	ou	4.571.90
100	ou	109 3/8	10	ou	9.14	6.000	ou	5.486.28
200	ou	218 3/4	11	ou	10.06	7.000	ou	6.400.66
300	ou	327 1/8	12	ou	10.97	8.000	ou	7.315.04
400	ou	437 1/2	13	ou	11.89	9.000	ou	8.229.42
500	ou	546 7/8	14	ou	12.80	10.000	ou	9.143.80

Table de comptes faits pour la comparaison des kilogrammes en livres anglaises et réciproquement.

Kilog.		Lbs.
1	ou	2 1/5
2	ou	4 2/5
3	ou	6 3/5
4	ou	8 4/5
5	ou	11
6	ou	13 1/5
7	ou	15 2/5
8	ou	17 3/5
9	ou	19 4/5
10	ou	22
11	ou	24 1/5
12	ou	26 2/5
13	ou	28 3/5
14	ou	30 4/5
15	ou	33
16	ou	35 1/5
17	ou	37 2/5
18	ou	39 3/5
19	ou	41 4/5
20	ou	44
30	ou	66
40	ou	88
50	ou	110
60	ou	132
70	ou	154
80	ou	176
90	ou	198
100	ou	220
200	ou	440
300	ou	660
400	ou	880
500	ou	1.100

Kilog.		Lbs.
600	ou	1.320
700	ou	1.540
800	ou	1.760
900	ou	1.980
1.000	ou	2.200
2.000	ou	4.400
3.000	ou	6.600
4.000	ou	8.800
5.000	ou	11.000
6.000	ou	13.200
7.000	ou	15.400
8.000	ou	17.600
9.000	ou	19.800
10.000	ou	22.000

Lbs.		Kilog.
1	ou	0.454
2	ou	0.907
3	ou	1.361
4	ou	1.814
5	ou	2.268
6	ou	2.722
7	ou	3.175
8	ou	3.629
9	ou	4.082
10	ou	4.536
11	ou	4.990
12	ou	5.443
13	ou	5.897
14	ou	6.351

Lbs.		Kilog.
15	ou	6.804
16	ou	7.258
17	ou	7.711
18	ou	8.165
19	ou	8.619
20	ou	9.072
30	ou	13.610
40	ou	18.146
50	ou	22.682
60	ou	27.216
70	ou	31.754
80	ou	36.290
90	ou	40.826
100	ou	45.364
200	ou	90.728
300	ou	136.092
400	ou	181.456
500	ou	226.820
600	ou	272.184
700	ou	317.547
800	ou	362.912
900	ou	408.276
1.000	ou	453.640
2.000	ou	907.280
3.000	ou	1.360.920
4.000	ou	1.814.560
5.000	ou	2.268.200
6.000	ou	2.721.840
7.000	ou	3.175.480
8.000	ou	3.629.120
9.000	ou	4.082.760
10.000	ou	4.536.400

Table de comptes faits pour la comparaison des litres en gallons et réciproquement.

Litres.		Gallons.
1	ou	0.22
2	ou	0.44
3	ou	0.66
4	ou	0.88
5	ou	1.10
6	ou	1.32
7	ou	1.54
8	ou	1.76
9	ou	1.98
10	ou	2.20
11	ou	2.42
12	ou	2.64
13	ou	2.86
14	ou	3.08
15	ou	3.30
16	ou	3.52
17	ou	3.74
18	ou	3.96
19	ou	4.18
20	ou	4.40
30	ou	6.60
40	ou	8.80
50	ou	11.00
60	ou	13.20
70	ou	15.40
80	ou	17.60
90	ou	19.80
100	ou	22.00
200	ou	44.00
300	ou	66.00
400	ou	88.00
500	ou	110.00
600	ou	132.00
700	ou	154.00
800	ou	176.00
900	ou	198.00
1.000	ou	220.00
2.000	ou	440.00
3.000	ou	660.00
4.000	ou	880.00
5.000	ou	1.100.00
6.000	ou	1.320.00
7.000	ou	1.540.00
8.000	ou	1.760.00
9.000	ou	1.980.00
10.000	ou	2.200.00

Gallons.		Litres.
1	ou	4.54
2	ou	9.08
3	ou	13.62
4	ou	18.16
5	ou	22.70
6	ou	27.24
7	ou	31.78
8	ou	36.32
9	ou	40.86
10	ou	45.40
11	ou	49.94
12	ou	54.48
13	ou	59.02
14	ou	63.56
15	ou	68.10
16	ou	72.64
17	ou	77.18
18	ou	81.72
19	ou	86.26
20	ou	90.80
30	ou	136.20
40	ou	181.60
50	ou	227.00
60	ou	272.40
70	ou	317.80
80	ou	363.20
90	ou	408.60
100	ou	454.00
200	ou	908.00
300	ou	1.362.00
400	ou	1.816.00
500	ou	2.270.00
600	ou	2.724.00
700	ou	3.178.00
800	ou	3.632.00
900	ou	4.086.00
1.000	ou	4.540.00
2.000	ou	9.080.00
3.000	ou	13.620.00
4.000	ou	18.160.00
5.000	ou	22.700.00
6.000	ou	27.240.00
7.000	ou	31.780.00
8.000	ou	36.320.00
9.000	ou	40.860.00
10.000	ou	45.400.00

Comparaison du thermomètre anglais Fahrenheit et du thermomètre centigrade français.

Fahrenheit.	Centigrade.	Fahrenheit.	Centigrade.	Fahrenheit.	Centigrade.
— 4°	ou — 20°	33°	ou + 0°,56	70°	ou + 21°,11
3°	ou 19°,44	34°	ou 1°,11	71°	ou 21°,67
2°	ou 18°,89	35°	ou 1°,67	72°	ou 22°,22
1°	ou 18°,33	36°	ou 2°,22	73°	ou 22°,78
0°	ou 17°,78	37°	ou 2°,78	74°	ou 23°,33
+ 1°	ou 17°,22	38°	ou 3°,33	75°	ou 23°,89
2°	ou 16°,67	39°	ou 3°,89	76°	ou 24°,44
3°	ou 16°,11	40°	ou 4°,44	77°	ou 25°,00
4°	ou 15°,56	41°	ou 5°,00	78°	ou 25°,56
5°	ou 15°,00	42°	ou 5°,56	79°	ou 26°,11
6°	ou 14°,44	43°	ou 6°,11	80°	ou 26°,67
7°	ou 13°,89	44°	ou 6°,67	81°	ou 27°,22
8°	ou 13°,33	45°	ou 7°,22	82°	ou 27°,78
9°	ou 12°,78	46°	ou 7°,78	83°	ou 28°,33
10°	ou 12°,22	47°	ou 8°,33	84°	ou 28°,89
11°	ou 11°,67	48°	ou 8°,89	85°	ou 29°,44
12°	ou 11°,11	49°	ou 9°,44	86°	ou 30°,00
13°	ou 10°,56	50°	ou 10°,00	87°	ou 30°,56
14°	ou 10°,00	51°	ou 10°,56	88°	ou 31°,11
15°	ou 9°,44	52°	ou 11°,11	89°	ou 31°,67
16°	ou 8°,89	53°	ou 11°,67	90°	ou 32°,22
17°	ou 8°,33	54°	ou 12°,22	91°	ou 32°,78
18°	ou 7°,78	55°	ou 12°,78	92°	ou 33°,33
19°	ou 7°,22	56°	ou 13°,33	93°	ou 33°,89
20°	ou 6°,67	57°	ou 13°,89	94°	ou 34°,44
21°	ou 6°,11	58°	ou 14°,44	95°	ou 35°,00
22°	ou 5°,56	59°	ou 15°,00	96°	ou 35°,56
23°	ou 5°,00	60°	ou 15°,56	97°	ou 36°,11
24°	ou 4°,44	61°	ou 16°,11	98°	ou 36°,67
25°	ou 3°,89	62°	ou 16°,67	99°	ou 37°,22
26°	ou 3°,33	63°	ou 17°,22	100°	ou 37°,78
27°	ou 2°,78	64°	ou 17°,78	101°	ou 38°,33
28°	ou 2°,22	65°	ou 18°,33	102°	ou 38°,89
29°	ou 1°,67	66°	ou 18°,89	103°	ou 39°,44
30°	ou 1°,11	67°	ou 19°,44	104°	ou 40°,00
31°	ou 0°,56	68°	ou 20°,00	105°	ou 40°,46
32°	ou + 0°,00	69°	ou + 20°,56	106°	ou + 41°,11

TABLE ALPHABÉTIQUE

DU TRAITÉ ANGLO-FRANÇAIS.

FRANÇAIS.

D

E

F

G

H

I

J

L

M

TABLE ALPHABÉTIQUE

DU TRAITÉ ANGLO-FRANÇAIS.

ANGLAIS.

TABLE ALPHABÉTIQUE

DU TRAITÉ FRANCO-BELGE.

P

Q

R

S

T

V

Z

PARIS.— IMPRIMERIE CENTRALE DES CHEMINS DE FER DE NAPOLÉON CHAIX ET Cᵉ, RUE BERGÈRE, 20. — 11770

NOUVELLES PUBLICATIONS DE LA MÊME LIBRAIRIE.

Dictionnaire universel, théorique et statistique du commerce et de la navigation, formant 2 superbes volumes grand in-8° de 3,380 pages à deux colonnes ; papier collé et glacé. Prix : broché, 60 fr. ; relié en toile, 67 fr.

Principes d'Économie politique, suivis de quelques-unes de leur application à l'économie sociale. Traduits par MM. Dussard et Courcelle Seneuil ; 2e édition, 2 forts vol. in-8°. Prix : 15 fr.

Cours de Politique constitutionnelle, par Benjamin Constant. Nouvelle édition, revue, annotée et précédée d'une introduction par M. Ed. Laboulaye, membre de l'Institut ; 2 forts vol. in-8°. Prix : 15 fr.

Principes de la Science sociale, par H.-C. Carey. Traduits par MM. Saint-Germain Le Duc et Planche ; 3 forts vol. in-8°. Prix : 22 fr. 50.

Droit des gens moderne de l'Europe, par J.-L. Kluber. Nouvelle édition, revue, annotée et complétée par M. A. Ott. ; 1 vol. in-8°. Prix : 7 fr. 50.

Le même, même édition, en 1 vol. grand in-18. Prix : 4 fr. 50.

Le Droit commercial dans ses rapports avec le droit civil et le droit des gens, par M. G. Massé. 2e édition, revue et considérablement augmentée ; 4 vol. in-8°. Prix : 32 fr.

Traité complet d'Arithmétique théorique et pratique appliqué au Commerce, à la Banque, aux Finances, à l'Industrie, par M. Joseph Garnier, professeur à l'École spéciale de commerce ; nouvelle édition entièrement refondue et considérablement augmentée. 1 vol. in-8°. Prix : 7 fr. 50 c.

Annuaire de l'Économie politique et de la Statistique pour 1861, par MM. Block et Guillaumin. (18e année.) 1 fort vol. in-18. Prix : 5 fr.

Annuaire international du Crédit public pour 1861. (3e année.) 1° Finances publiques ; 2° Instruction de crédit ; 3° Chemins de fer ; 4° Divers ; par M. Horh ; 1 vol. grand in-18. Prix : 5 fr.

La Liberté par J.-S. Mill. Traduit et augmenté d'une introduction, par M. Dupont White. 1 vol. grand in-18. Prix : 3 fr.

Précis de la Science économique et de ses principales applications, par M. A.-E. Cherbuliez, professeur à l'Institut polytechnique fédéral. 2 forts vol. in-8°. Prix : 15 fr.

Leçons d'économie politique, par M. Frédéric Passy. 2e édition. 2 vol. in-8°. Prix : 10 fr.

Considérations sur le gouvernement représentatif, par J. St-Mill, traduites par M. Dupont White. 1 vol. in-8°. Prix : 5 fr.

PARIS. — IMPRIMERIE CENTRALE DES CHEMINS DE FER DE NAPOLÉON CHAIX ET Cie, RUE BERGÈRE, 20. — 10898

www.ingramcontent.com/pod-product-compliance
Ingram Content Group UK Ltd.
Pitfield, Milton Keynes, MK11 3LW, UK
UKHW031047260726
13965UKWH00006B/696